앤써북 **워드프레스** 시리즈 _02

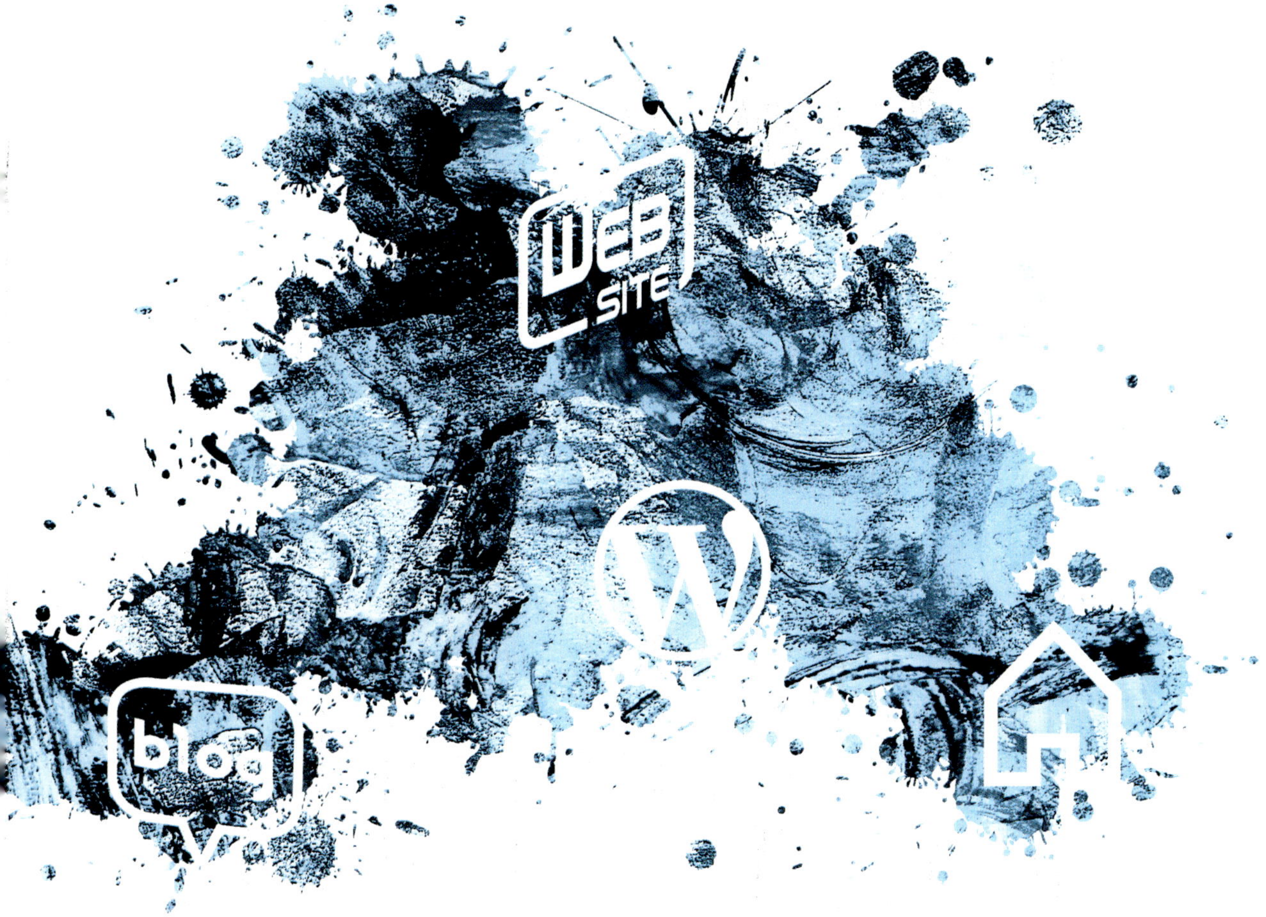


독자들을 위한
**Q&A** 서비스
cafe.naver.com/wphome

**카페24**
**웹호스팅 무료**
이용 쿠폰

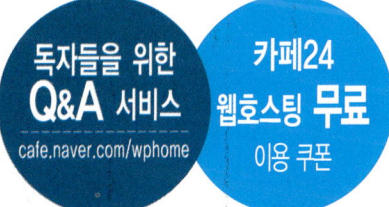

*Advanced*

# 워드프레스 실전활용

## 블로그형 홈페이지 & 웹사이트 만들기

앤써북
ANSWERBOOK

## *Advanced*
# 워드프레스 실전활용
#### 블러그형 홈페이지 · 웹사이트 만들기

**초판 2쇄 발행** · 2013년 09월 25일
**지은이** · 황홍식, 김지훈, 이종율, 심기훈, 송지훈, 최재영, 사지연
**펴낸이** · 조주연
**펴낸곳** · 앤써북
**출판등록** · 제 382-2012-00007 호
**주소** · 경기도 고양시 일산 서구 가좌동 565번지
**전화** · 070-8877-4177
**FAX** · 02-2275-3371

**정가** · 18,000원
**ISBN** · 978-89-968739-6-9  13560

이 책의 일부 혹은 전체 내용을 무단 복사, 복제, 전재하는 것은 저작권법에 저촉됩니다.
본문 중에서 일부 인용한 모든 프로그램은 각 개발사(개발자)와 공급사에 의해 그 권리를
보호하고 있습니다.

**도서문의** · 앤써북 http://www.answerbook.co.kr

앤써북은 독자 여러분의 의견에 항상 귀기울이고 있습니다.

 >>> Wordpress >>>  >>>

# 머리말

예전에 모 신문사 인터뷰 시 모 기자분이 "황홍식씨~ 커뮤니티 활동하면 시간도 많이 부족하고 돈도 안될텐데..왜 그렇게 열심히 하십니까?"라는 질문에 필자는 주저 없이 "재밌고 즐거워서 합니다."라고 답한 적이 있습니다. 그렇습니다. 필자는 커뮤니티를 사랑하고 좋아하는 사람입니다. 커뮤니티의 가장 기본이자 중심은 바로 사람간의 情이라 생각합니다. 이 책은 7명의 운영진들이 모여서 그들과의 情과 노력이 합심해서 만들어진 책입니다.

이 책은 워드프레스 홈페이지 카페(http://cafe.naver.com/wphome)의 회원님들이 자주묻는 질문들을 토대로 재구성하였습니다. 즉, 워드프레스 사용자들이 기본 기능을 익힌 이후에 가장 필요로 하는 부분들을 누구나 쉽게 따라할 수 있도록 만들었습니다. 특히, 국내 워드프레스 유저들이 가장 많이 이용하는 무료테마를 이용한 개인블로그와 유료테마를 이용한 회사홈페이지의 제작 사례를 설명함으로써 실제 사이트 구축시 바로 적용할 수 있게 하였습니다.

워드프레스는 인터넷만 이용할 수 있는 정도면 누구나 이용할 수 있는 홈페이지 제작 툴입니다. 하지만, 기본을 벗어난 부분은 간단하지 않습니다. 이 간단하지 않는 부분들을 PHP, CSS 등 전문적인 프로그래밍을 배워가면서까지 공부할 필요는 없다고 생각합니다. 이는 우리가 자동차를 튜닝할 때 자신이 필요한 부분만 튜닝하는 것과 같은 것입니다.

끝으로 책 집필을 함께 해준 이들에게 감사의 말을 전합니다.

워드프레스 고수이긴 하지만 지극히 가정적이라 술 한잔 함께하기도 힘든 김지훈 님, 책 내용 중 가장 어려운 부분을 자진해서 집필하고, 캐나다에 거주하여 집필기간 중 심적고뇌가 가장 깊었을 것으로 추정되는 미소가 아름다운 청년 이종율 님, 거의 매일 야근하는 회사(?)에서 새벽시간을 쪼개서 잠을 설쳐가며 열심히 집필을 해준 강남스타일 송지훈 님, 사람간의 정을 중요하게 생각하는 디지털마케터이자, 앞으로 필자와 가장 잘 어울릴 것 같은 심기훈 님, 고등학교 시절부터 항상 묵묵히 필자를 잘 따라주고 있는 최재영 님, 발랄하고 씩씩한 유일한 홍일점 사지연 님 그리고 집필에 많이 응원해준 신입운영진인 황현정님, 허지호님, 김보람님 들과 카페에서 활동을 많이 해주시는 모든 분들께 감사의 말을 전합니다.

황 홍 식

Wordpress  ›››  **RECOMMEND**  ›››

# 추천평

워드프레스는 인터넷 공간에서 헤비타트와 같은 존재입니다. 워드프레스를 사용하면 웹사이트를 만들어본 경험이 없는 사람들도 쉽고 빠르게 자신의 웹사이트를 만들 수 있습니다. 이것이 가능한 이유는 전세계 많은 사람들이 자발적으로 워드프레스의 발전을 위해 노력하고 있기 때문입니다. 이 책 역시 그 수많은 노력의 산출물 중 하나라고 생각됩니다. 이미 해외에서는 워드프레스가 웹 시장을 주도하고 있으며 국내에서도 차츰 그 인기가 높아지고 있습니다. 이 책을 통해 국내 워드프레스 대중화가 가속화되기를 바라며 더 많은 워드프레스 전문가들이 배출되기를 기대합니다.

_HwangC.com_HwangC의 착한 워드프레스

홈페이지는 20~30대가 만드는 것, 만들기 어려운 것, 돈 주고 외주업체에 맡겨야 하는 것, 만들어 진 것을 수정하려면 계속해서 자금이 투자되어야 하는 것쯤으로 알고 있는데, 워드프레스로 만들면 이 모든 것이 해결될 수 있습니다. 이 책에서 설명한 내용을 따라하면 컴퓨터에 능숙하지 않은 40대 이상의 초보자라도 홈페이지를 쉽게 만들고, 유지 관리할 수 있습니다.

_숭실대학교 프로젝트경영연구소 부소장 박사 **남 재 덕**

새로운 웹 3.0시대의 인터넷 마케팅 핵심 툴로 확실하게 자리잡고 있는 워드프레스는 국내에서도 빠르게 확산되고 있습니다. 이 책은 국내 워드프레스 보급의 핵심적 역할을 해온 전문가들이 워드프레스 웹사이트 구축에서 발생하는 다양한 문제점을 심도있게 해결하는 노하우들을 집대성하여 완성시킨 참고서입니다. 만약 워드프레스 웹사이트 구축계획을 가지고 계신 분이라면 반드시 키보드 옆에 두고 참고해야 할 책일 것입니다.

_경성대학교 광고홍보학과 **김 정 규** 교수

잘 차려진 수십여 가지의 반찬으로 다양한 맛의 비빔밥을 입맛에 맞게 만드는 건 결국 자신의 몫일 것입니다. 그런 의미에서 더욱 맛깔스럽고 찰진 홈페이지&블로그를 만들 수 있게 해준 레시피같은 책이라 생각합니다.
팁 위주의 파편화된 정보가 아니라 초보자도 쉽게 머릿속에만 떠올린 콘텐츠들을 체계적으로 잘 구성할 수 있게 도와주고, 워드프레스의 기능과 실제 화면의 기능들을 연계시켜 '테마/콘텐츠관리/디자인' 전반에 걸쳐 활용법을 소개하여 실용서적으로써의 진가를 발휘한 책입니다. 또한 각종 플러그인과 많이 부딪치기 쉬운 세세한 수정 팁들은 워드프레스 초·중급자 모두를 아우르는 바이블이라고 평가됩니다.

_프리랜서 **김 기 범**

TED가 왜 성공하였는가, 미국에 JASON MRAZ와 JAY-Z 그리고 한류의 중심사이트, 외국인들의 한류 알리기는 페이스북이나 트위터만이 아니었다. 이미 워드프레스는 개발자 위주의 오픈소스 사이트들을 제치고 각자의 공간을 만들 수 있는 최적의 툴을 제공하였다. 이 책은 교사, 대학생, 엔지니어, 생산부 종사자 등 누구나 상관없이 따라할 수 있도록 쉬운 기초설명부터 복잡한 소스를 다루는 것까지 보는 이를 배려한 워드프레스의 교과서라고 생각한다. 컨텐츠가 가장 중요한 IT 세상 속에서, 이 책은 그 컨텐츠를 어떻게 보여줄 수 있는지에 대해서 내비게이션 같은 역할을 한다. 필자가 집필한 "워드프레스로 홈페이지&블로그 만들기(앤써북)"와 이 책을 통해서 최고의 블로거가 될 수 있을 것이다.

_중앙대학교 **서 현 보**

# Contents

## Chapter 01 블로그형 홈페이지 만들기

### Lesson 01 | 워드프레스 홈페이지·웹사이트 기획하기  14

워드프레스 웹사이트와 일반 웹사이트 기획 비교  16
워드프레스 사이트 구축전 꼭 알아야 될 사항들  17
    사이트 기본 컨셉잡기  17
    도메인 등록과 벤치마킹  18
사이트 분석과 메뉴구조도 작성  20
사용자 분석 UI/UX  23
테마 선정과 커스터마이징 계획  24
콘텐츠 설계 및 이미지 구하는 방법  26

### Lesson 02 | 블로그형 홈페이지 메인영역 수정하기  28

자식(child) 테마 만들고 사용하기  29
    자식 테마 디렉토리 생성하기  30
    Style.css 변경하기  31
    자식 테마 활성화  33
Bar 제거하기  36
    CSS를 사용하여 제거하기  37
      • 구글 크롬(Google Chrome) 개발자툴 열기  37
      • 홈페이지의 태그구성 & CSS 확인하기  38
      • 개발자 도구를 이용한 수정 상태 미리보기  39
      • 알림판 편집기에서 style.css 수정하기  40
    PHP 소스코드를 찾아서 수정하기  41
      • Header.php 파일 수정하기  42

| | |
|---|---|
| 테마 배경패턴 제거하기 | 43 |
| **Top Layout 변경 및 광고배너 넣기** | **48** |
| Top Layout 분석하기 | 48 |
| 분석한 Top Layout을 Bueno 테마 Top Layout에 적용하기 | 51 |
| • Top Layout에 광고 배너와 Search Bar 적용하기 | 51 |
| • 광고 배너 이미지 업로드하기 | 53 |
| • 광고 배너에 CSS 적용하기 | 54 |
| • 메인 메뉴와 Search Bar에 CSS 적용하기 | 57 |
| **메뉴 아이템 배경색 바꾸기 & DropDown 효과주기** | **61** |
| 메뉴 클래스 이름 파악하기 | 62 |
| script.js 파일 등록하기 | 63 |
| 메뉴 배경색 미리 적용하기 | 65 |
| 메뉴 글자 크기 조절하기 | 67 |
| Custom CSS에 적용하기 | 69 |
| **메인페이지 슬라이드 적용하기** | **72** |
| Easing Slider 설치하기 | 72 |
| Easing Slider 메뉴에서 이미지 업로드하기 | 74 |
| Image Path 안에 이미지 경로 설정하기 | 74 |
| 슬라이드 사이즈 설정하기 | 75 |
| Easing Slider function 삽입하기 | 77 |
| 슬라이드 위치를 중앙으로 이동시키기 | 77 |

## Lesson 03 | 사이드바 영역 편집하기 80

| | |
|---|---|
| **개인 프로필 위젯 설정하기** | **80** |
| About.me widget 플러그인 추가하기 | 81 |
| About.me widget 사이트 회원 가입하기 | 81 |
| About.me widget 프로필 설정하기 | 82 |
| 워드프레스 블로그에서 위젯 설정하기 | 84 |
| **소셜뱃지 위젯 설치하기** | **84** |
| Social Media Tabs 플러그인 추가하기 | 85 |
| • 플러그인 설정하기 | 85 |
| • 페이스북 ID찾기 | 87 |

### 사이트 방문자 체크 플러그인 설치하기 ........ 88

- 플러그인 추가하기 ........ 88
- 플러그인 옵션 설정하기 ........ 89
- 위젯 설치하기 ........ 90
- 위젯 옵션 설정하기 ........ 91
- 적용 플러그인 영문에서 한글로 바꾸기 ........ 92
  - 플러그인 편집하기 ........ 92
  - 소스에서 문구 수정하기 ........ 93
  - 파일업데이트 후 확인하기 ........ 94

### 사이드바에 탭 위젯 설치하기 ........ 95

### 사이드바에 한글폰트 적용하기 ........ 99

- 한글 웹 폰트 선택하기 ........ 99
- 사이드바 요소 검사하기 ........ 100
- Header.php에서 코드삽입하기 ........ 101
- Style.css에서 코드 추가하기 ........ 102

### 사이트 배너링크 삽입하기 ........ 104

- 사이드바 가로사이즈 확인하기 ........ 104
- 배너용 이미지 업로드하기 ........ 105
- 텍스트 위젯에 배너용 HTML 태그 입력 ........ 106

## Lesson 04 | 홈페이지 세부영역 설정하기 ........ 108

### 본문 전체에 폰트 적용하기 ........ 108

- 본문 제목에 한글 폰트 적용하기 ........ 108
  - 구글 크롬 개발자 도구 검사하기 ........ 109
  - style.css에서 font-family 추가하기 ........ 110
- 본문 내용에 한글 폰트 적용하기 ........ 112

### 메뉴에 한글 폰트 적용하기 ........ 115

### 현재위치에서 위로가기 버튼 만들기 ........ 118

- HTML 코드 넣기 ........ 118
- 이미지 업로드 후 CSS 적용하기 ........ 120
- jQuery 코드 적용하기 ........ 121

트랙백 적용하기 124
　트랙백과 핑백 124
　　• 트랙백이란? 124
　　• 핑백이란? 125
　　• 트랙백과 핑백의 차이점 125
　트랙백과 핑백 추가하기 125
　　• 트랙백 달기 125

숏코드를 이용해서 포스트에 구글광고 삽입하기 128

# Chapter 02 웹사이트 리뉴얼 & 만들기

## Lesson 01 | 콘텐츠 영역 편집하기 134

포스트 테이블 만들기 134
　테이블 만들기 135
　테이블 내용 입력하기 136
　테이블 꾸미기 137
　작성된 테이블 포스트에 넣기 139

게시글 투표기능 추가하기 140
　플러그인 설치하기 140
　Basic 옵션 설정하기 142
　　• 플러그인 표시 설정하기 142
　　• 기타 설정하기 143
　　• Advanced 옵션 설정하기 144

구글맵을 활용한 지도 삽입하기 145

## Lesson 02 | 디자인 & 개발하기 149

웹사이트의 색상 및 CSS 수정하기 149
로고 & 파비콘 삽입하기 154

| 푸터 최적화 | 158 |
| --- | --- |
| footer.php에 새로운 위젯 영역 만들기 | 159 |
| 테마함수에 위젯 영역 등록하기 | 161 |
| 스타일 지정을 위한 코드 style.css 삽입하기 | 165 |
| Blogroll Dropdown 적용하기 | 167 |
| 텍스트 위젯을 활용하여 바로가기 링크 추가하기 | 170 |

## Lesson 03 | 코드캐논 활용하기 — 172

### 코드캐논 마스터 & 플러그인 구매하기 — 172

| 코드캐논 사이트 둘러보기 | 172 |
| --- | --- |
| 회원가입하기 | 176 |
| 카테고리 & 보기 옵션 설정하기 | 178 |
| 검색으로 원하는 플러그인 빠르게 찾기 | 180 |
| 플러그인 구매하기 | 181 |
| • 플러그인 구매하기 | 181 |
| • 구매 전 유의사항 | 181 |
| • 확장(Extension) 플러그인 확인하기 | 182 |
| • Paypal(페이팔)로 결제하기 | 183 |
| 구매한 플러그인 확인하기 | 185 |
| 플러그인 즐겨찾기 & 즐겨찾기 메뉴 추가하기 | 186 |
| themeforest.net으로 바로가기 | 187 |

### WeatherSlider WP를 이용한 날씨정보 삽입하기 — 188

| 유료 플러그인 압축 파일 구조 확인하기 | 189 |
| --- | --- |
| FTP 업로드하기 | 191 |
| 플러그인 활성화 및 사용방법 | 193 |
| WWO 사이트 API Key 받기 | 197 |

### Visual Composer를 이용한 회사소개 페이지 만들기 — 199

### Quform을 이용한 입력폼 만들기 — 203

# Chapter 03 중급자가 반드시 알아야할 22가지 기술

## Lesson 01 | 설치/사용법 관련 기술     212

### 워드프레스 초기화     212
- FTP를 이용하여 삭제하는 방법     212
- PHPMYADMIN을 이용하여 데이터베이스 삭제하기     215

### 워드프레스 FTP 활용하기     216
- 파일 및 디렉터리 퍼미션 설정하기     217
  - 퍼미션이란?     217
  - 퍼미션 읽기     217
  - 퍼미션 설정하기     219
- 파일 또는 디렉터리 업로드, 다운로드 방법     222
  - 파일 & 디렉토리 업로드하기     222
  - 디렉터리 & 파일 다운로드하기     224

## Lesson 02 | 테마옵션 & 플러그인 관련 기술     225

### 워드프레스 테마옵션 파헤치기     225
- 테마 포레스트     225
  - ExtraNews 테마 소개     226
  - ExtraNews 테마 옵션 설정하기     226
- Woo 테마     229
  - Gazette 테마 소개     230
  - Gazette 테마 옵션 설정하기     230
- Elegant 테마     233
  - ArtSee 테마 소개     233
  - ArtSee 테마 옵션 설정하기     234

### 글쓰기 발행 예약기능     236

### 인기글 리스트 플러그인     237
- Wordpress Popular Posts 플러그인 적용하기     237
- 위젯 옵션 설정하기     238
- 설정에서 글목록 확인하기     239

## 페이스북 소셜 댓글 기능 설치하기 — 240
- Facebook Comments for WordPress 플러그인 적용하기 — 241
- 페이스북 앱 등록하기 — 241
- Facebook Commnets for WordPress 설정하기 — 242

## 메일침프를 이용한 뉴스레터 만들고 관리하기 — 244
- 플러그인 설치하기 — 244
- 리스트 만들기 — 246
- 새로운 항목 추가 — 247
- 메일침프 위젯 사용하기 — 248

## 스팸 관리 플러그인 — 249
- 스팸 관리 플러그인 활성화하기 — 249
- API key 발급 받기 — 250
- Akismet API key 입력 및 완료 — 251

## 포스트, 페이지에 배경이미지, 배경색상 넣기 — 252
- 플러그인 설치하기 — 252
- 플러그인 사용 — 253

## 포스트에 다음뷰 삽입하기 — 258
- 플러그인 설치하기 — 258
- 다음뷰 가입 및 설치하기 — 259

# Lesson 03 | 소스 수정하기 — 262

## 멀티 사이트 만들기 — 262
- wp-config.php 파일 수정하기 — 262
- 알림판에서 네트워크 설정하기 — 264

## 팝업창 만들기 — 272

## 워드프레스 콘텐츠 & 데이터 백업하기 — 276
- 워드프레스에서 제공하는 데이터 백업하기 — 276
  - 내보내기 메뉴 선택하기 — 276
  - 내보내기 대상 설정하기 — 276
  - 내보내기 실행하기 — 278
  - 백업 확인하기 — 278

| | |
|---|---|
| FTP를 이용한 소스파일 백업하기 | 279 |
| 플러그인을 이용한 백업하기 | 280 |
| • 백업 메뉴 선택하기 | 280 |
| • 백업 설정하기 | 281 |
| • 백업 실행하기 | 282 |
| • 백업 확인하기 | 283 |

## 워드프레스 콘텐츠 & 데이터 복원하기    285

| | |
|---|---|
| 내보내기로 받은 파일 가져오기로 복원하기 | 285 |
| • 가져오기 메뉴 선택하기 | 285 |
| • 가져오기 대상 설정하기 | 286 |
| • 가져오기 대상 실행하기 | 287 |
| FTP를 이용한 소스파일 복원하기 | 288 |
| 플러그인으로 백업한 파일을 데이터베이스에서 복원하기 | 289 |

## 댓글 HTML 태그 안내문 삭제하기    293

## 댓글창 숨기기    298

| | |
|---|---|
| 각각의 글/페이지에서 옵션 처리하기 | 299 |
| • 글 편집 선택하기 | 299 |
| • 토론 메타박스에서 댓글 선택 해제하기 | 299 |
| • 토론 메타박스 활성화시키기 | 300 |
| • 댓글 입력 삭제 확인하기 | 300 |
| 토론 설정에서 옵션 처리하기 | 300 |
| • 토론 메뉴 선택하기 | 301 |
| • 토론 옵션 설정하기 | 301 |
| • 새 글 토론 메타박스에서 댓글 옵션 해제 확인하기 | 302 |
| 사용자 정의 필드 사용 | 302 |
| 사용자 정의 필드란? | 302 |
| 사용자 정의 필드 활용하기 | 303 |
| • 사용자 정의 필드 내용 입력하기 | 304 |
| • 테마 소스 수정하기 | 307 |
| • CSS 소스 수정하여 적용하기 | 309 |
| • 사용자 정의 필드 출력 확인하기 | 309 |

## 검색엔진에 최적화시키기 310
### 알림판에서 Permalink(고유주소) 설정하기 310
- 사용자 정의 구조 311
- 옵션 설정하기 311
- 포스트, 페이지에서 Permalink(고유주소) 설정하기 312

## 워드프레스로 사이트 리뉴얼 쉽게하는 노하우 312
### 클라이언트 요구사항 및 자료 전달 313
### 요구사항에 맞는 테마 선정하기 314
### 콘텐츠 가공하기 316
### 커스터마이징 318
### 도메인 이전 네임서버 변경하기 320

## 한국형 워드프레스 게시판 & 쇼핑몰 활용 321
## cafe24 스팸문구 해결 324

워드프레스로 홈페이지를 만드는 가장 기본적인 방법은 이미 시중에 많은 서적들이 출간되었고, 워드프레스 강좌 및 관련 카페와 블로그를 통해서 수많은 정보들을 공개하고 공유하고 있습니다. 이런 공개된 자료들을 이용하면 누구나 쉽게 기본적인 워드프레스 홈페이지를 만들 수 있습니다. 하지만, 소스를 수정해서 기본틀을 변경하는 작업 등과 같은 중급 기술을 요하는 부분에서는 많은 사람들이 난관에 부딪히게 됩니다. 이 장에서는 워드프레스로 비교적 손쉬운 개인 블로그 제작 과정을 통해서 워드프레스 사이트로 튜닝할 수 있는 방법과 기술에 대해서 알아보도록 하겠습니다.

워드프레스 실전활용
블로그형 홈페이지 · 웹사이트 만들기

# 블로그형 홈페이지 만들기

**Chapter 01**

Lesson 01 워드프레스 홈페이지 기획하기
Lesson 02 블로그형 홈페이지 메인 영역 수정하기
Lesson 03 사이드바 영역 설정하기
Lesson 04 홈페이지 세부영역 설정하기

# 워드프레스 홈페이지 웹사이트 기획하기

아파트를 건설할 때는 가장 먼저 설계 작업을 해야 하듯이 홈페이지·웹사이트 역시 제작에 들어가기 전 우선적으로 해야 할 일들이 있습니다. "남들도 쉽게 만들기 때문에 나도 쉽게 만들 수 있겠구나"라는 안일한 생각과 사전 기획 없이 무턱대고 만들다보면 우여곡절 끝에 만들었다하더라도 그 홈페이지·웹사이트는 부실해질 수밖에 없습니다.

즉 홈페이지·웹사이트는 집을 만드는 것과 같기 때문에 설계와 시공 등의 과정을 거쳐서 만들어야 견고한 결과물을 완성할 수 있습니다. 이 섹션에서는 워드프레스로 홈페이지·웹사이트를 구축하기 전에 반드시 검토해야 할 중요한 요소들은 무엇이 있는지 그리고 어떤 순서로 준비해야 되는지 구체적인 방법에 대해서 알아보도록 하겠습니다.

## 워드프레스 웹사이트와 일반 웹사이트 기획 비교

웹의 구성요소는 양질의 콘텐츠 유용성, 사이트의 신뢰도, 편의성, 흥미를 끄는 참여유도 등이 있습니다. 여기서 사이트를 얼마나 잘 기획하느냐에 따라서 사이트의 완성도 즉, 사용자들의 만족도는 천차만별로 달라질 수 있습니다. 위의 구성요소에서 워드프레스는 테마만 잘 선택해도 콘텐츠를 제외한 대부분의 요소들을 가져올 수 있기 때문에 그만큼 콘텐츠가 중요합니다. 아무리 손쉽게 워드프레스 홈페이지를 만들었다 하더라도 양질의 콘텐츠가 없으면 좋은 사이트로 자리매김하기 쉽지 않기 때문입니다.

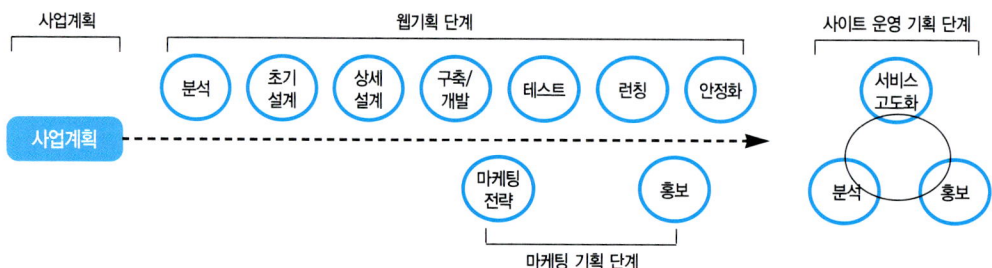

■ 웹사이트의 기획 제작 단계

위 그림을 살펴보면 웹사이트를 제작하기 위해서는 수많은 과정을 거쳐야 됨을 알 수 있습니다. 하지만, 워드프레스를 이용하여 웹사이트를 만든다면 위 과정에서 기획단계를 대폭 축소시킬 수 있기 때문에 그만큼 시간과 비용을 줄일 수 있습니다.

하지만, 워드프레스로 웹사이트를 만든다하더라도 위 과정에서 반드시 진행해야 되는 과정이 사용자 분석을 위한 벤치마킹과 콘텐츠의 중요성입니다. 워드프레스로 홈페이지·웹사이트를 구축하기 위한 워드프레스만의 기획과 제작과정 순서를 요약해보면 다음과 같이 정리할 수 있습니다.

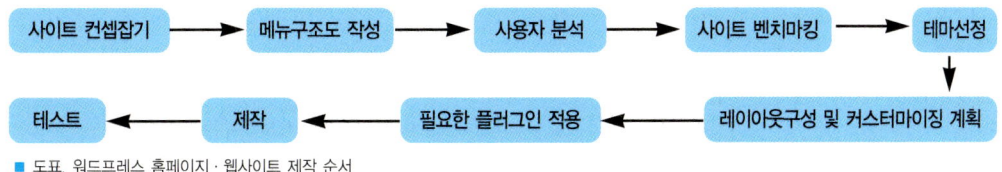

■ 도표. 워드프레스 홈페이지·웹사이트 제작 순서

위 '워드프레스 홈페이지·웹사이트 제작 순서' 도표에서 사이트 컨셉잡기부터 사이트 벤치마킹 단계까지가 사전 기획 단계이고, 테마 선정부터는 실제로 워드프레스 홈페이지·웹사이트 구축을 위한 실전 단계에 진입하게 됩니다. 다음 장에서 워드프레스 홈페이지·웹사이트 제작 순서를 단계별로 자세히 살펴보도록 하겠습니다.

## 워드프레스 사이트 구축 전 반드시 알아야 될 사항들

### 사이트 기본 컨셉 잡기

이 책의 구성은 Chapter 01에서 개인홈페이지(블로그)의 제작 과정을, Chapter 02에서 포털사이트의 제작 과정을 설명하고 있습니다. 모든 홈페이지·웹사이트를 제작할 때는 제작 목적과 기본 방향이 제대로 설정되어 있어야 합니다. 다음은 Chapter 02에서 만들어 볼 워드프레스 포털사이트 제작을 위한 기본적인 목적과 방향성을 정리한 표입니다.

| 아이덴티티 | 국내 최초 · 최대 규모의 워드프레스 포털사이트 |
|---|---|
| 사이트 도메인 | 워드프레스라는 단어와 연관된 도메인 구입하기 |
| 사이트 목적 | 국내 워드프레스 활성화 및 보급을 위한 다양한 정보 제공 |
| 주요 콘텐츠 | 국내 워드프레스 제작 사이트를 카테고리별로 소개, 다양한 워드프레스 관련 정보 제공 |
| 수익모델 | 한국적 워드프레스 테마&플러그인 판매, 제작 및 교육 관련 등 |
| 공익사업 | 봉사단체 무료 홈페이지 만들어 주기 캠페인 |
| 제작기간 | 약 1개월 |
| 투입 인원 | 운영진 약 10명 |
| 벤치마킹 사이트 | 디비컷, SLR클럽, 해외 미디어 사이트들 |
| 소요 비용 | 테마 및 유료 플러그인 구입, 호스팅, 도메인 등 약 20만원 |

■ 표. 사이트 기본 컨셉 잡기

위 표와 같이 사이트의 아이덴티티 즉, '국내 최초 · 최대 규모의 워드프레스 포털사이트' 라는 차별성을 두고 계획하였습니다. 워드프레스의 급속한 보급으로 인해 워드프레스로 만들어진 사이트들이 꾸준히 증가하고 있는 추세이지만, 국내 워드프레스 사이트의 흐름, 동향, 트렌드 등을 한 번에 볼 수 있는 사이트는 없기 때문에 차별화가 가능하며, 기존의 카페, 페이스북 그룹 콘텐츠 기반으로 구축하는 것을 1차 목표로 정하였고, 다양한 워드프레스 관련 콘텐츠들을 집대성해서 '국내 최초 · 최대 규모의 워드프레스 포털사이트'로 활성화시킨 후 향후 봉사단체 무료 홈페이지 만들기 캠페인 등 다양한 이벤트와 홍보 방법 등을 계획하고 있습니다.

### 도메인 등록과 벤치마킹

이 책에서 제작하려는 워드프레스 포털사이트의 도메인은 다음과 같은 과정을 통해서 결정했습니다. 워드프레스 분야에서는 영문단어 'wordpress'가 가장 대표적인 단어기 때문에 'wordrpress+단어'로 기획했고, A~Z까지 닷컴도메인(.COM)을 검색한 결과 유일하게 'N'이 미등록 상태였기 때문에 바로 등록을 하였습니다.

| 구분 | 서비스 | 상품 | | 기간 | 상태 | 결제금액 / 적립포인트 |
|---|---|---|---|---|---|---|
| 도메인 | 도메인 등록 | wordpressn.com | 등록확인서 | 1년 | 성공 | 9,900원/0P |

■ 도메인 등록 완료

그리고 벤치마킹 사이트 선택 시 가장 중요하게 생각한 부분은 사이트의 성격이었습니다. 즉, 벤치마킹 사이트 선정 시 '콘텐츠 서비스'를 최우선 항목으로 하였습니다. 최종 벤치마킹 사이트는 '콘텐츠 서비스'라는 사이트 성격이 유사하고 국내 웹에이전시 포털사이트라고 할 수 있는 디비컷(www.dbcut.com) 사이트로 결정하였습니다.

■ 벤치마킹 사이트인 디비컷

위 디비컷 사이트의 메인화면 구성을 살펴보면 최근에 웹에이전시에서 개발한 사이트들을 소개하고 카테고리별로 정리되어 있으며, 회원들이 직접 평가할 수 있게 만들어졌습니다. 필자가 제작할 워드프레스 포털사이트 특징 역시 이와 유사하게 사이트를 카테고리별로 나누고 사이트에 대한 설명과 함께 누구나 투표를 할 수 있을 뿐만 아니라 직접 등록도 가능하게 만들 계획입니다.

그리고 콘텐츠의 깊이 즉, 콘텐츠를 어떤 방향으로 설정할 것인가에 대해서는 DSLR 포털 커뮤니티사이트인 SLR클럽(www.slrclub.com)을 벤치마킹 하였습니다. 그 이유는 워드프레스의 테마와 플러그인 관련 팁을 상세히 설명할 수 있는 콘텐츠 구성을 계획하기 때문입니다. SLR클럽 사이트는 국내에서 대표적인 DSLR 포털 커뮤니티 사이트로 카메라 기종과 렌즈 등 콘텐츠가 상세하게 잘 구성되어 있습니다. 그리고 커뮤니티 포털들이 갖추어야 할 기능과 요소들이 잘 조화된 사이트로 필자가 계획하는 워드프레스 포털사이트도 향후 SLR클럽과 유사하게 커스터마이징(Customizing)할 계획입니다.

■ SLR클럽 홈페이지 메인화면

# 사이트 분석과 메뉴구조도 작성

지금까지 사이트의 컨셉을 계획하고 벤치마킹했다면, 이제부터는 워드프레스 사이트제작에 들어가기 전에 메뉴 구성 등을 설계하는 과정에 대해서 알아보겠습니다. 즉, 가장 먼저 사이트 기획한 후 테마 선정과 사이트를 완성시켜나가는 진행 방식입니다.

사이트의 기본적인 컨셉이 완성되었다면 사이트 기획에 필요한 서비스 기획, 마케팅 기획, 비즈니스 기획, 콘텐츠 기획, 디자인 기획 등이 세부적으로 진행되어야 합니다. 하지만, 여기서는 이런 과정들을 생략하도록 하고 사이트 분석 작업을 먼저 진행하도록 하겠습니다.

일반적으로 사이트 분석은 설문조사를 가장 보편적인 방법으로 사용합니다. 하지만 필자가 제작하고자 하는 워드프레스 포털사이트는 필자가 운영하는 워드프레스 카페 회원들의 요구사항과 카페 운영진 대부분이 공감했기 때문에 사전 생략하였습니다.

그리고 사이트를 만들기 전 상태이기 때문에, 개설을 가상하고 SWOT를 분석해 보겠습니다. SWOT분석은 일반적으로 기업의 전략을 수립이나 사업기획 시 가장 많이 사용되는 방법입니다.

■ 표. SWOT 분석의 개요

필자가 구축 예정인 워드프레스 포털사이트의 SWOT분석을 해보도록 하겠습니다.

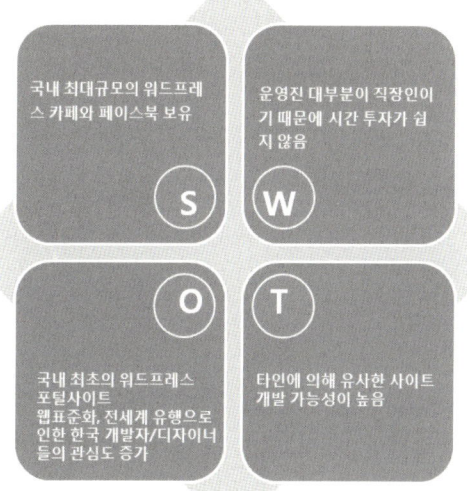

■ 도표. 워드프레스 포털사이트의 SWOT분석 결과

위의 '워드프레스 포털사이트의 SWOT분석 결과' 도표를 토대로 강점과 기회를 내세워서 약점과 위협을 최소화 할 수 있는 전략을 세워야 합니다. 그리고 테마 선정 전에 메뉴구조도를 만든 후 사이트에 어떠한 콘텐츠가 들어가면 좋을지를 구상해보아야 할 것입니다. 그렇기 때문에 메뉴구조도를 구체적으로 만들기 위해서 전세계 워드프레스 대표 포털사이트격인 wordpress.org 사이트를 다시 한 번 벤치마킹하도록 하겠습니다.

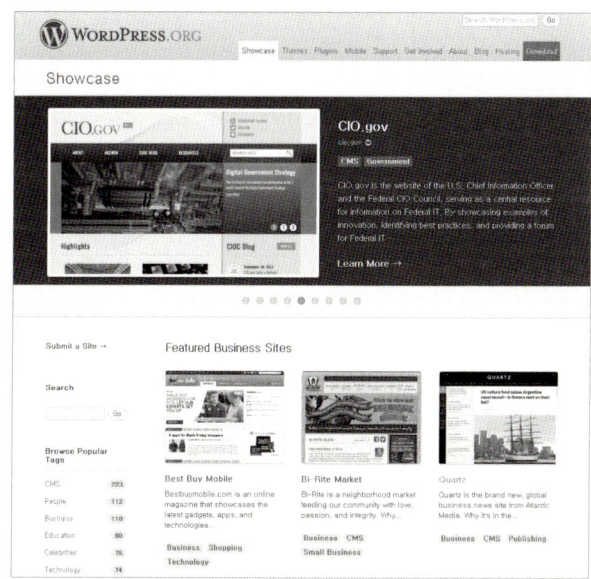

■ wordpress.org 사이트 쇼케이스 메뉴 초기화면

위 그림에서 보여주는 'Showcase' 메뉴 하단에 CMS, People, Business, Education 등의 하위 메뉴가 있습니다.

여기서 Showcase는 워드프레스로 만든 사이트 중 카테고리별로 잘 만들어진 사이트를 보여주고 있으며, 만족스러운 사이트에는 별점을 줄 수 있게 되어있습니다. 그리고 이 사이트에는 테마, 플러그인 등 워드프레스에 관한 다양한 정보와 설치 프로그램을 제공하고 있으며, 다음 그림처럼 인기가 많은 메뉴를 왼쪽부터 순서대로 배열을 하였습니다.

■ wordpress.org 사이트의 메인 메뉴

일반적으로 wordpress.org 사이트는 주로 워드프레스 설치파일만 다운받고 그 이후에는 재방문하지 않는 경향이 높습니다. 실제로 마니아들은 Showcase를 비롯하여 다른 메뉴의 이용도가 매우 높은 편입니다.

이제부터는 필자가 계획하는 wordpressn.com 사이트의 메뉴 구조도를 위 사이트를 참고해서 만들어 보겠습니다. 여러분들도 메뉴 구조도를 작성하실 때 유사 사이트의 벤치마킹 사이트 메뉴를 참고하시면 구성하는데 많은 도움이 될 것입니다.

다음 그림은 엑셀 프로그램을 이용해서 위의 벤치마킹 사이트를 참고한 내용과 사이트 제작에 참여한 운영진들의 의견을 참고한 실제 메뉴 구조도를 만든 예입니다.

| 국내사이트 | 해외사이트 | 테마&플러그인 | 아카데미 | 워드프레스N소개 |
|---|---|---|---|---|
| 비즈니스 | Business | 추천 테마 | WP 초급강의 | 커뮤니티소개 |
| 개인블로그 | Blog | 비즈니스 | WP 중급강의 | 운영진 소개 |
| 미디어 | Media | 개인블로그 | Web 기초강의 | 제휴문의 |
| 포트폴리오 | Portpolio | 미디어 | WP 초급책 | 홈페이지 등록 |
| 기타 | Etc. | 포트폴리오 | WP 중급책 | |
| | | 기타 | | |
| | | 추천 플러그인 | | |

■ 표. 필자가 만들 워드프레스 포털사이트(wordpressn.com)의 메뉴 구조도

위 표를 살펴보면 국내사이트는 물론 해외사이트들도 포함시켜 사이트 서핑을 자유롭게 할 수 있도록 하였고, 그 다음에는 테마, 플러그인 소개와 아카데미 등으로 구성하였습니다.

## 사용자 분석 UI/UX

일반적으로 웹사이트의 사용자 화면 설계에서 가장 중요한 요소는 UI(User Interface)와 UX(User Experience)입니다.

UI는 사이트를 방문하는 고객이 사이트를 쉽게 이용할 수 있게 만드는 기술적인 부분으로서 사용자가 화면에서 무엇을 어떤 식으로 사용해야 가장 좋은지를 설계하는 것을 말하며, UX는 사이트 이용 시 어떤 감정을 가지고 이용하는지 즉, 이용하면서 직간접으로 느끼고 생각하게 되는 총체적 경험을 말합니다.

워드프레스도 마찬가지로 이러한 UI, UX는 고려 대상이기는 하지만, 로그인의 위치나 주요 서비스를 나타내는 이미지 또는 카피문구 등이 메인화면 어디에 위치해야 하는지, 사용자가 좋아하는 콘텐츠를 어떻게 쉽게 찾고 감성적으로 느끼게 하는지 등의 문제는 워드프레스 테마를 잘 선택하면 해결될 수 있는 문제이기 때문에 크게 고민할 필요가 없습니다.

UI, UX에서 가장 기본은 사용자 즉, 사이트를 이용하는 이용자입니다. 따라서 사용자 계층을 분석할 필요가 있습니다. 가령, 세대별과 테마별로 사용자가 선호하고 사용자가 쉽게 콘텐츠를 접할 수 있도록 어울리는 테마를 선정하는 것이 중요합니다. 여기서도 마찬가지로 필자가 제작하고 있는 워드프레스 포털사이트에서 사용자 분석을 적용해보도록 하겠습니다.

■ 워드프레스 카페 회원들의 성별 및 나이 분포도

위 도표는 워드프레스 홈페이지 카페(cafe.naver.com/wphome) 회원들의 성별과 연령별 분포를 나타내고 있습니다. 도표에서 보는 바와 같이 워드프레스 관심 회원들 중 30대 남성들이 가장 많은 것으로 나타났습니다.

그렇기 때문에 구축할 사이트는 30대 남성들이 좋아할만한 UI와 UX를 가진 테마를 선택해야 합니다. 30대 남성 계층은 대부분의 IT서비스를 주도적으로 이용하는 계층으로서 직관적이고 세련된 디자인과 콘텐츠 위주의 사이트를 선호합니다. 그렇기 때문에 사이트 구축 시 주 고객층이 선호하는 방향으로 설계하는 것이 바람직합니다.

## 테마 선정과 커스터마이징 계획

워드프레스 테마 선정 방법을 필자가 나름대로 정리한 노하우와 순서는 다음과 같습니다.

❶ 자신의 목적과 아이템에 맞는 테마 검색
❷ 주요 기능구현 가능여부 & 적용 가능 웹브라우저 파악
❸ 후보군 3~4개 1차 선정
❹ 사이트 대표 사용자들에게 설문 조사
❺ 후보군 2개 최종 선정
❻ 최종선정

이제, 위 필자의 테마 선정 노하우 중 첫 번째 단계인 테마 검색을 진행해보도록 하겠습니다. 우리가 만들고자 하는 워드프레스 포털사이트는 네이버, 다음 등 검색 사이트나 미디어와 같이 많은 콘텐츠를 보여줘야 하기 때문에 워드프레스 테마 중 비교적 유사한 분야가 뉴스&잡지 테마라고 가정하고 뉴스관련 테마들을 집중적으로 검색해 보았습니다.

첫 번째 테마 검색 방법은 구글의 이미지 검색을 이용하는 방법이고, 두 번째 테마 검색 방법은 가장 인기 있는 유료 테마 사이트인 themeforest.net에서 검색하는 방법입니다.

물론, 시간적 여유가 있거나 더욱 신중해야 된다고 생각하면, '워드프레스로 홈페이지 블로그 만들기(앤써북)' 도서의 추천 워드프레스 테마업체(109 페이지)를 참고하셔서 다양한 워드프레스 테마업체의 테마들을 검색하셔도 좋습니다.

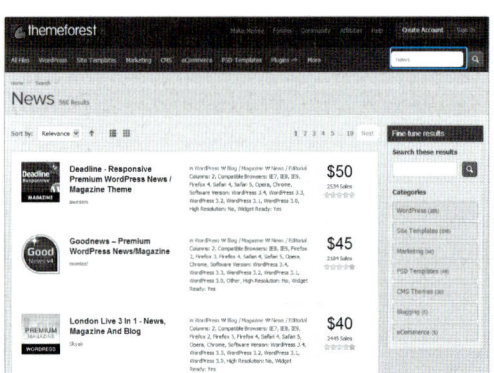

■ 구글 이미지 검색과 themeforest 검색창 활용

여러 테마 후보군들을 검색했다면 이제 두 번째 단계인 테마의 주요 기능구현 가능여부와 적용 가능한 웹브라우저를 파악해야 합니다. 국내에서는 인터넷 웹브라우저로 익스플로러를 사용하기 때문에 익스플로러 버전 등을 검토해서 실제로 사이트가 구현되는지와 깨지지 않는지 등을 테스트해야 합니다.

테스트를 완료한 후에는 세 번째 단계인 테마 선정 작업을 합니다. 너무 많은 테마를 벤치마킹하는 것보다는 3~4개의 최종 후보 테마를 선정하는 것이 좋습니다. 선정된 테마 후보들의 URL을 토대로 실제 사이트 사용자가 될 사용자 계층에 설문조사를 해보는 것입니다. 저희는 4개의 사이트를 정해서 워드프레스 카페회원들 중 지인들을 대상으로 설문조사를 실시해서 최종적으로 2개의 테마를 선정했습니다. 이때 설문조사는 비공개로 진행하는 것이 좋습니다.

> ➡ _tip_
>
> • 제작 사이트 공개 시기
> 일반적으로 사이트는 정식 오픈하기 전에는 공개하지 않는 것이 좋습니다. 왜냐하면, 타 경쟁업체에서 벤치마킹 할 수도 있고, 미완성 홈페이지 상태를 화면 캡처하는 등 다양한 기록을 남길 경우 예기치 못한 상황이 발생할 수도 있기 때문입니다. 그렇기 때문에 일반적으로 테스터 서버에서 작업을 하고 오픈테스트 검수를 마친 이후 정식적으로 사이트를 오픈하는 경우가 일반적인 사이트의 제작 흐름입니다. 특히, 워드프레스로 사이트를 제작하는 경우에는 SEO관련 플러그인을 설치해서 구글 등 검색 사이트에 검색 노출되지 않도록 주의할 필요가 있습니다.

이제 다섯 번째 단계인 설문을 통해서 최종적으로 2개의 테마를 선정하였습니다. 최종적으로 선발된 후보 두개 사이트는 다음 그림과 같습니다.

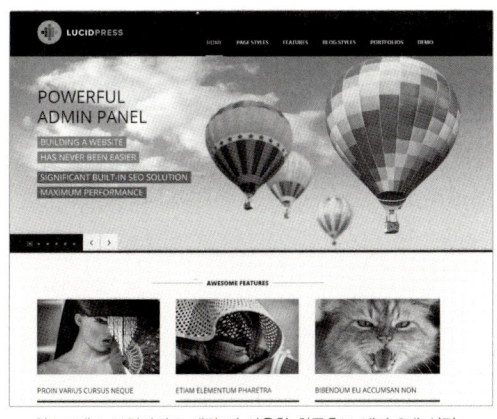
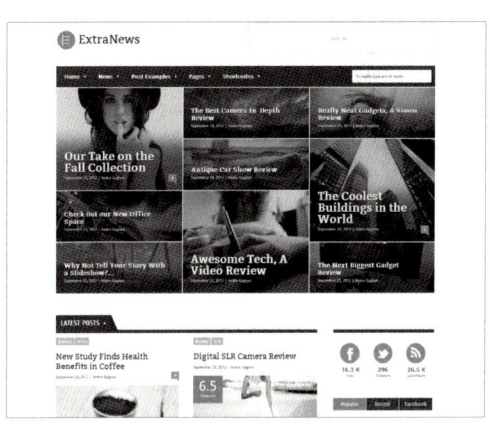

■ 워드프레스 포털사이트 제작 시 사용할 최종후보 테마 2개 선정

물론, 경제적으로 여유가 된다면 두 가지 테마 모두 구입해서 실제로 적용해보면 좋겠지만, 돈을 지불해야 하는 유료테마인 경우 신중하게 선택하는 것이 좋습니다.

다음은 필자가 결정한 최종 후보 테마 2개를 분석한 표입니다. 다음 표에서처럼 철저한 분석을 거친 후 최종적으로 Extranews 테마로 결정했습니다.

| 테마명 | Extranews | Lucispress |
|---|---|---|
| URL | http://goo.gl/kxudO | http://goo.gl/T6j01 |
| 브라우저 | IE7, IE8, IE9, Firefox 4, Safari 5, Opera, Chrome | IE8, IE9, Firefox 2, Firefox 3, Firefox 4, Safari 4, Safari 5, Opera, Chrome |
| 비용 | $50 | $45 |
| 평점 | ★★★★★ | ★★★★★ |
| 장·단점 | • 메인 그리드, 슬라이드 모두 적용 가능<br>• 최신 포스트를 2단으로 볼 수 있음<br>• 최신 포스트의 카테고리를 배너로 보여줌<br>• 기획한 사이트와 유사한 레이아웃 구조 | • 화려한 Jquery 슬라이드<br>• 시원시원한 레이아웃과 디자인 포스트가 공간을 많이 차지함<br>• 이미지 위주의 서브페이지 구조 |

■ 표. 최종 선정된 두 개의 테마 집중분석 비교

# 콘텐츠 설계 및 이미지 구하는 방법

워드프레스 사이트를 아무리 멋진 테마를 이용하여 화려하고 멋지게 만들더라도 콘텐츠가 없거나 빈약하다면 무용지물에 불과할 것입니다. 국내 사이트 중 사이트 디자인과 기능은 아주 단순하지만, 콘텐츠가 풍부하여 인기 있는 사이트들이 많습니다. 워드프레스도 마찬가지입니다. 워드프레스가 SNS연동, SEO검색 등 다양한 장점이 많지만, 워드프레스로 구축한 사이트의 콘텐츠가 꾸준히 업데이트로 생동감 있는 사이트가 되어야 오랫동안 잘 운영되고 사람들이 즐겨찾는 사이트가 될 수 있습니다.

사이트 기획의 마지막 단계로 콘텐츠 설계 계획을 수립한 후 진행하면 더욱 효과적입니다. 아래는 저희 사이트의 콘텐츠를 제작하기 위한 설계 계획표입니다. 다양한 사진과 자료들을 많이 수집해서서 여러분들의 워드프레스 사이트도 콘텐츠가 강한 사이트로 만들어 보시기 바랍니다.

| 테마명 | 콘텐츠 제작방법 | 1차 목표 콘텐츠 수 | 작업 기간 | 투입 인원 |
|---|---|---|---|---|
| 국내 사이트 | 카페, 페이스북 등 회원 자료 활용 | 100 | 30일 | 2 |
| 해외 사이트 | Wordpress.org, 구글검색 활용 | 100 | 〃 | 1 |
| 추천 테마 | 우수회원 추천테마 설문, 웹서핑 자료 활용 | 50 | 〃 | 1 |
| 추천 플러그인 | 우수회원 추천테마 설문, 웹서핑 자료 활용 | 50 | 〃 | 1 |
| 계 | | 300 | 30일 | 5 |

■ 표. 워드프레스 포털사이트의 콘텐츠 설계 계획

콘텐츠를 작성할 때 많이 가장 많은 고민을 하는 부분은 이미지입니다. 자신이 촬영한 사진이 아닌 웹상의 이미지들은 대부분 저작권이 있기 때문에 이미지를 구입하거나 지인들을 통해서 구해야 할 것입니다. 이때 아래의 무료 이미지 사이트와 유료 이미지 제공 사이트를 이용하면 편리하게 이용할 수 있습니다.

| | |
|---|---|
| 무료 이미지 제공 사이트 ▶ | 위키미디어커먼스(http://goo.gl/AjhWn) |
| 유료 이미지 제공 사이트 ▶ | 이미지코리아(http://www.imagekorea.co.kr) |
| | 클립아트코리아(http://www.clipartkorea.co.kr) |

■ 표. 이미지 제공 사이트

 >>> Chapter 01 >>> Lesson 02 >>>

# 블로그형 홈페이지 메인 영역 수정하기

Chapter 01에서는 블로그형 홈페이지를 누구나 쉽게 따라하기할 수 있도록 구조가 복잡하지 않은 무료테마를 적용해서 실습하겠습니다. 여기서 사용한 테마는 Wootheme에서 제공하는 Bueno 테마를 기본으로 진행됩니다.

**01** Bueno 테마 사이트(http://www.woothemes.com/products/bueno)에 접속한 후 'FREE DOWNLOAD' 버튼을 클릭한 후 다운로드 페이지를 따라가면 무료로 다운로드를 받을 수 있습니다. Bueno 테마는 프리미엄 인기 테마인 Woothemes에서 제공하는 무료테마로 블로그형 홈페이지 또는 개인블로그에 적합한 테마입니다.

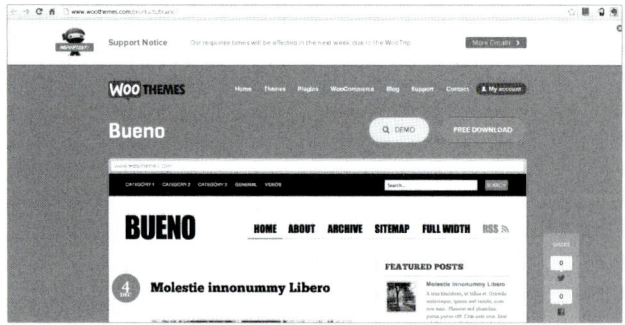
■ WOO THEMES 사이트의 Bueno 테마 다운로드

**02** 테마 파일을 다운 받은 후 워드프레스 관리자(Dashboard) 페이지(http://자신의 도메인주소/wp-admin)에 접속합니다. 관리자 페이지에서 '알림판 > 외모 > 테마' 메뉴를 선택하여 업로드한 후 테마를 설치합니다. 설치한 테마는 'Activate' 버튼을 클릭하여 적용시키면 설치가 완료됩니다.

■ Bueno 테마 설치 완료 후 Dashboard 화면

**03** 테마 설치 후 카테고리와 메뉴, 위젯 등을 구성한 후 홈페이지를 보면 아래와 같이 Bueno 테마가 적용된 블로그를 만들 수 있습니다. 카테고리, 글쓰기, 메뉴 등은 워드프레스의 기본적인 내용으로 여기서는 생략합니다.

■ Bueno 테마가 적용된 사이트 화면

# 자식(child) 테마 만들고 사용하기

워드프레스 레이아웃은 테마를 통해서 만들어집니다. 사용자는 원하는 테마를 구해서 사용했다 하더라도 테마 디자인(레이아웃, 색상, 버튼 등)이 100% 만족하지는 않을 것입니다. 그렇기 때문에 메뉴 색상, 버튼 색상, 레이아웃 변경 등 조금씩 단계별로 수정을 하게 됩니다. 그러나 테마 개발자에 의해서 어느날 수정했었던 테마를 업데이트하라는 요청을 받게 되면 당황하게 됩니다. 테마를 업데이트하면 기존에 수정했던 부분을 덮어쓰게 되고 업데이트를 하지 않으면 수정된 사항이 적용되지 않기 때문입니다. 이러한 문제점을 해결하기 위해서 가장 좋은 방법은 워드프레스에서 자식 테마(child theme)를 만드는 방법입니다.

자식 테마는 원본(Parent) 테마의 모든 것을 가지면서 확장, 변경할 수 있습니다. 또한, 원본테마가 업데이트 되어도 자식 테마는 변경한 사항을 그대로 유지합니다.

이 섹션에서는 자식 테마 만들고 사용하는 방법에 대해서 알아보겠습니다. 여기서 사용한 테마는 'Bueno(by WooThemes)' 입니다.

### 자식 테마 디렉터리 생성하기

자식 테마(http://codex.wordpress.org/Child_Themes(wordpress.org에서 제공하는 자식 테마 관련 API))를 제작하는데 필요한 것은 디렉터리 생성과 CSS 파일입니다. 디렉터리 생성 방법에 대해서 알아보겠습니다.

**01** 파일질라를 다운받아서 설치한 후 다음 그림과 같이 호스트에 홈페이지 도메인을 입력하고 사용자명에 FTP아이디, 비밀번호에 FTP 비밀번호를 입력한 후 '빠른연결' 버튼을 클릭하면 자신의 FTP에 접속이 됩니다. 디렉터리 생성을 위하여 파일질라 FTP 프로그램을 실행한 후 다음 그림과 같이 '/www/wp-content/themes' 디렉터리로 이동합니다.

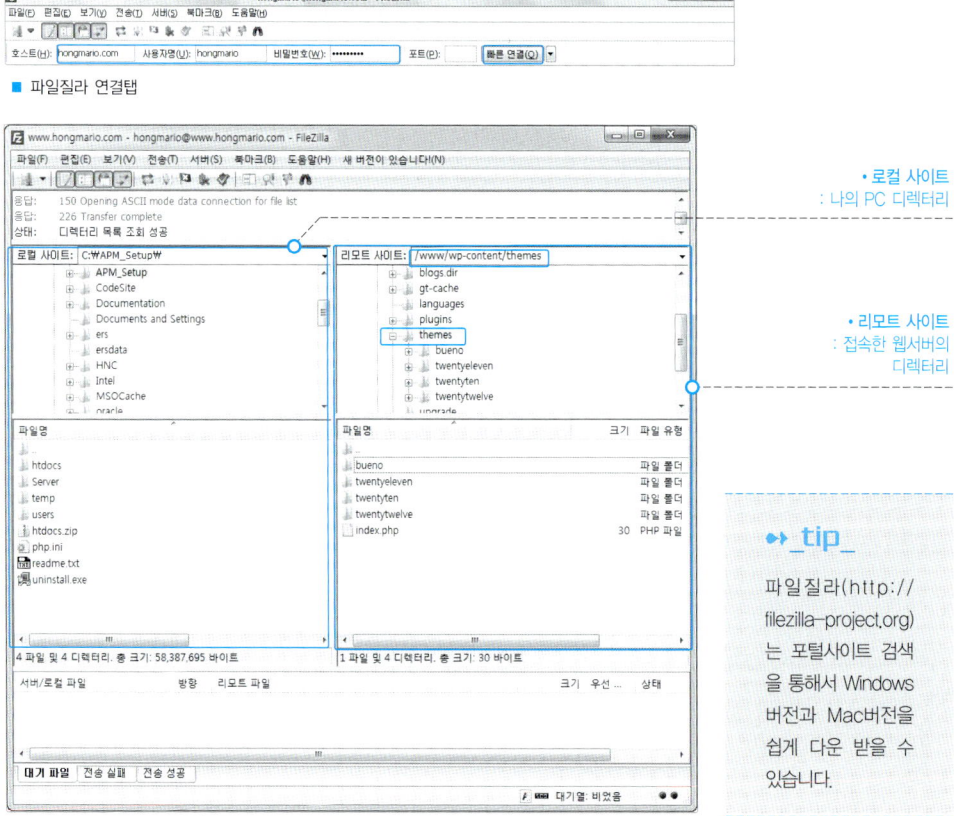

■ 파일질라 연결탭

■ 등록된 테마목록 화면

02 자식 테마를 만들기 위해서는 원본테마의 디렉터리명에 '-child'를 붙여서 디렉터리를 만들어야 합니다. 다음 그림과 같이 'bueno' 테마 아래 'bueno-child' 디렉터리를 만듭니다.

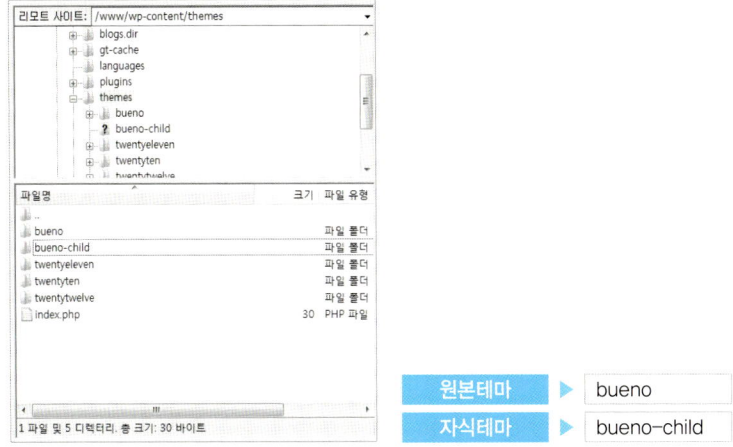

■ Bueno 테마로 child 디렉터리 생성 화면

## Style.css 변경하기

Style.css 소스를 변경하기 위해서는 우선 원본 테마(bueno)의 style.css 파일을 다운로드 받아야 합니다.

01 다음 그림과 같이 'bueno' 디렉터리를 클릭하고 'style.css' 파일을 마우스 오른쪽 버튼으로 클릭한 후 '다운로드' 메뉴를 선택하여 다운로드 받습니다.

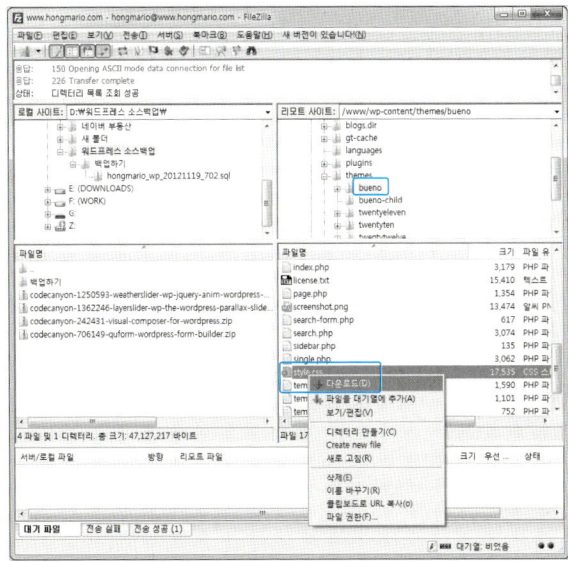

■ Bueno 테마의 CSS 파일 다운로드 화면

02 다음은 편집기 툴(메모장)을 이용해서 style.css 파일을 엽니다.

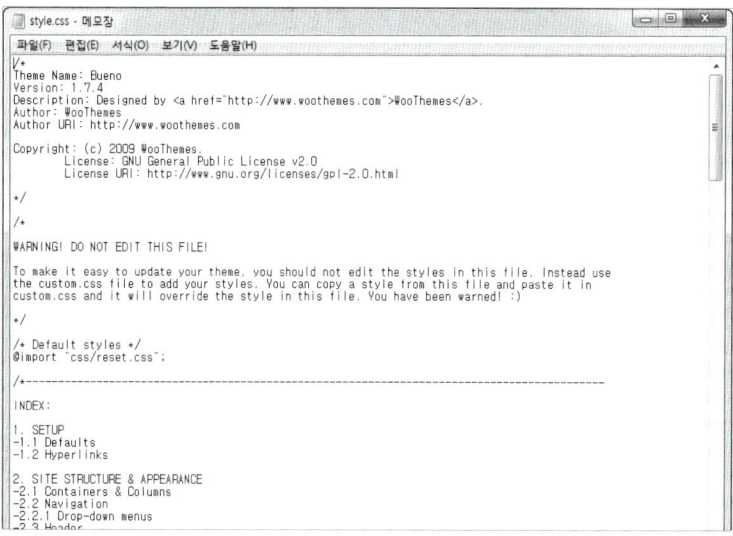

■ 편집기를 이용해서 style.css 파일 확인

03 style.css 파일의 모든 내용을 삭제하고 다음과 같은 소스를 다음 그림과 같이 입력합니다.

```
/*
Theme Name: Bueno Child
Description: Child theme for the Bueno theme.
Author: hongmario
Template: bueno
*/

@import url("../bueno/style.css");
```

■ 파일명 : 1장-32

▸ _tip_

• 소스 파일 다운로드
이 책의 소스 파일은 필자가 운영하는 워드프레스 홈페이지 카페(http://cafe.naver.com/wphome)에서 다운로드 받을 수 있습니다.

위 내용을 간략하게 설명하면 Theme Name, Template는 필수로 입력해야 하며, Template는 원본테마의 디렉터리 이름, 대소문자를 구분합니다. 그리고 @import는 원본테마의 CSS 규칙을 가져옵니다.

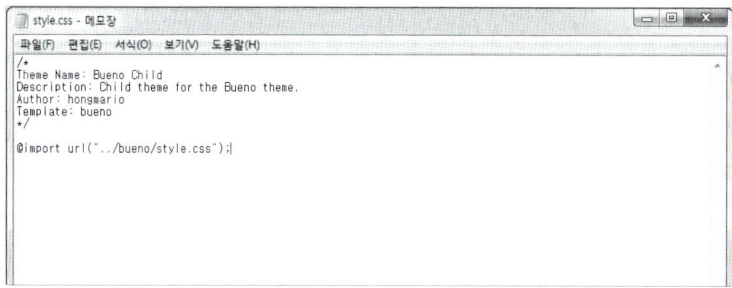

■ 'bueno child' 용 style.css 파일 수정 화면

**04** 수정된 style.css 파일을 파일질라에서 다음 그림과 같이 자식테마(bueno-child) 디렉터리로 업로드합니다.

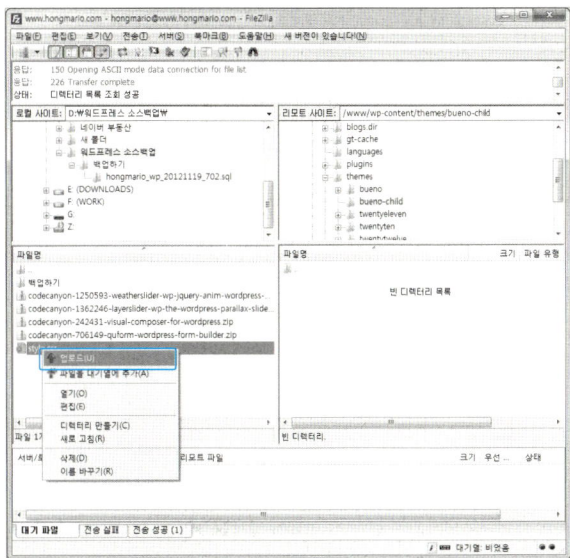

■ bueno-child 테마의 CSS 파일 업로드 화면

## 자식 테마 활성화

이제 테마를 변경해보도록 하겠습니다.

**01** 알림판의 '외모 > 테마' 메뉴를 클릭합니다.

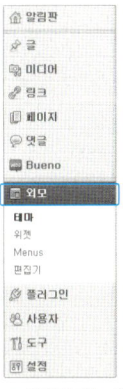

■ 알림판 메뉴 화면

**02** 다음 그림을 보면 원본 테마(Bueno)와 자식 테마(Bueno Child)가 있습니다. 자식 테마(Bueno Child)의 '활성화' 링크를 클릭하여 Bueno Child 테마를 활성화합니다.

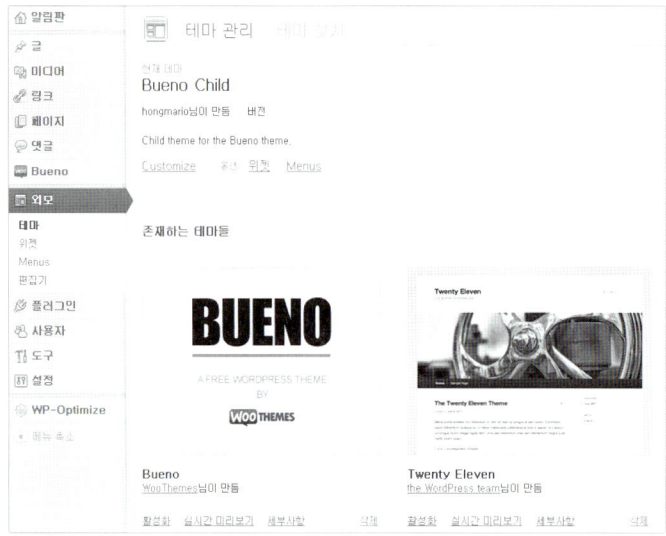

■ Bueno Child 테마 활성화 화면

**03** 독자의 이해를 돕고 원본 테마와 자식 테마를 구분하기 위해서 로고를 텍스트(BUENO CHILD)로 표시했습니다. 이제 홈페이지에 접속하면 다음 화면과 같이 보입니다.

■ Bueno Child 테마가 적용된 홈 화면

자식 테마는 다음과 같은 3가지가 특징이 있습니다.
- 자식 테마의 내용을 수정해도 원본테마에 영향 받지 않습니다.
- 원본테마의 내용을 수정하면 자식 테마에 영향 받습니다.
- 동일한 명칭(함수, CSS)으로 자식 테마에 존재하면 원본 테마가 바뀌더라도 자식 테마에 영향을 받지 않습니다.

자식 테마의 기능을 손쉽게 이해할 수 있는 사례를 만들어보도록 하겠습니다.

01 원본 테마와 자식 테마 모두 가장 상단에 검정색 Bar가 있습니다.

■ 자식테마 상단의 검정색 Bar 화면

02 CSS의 소스코드를 수정하여 자식 테마의 검정색 Bar 부분이 보이지 않도록 변경하겠습니다. '알림판 〉 외모 〉 편집기' 메뉴를 클릭합니다. 기본적으로 활성화된 테마의 style.css가 열립니다. 여기에 다음과 같은 코드를 추가한 후 파일업데이트 합니다.

■ Bueno Child 테마의 검정색 Bar를 보이지 않게 하기 위한 CSS 수정 화면

03 사이트를 확인해보면 다음 화면처럼 자식 테마에 있는 검정색 Bar 부분이 사라졌습니다.

■ CSS 수정으로 TOP 메뉴가 삭제된 Bueno Child 테마 메인 화면

자식 테마의 이해를 위해서 간단하게 설명하였습니다. 다음 장에서 검정색 Bar 보이지 않게 하기 위한 방법을 좀 더 자세히 살펴보겠습니다.

01  원본 테마로 이동하여 확인해보도록 하겠습니다. '알림판 〉 외모 〉 테마' 메뉴에서 Bueno 테마를 활성화
시킨 후 홈페이지로 이동하면 다음 그림과 같이 자식 테마와 다르게 검정색 Bar 부분이 보입니다.

■ Bueno Child 변경에도 영향을 받지 않는 Bueno 테마 홈 화면

02  이 처럼 자식 테마의 내용을 수정해도 원본테마에 영향 받지 않게 됩니다. 참고로 워드프레스의 클릭만으
로 사용할 수 있는 자식 테마 'One-Click Child Theme(http://goo.gl/dWWEc)' 플러그인을 이용하면
손쉽게 편하게 자식 테마를 만들 수 있습니다.

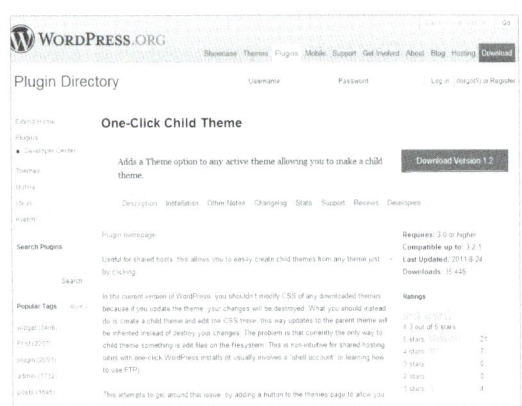

■ 워드프레스의 플러그인 디렉토리 내 자식 테마 페이지

## Bar 제거하기

Bueno 테마를 설치하고 활성화 후 사이트를 열면 기본적으로 사이트 상단에 다음 그림과
같이 검정색 Bar가 위치해 있는 것을 볼 수 있습니다. 메뉴와 검색 옵션이 각각 두 개씩 존
재하기 때문에 상단의 검정색 Bar를 삭제하는 작업을 해보도록 하겠습니다.

■ Bueno 테마 적용 화면

검정색 Bar를 제거하기 위한 방법에는 아래의 두 가지 방법이 존재합니다. 여기서는 각각 2가지 방법을 모두 적용해 보도록 하겠습니다.

❶ CSS를 사용하여 Bar 제거하기
❷ PHP 소스코드를 찾아서 수정하기

## CSS를 사용하여 제거하기

▷ **구글 크롬 개발자 도구 열기**

CSS를 수정하기 위해서는 구글 크롬(Google Chrome) 개발자 도구를 이용하면 조금 더 손쉽게 작업할 수 있습니다.

01 구글 크롬을 열어서 Bueno 테마가 설치된 홈페이지에 접속하고, F12 키를 누르면 다음 그림과 같이 개발자 도구가 홈페이지 화면과 함께 보입니다.

■ 구글 크롬 개발자 도구

» _tip_

구글 크롬은 현재 워드프레스 운영 및 소스 수정 시 가장 대중적으로 편리하게 이용하고 있는 웹브라우저 입니다. 구글 크롬 홈페이지(http://www.google.com/chrome)에서 누구나 쉽게 다운 받을 수 있습니다.

▷ **홈페이지의 태그구성 & CSS 확인하기**

01  개발자 도구에서 브라우저 왼쪽 아래에 다음 그림과 같이 3개의 아이콘을 확인할 수 있습니다. 홈페이지의 태그 구성과 CSS 정보를 보기 위해서 돋보기 아이콘( 🔍 )을 클릭합니다.

■ 구글 크롬 개발자 도구에 보이는 돋보기 아이콘

02  홈페이지 화면 상단을 클릭하면 관련된 정보를 개발자 도구에서 확인할 수 있습니다. 개발자 도구의 돋보기 아이콘( 🔍 )을 클릭하고 상단의 검정색 Bar를 클릭하면 검정색 Bar에 해당하는 태그 구성을 개발자 도구 좌측 창에서 확인할 수 있고, 그 태그에서 사용한 CSS 정보를 우측 창에서 확인할 수 있습니다.

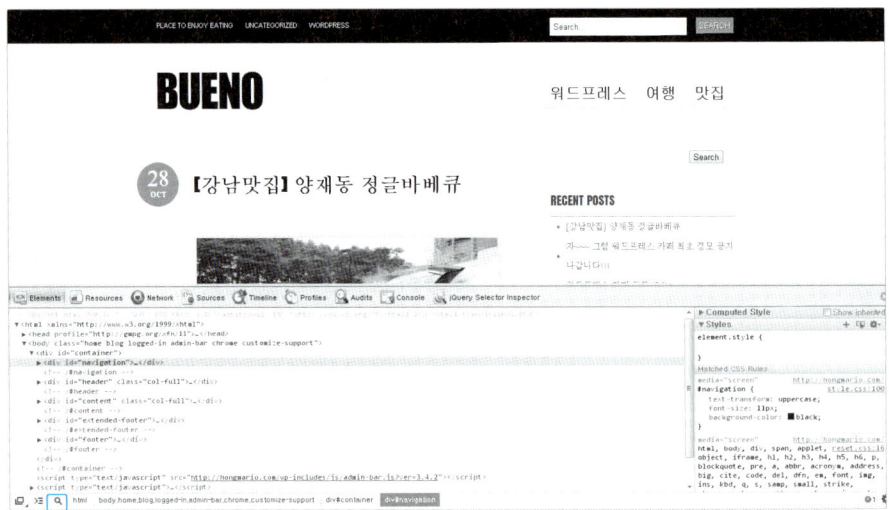

■ 검정색 Bar의 태그 구성 & CSS 정보 화면

03  선택된 태그 구성을 살펴보면 다음 그림과 같습니다. 검정색 Bar는 div 태그로 이루어져 있으며, div 태그 내에 id 선택자를 가지고 있습니다.

■ 돋보기 아이콘 클릭하고 검정색 Bar 클릭한 이후 화면

> **_tip_**
>
> **id 선택자란?**
> HTML 페이지에서 div 태그는 많이 사용됩니다. 그 많은 div 태그 중 특별하게 사용하기 위해서 이름표를 달아주는데, 이 때 id속성을 사용합니다. id 속성은 자바스크립트(Javascript), CSS, jQuery 등에서 사용됩니다.

div 태그의 navigation id값을 CSS에서 #navigation으로 활용한 것을 볼 수 있습니다. CSS 정보를 살펴보면 다음과 같습니다.

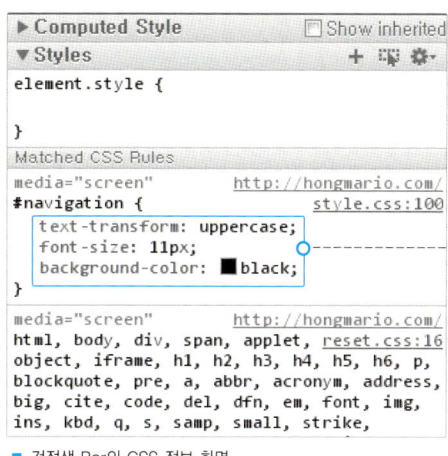

- text-transform : 영문 모든 글자를 대문자로 변환
- font-size : 글씨 크기
- background-color : div 태그의 배경 색상을 검정색으로 처리

■ 검정색 Bar의 CSS 정보 화면

## ▷ 개발자 도구를 이용한 수정 상태 미리보기

미리보기는 Google Chrome 개발자 도구에서 제공하는 기능 중 하나로써 직접 브라우저에서 CSS를 적용하여 수정한 이후의 상태를 확인할 수 있습니다. 직접적으로 파일을 수정하는 것이 아니기 때문에 실수로 브라우저에서 값을 잘못 입력하여 화면이 이상하게 보이더라도 새로고침하면 수정 전 상태 화면으로 돌아옵니다.

**01** 다음 그림과 같이 CSS 속성 'background-color : black;' 바로 다음에 마우스를 클릭하면 추가로 속성을 넣을 수 있게 입력창이 생깁니다. 그 입력창에 display 속성을 입력하고 탭(Tab) 또는 Enter 키를 누르면 display 속성의 값을 입력할 수 있는 입력창이 생기며, 'none' 값을 입력합니다.

■ 검정색 Bar 삭제를 위한 display 속성 추가 화면

**02** CSS에 display 속성을 넣어 준 것만으로도 검정색 Bar가 사라진 것을 확인할 수 있습니다.

■ 구글 크롬에서 미리보기를 위해 CSS 적용 후 홈페이지 화면

▷ **알림판 편집기에서 style.css 수정하기**

이제 실제로 테마의 style.css에 적용해보도록 하겠습니다.

**01** '알림판 〉 외모 〉 편집기' 메뉴를 클릭합니다. 기본적으로 활성화된 테마의 스타일시트(style.css)가 열립니다.

■ 알림판 편집기의 Style.css 실행 화면

02 검정색 Bar는 div 태그로 구성되어 있었고, idౡ navigation을 CSS에서 #navigation으로 활용한 것을 이전 과정에서 살펴봤습니다. Ctrl+F 키(메킨토시 사용자는 Command+F)를 누르면 '찾기' 입력창이 크롬 브라우저 오른쪽 위쪽에 생깁니다. '#navigation'을 입력 후 Enter 키를 누릅니다.

■ #navigation 검색

```
/* 2.2 Navigation */
#navigation { text-transform: uppercase; font-size:11px; background-color: #000; }
.nav, .nav ul { z-index:100; margin:0; padding:0; list-style:none; line-height:1; }
.nav li { float:left; width: auto; }
```

■ Style.css에서 #navigation 수정 전

03 'background-color : #000;' 뒤에 'display: none;' 속성을 추가하고 '파일 업데이트' 버튼을 누릅니다.

```
/* 2.2 Navigation */
#navigation { text-transform: uppercase; font-size:11px; background-color: #000; display:none;}
.nav, .nav ul { z-index:100; margin:0; padding:0; list-style:none; line-height:1; }
.nav li { float:left; width: auto; }
```

■ Style.css에서 #navigation 수정 후

## PHP 소스코드 수정하기

이제 두 번째 방법인 PHP코드를 찾아서 수정하는 방법을 알아보도록 하겠습니다. 검정색 Bar가 위치한 곳은 워드프레스 레이아웃 구조상 header 영역에 해당합니다. 따라서 PHP 소스코드를 수정하려면 Header.php 파일의 정보를 확인해야 합니다.

## ▷ Header.php 파일 수정하기

**01** PHP코드를 직접 수정을 하려면 '알림판 〉 외모 〉 편집기' 메뉴를 클릭합니다. 오른쪽 템플릿 목록 중 header.php 파일을 클릭합니다.

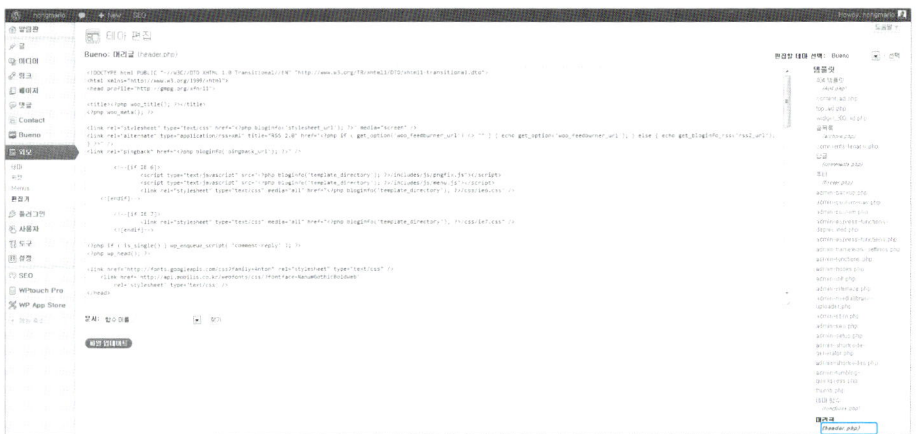

■ '외모 〉 편집기' 안의 header.php 파일 내용

**02** 찾기 명령어인 'Ctrl + F' 키를 누른 후 '〈div id="navigation"〉…〈/div〉'을 찾아 이 부분을 직접 삭제하거나 주석 처리합니다. 여기서 주석 처리라는 것은 프로그래밍 시 설명문을 작성하는 용도로 이용됩니다. 즉, 컴퓨터가 프로그램 코드를 읽어들일 때 주석 처리된 부분은 코드로 인식되는 것이 아니라 설명문으로 인식되어 아무런 작업이나 반응을 하지 않게 됩니다. 주석 처리하는 방법은 '〈?php /* 주석 처리할 부분 */ ?〉'과 같이 작성하면 됩니다.

■ header.php 파일의 '〈div id="navigation"〉…〈/div〉' 수정 전

■ header.php 파일의 '〈div id="navigation"〉…〈/div〉' 수정 후

03 주석 처리 하거나 삭제 한 후 '파일 업데이트' 버튼을 눌러 저장하면 첫 번째 CSS 방법과 마찬가지로 위의 검정색 Bar를 제거할 수 있습니다. 다음은 CSS or PHP코드 수정 후 완료 화면입니다.

■ 'CSS or PHP코드 수정 후 완료 화면

## 테마 배경패턴 제거하기

Bueno 테마를 설치하면 다음 그림과 같이 기본값으로 분홍색의 배경색에 동그란 작은 점으로 이루어진 배경 패턴이 적용되어 있습니다. 이 섹션에서는 자신이 원하는 배경색을 적용하기 위해 현재의 배경패턴을 흰색으로 변경하는 작업을 해보도록 하겠습니다.

■ Bueno 테마 메인화면

01 배경을 흰색 바탕으로 바꾸기에 앞서 어느 부분의 CSS style을 바꿔주어야 하는지 확인해야 합니다. Google Chrome의 개발자 도구(F12)를 이용하여 배경색과 패턴의 CSS 클래스를 확인합니다. 전체적인

홈페이지의 배경을 적용하기 위해서는 body태그에 배경을 넣어주는 것이 일반적인 방법입니다. Bueno 테마 역시 body에 배경 패턴이 적용되어 있는데, 이것을 개발자툴 오른쪽 영역에서 체크 상태를 해제시킨 후 미리보기 화면을 확인합니다.

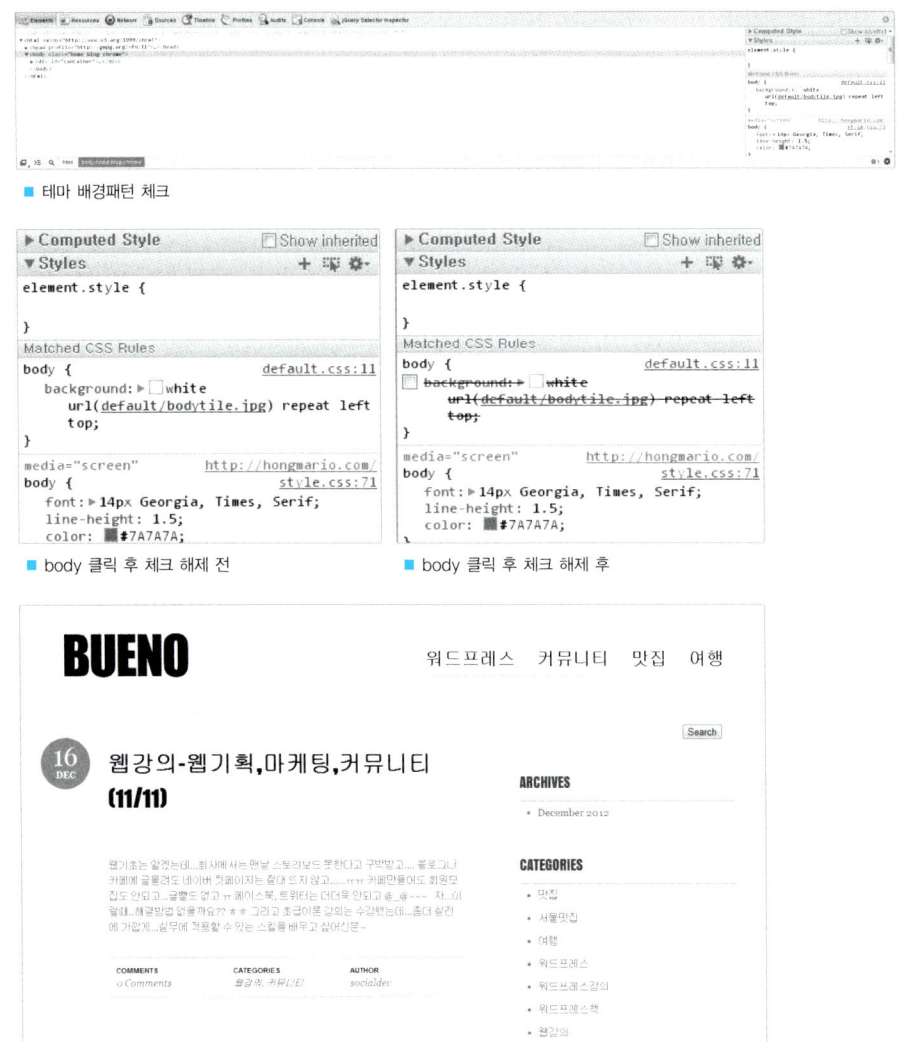

■ 테마 배경패턴 체크

■ body 클릭 후 체크 해제 전        ■ body 클릭 후 체크 해제 후

■ 개발자 도구 오른쪽부분 body 클릭 후 체크 해제 후 화면

02 미리보기 화면을 확인한 후 위 그림과 같이 CSS body부분을 찾아 수정을 해주어야 합니다. 수정해야 하는 부분은 default.css 파일 안에 있지만, 대부분의 워드프레스는 테마옵션에서 자체적으로 배경 칼라 등을 수정하는 부분(다음 그림의 Custom CSS 옵션)이 있기 때문에 여기서는 FTP에서 직접 default.css 파일을 찾아서 수정을 하도록 하겠습니다.

■ Bueno 테마옵션에서 제공하는 Custom CSS 옵션

03 FTP 접속 프로그램 파일질라를 이용하여 default.css 파일을 찾아보도록 하겠습니다.

■ 파일질라 연결탭

04 연결 이후에는 파일질라의 우측 영역의 하위폴더를 순서대로 클릭해서 찾아가면 다음 그림과 같이 '/www/wp-content/themes/bueno/styles'에서 default.css 파일을 찾을 수 있습니다.

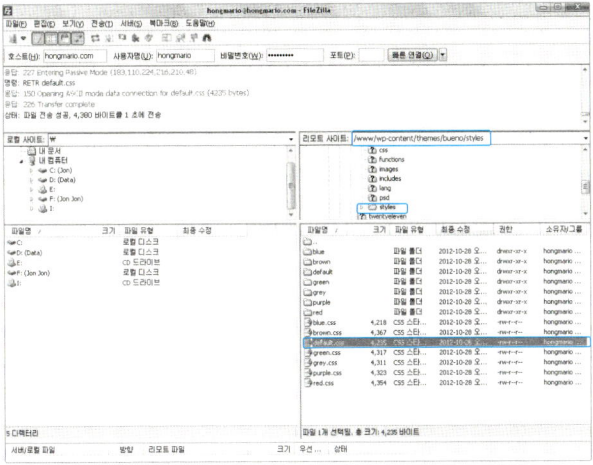

■ FTP 연결 후 Bueno 테마 default.css 찾기

05 이제 위 그림에서 default.css 파일을 클릭해서 파일을 열면 다음과 같이 메모장에서 파일 내용을 확인할 수 있습니다.

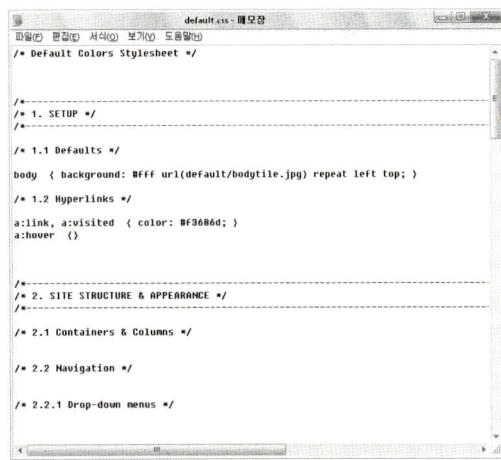

■ FTP 연결 후 default.css 파일을 메모장으로 불러온 화면

**06** 여기서도 두 가지 방법을 사용할 수 있습니다. 첫 번째 방법은 다음 그림처럼 body의 { } 안에 있는 속성 값 'background: #fff url(default/bodytitle.jpg) repeat left top;' 전체를 삭제하면 됩니다.

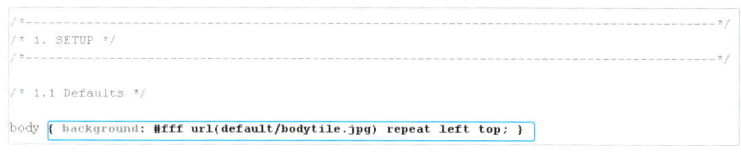

■ default.css 안 body 배경 코드

두 번째 방법은 다음 그림과 같이 '/* */'을 사용하여 body앞에 '/*'를 삽입하고 동일한 라인 가장 끝에 위치한 'top; }' 뒤에 '*/'를 추가하는 주석처리 방법입니다.

■ default.css 파일 내 body 배경 코드 주석처리

다음 두 가지 방법 중 한 가지 방법을 선택한 후 파일질라에서 파일저장 업로드하면 적용이 완료됩니다.

이제 유사한 방법으로 푸터(Footer) 영역에 있는 배경을 변경해 보도록 하겠습니다.

**01** 변경할 부분은 다음 화면처럼 Bueno 테마의 푸터(Footer) 부분입니다. 기본적으로 분홍색 색상이 적용되어 있습니다.

■ footer widget 부분의 분홍색 배경 화면

02 먼저, Google Chrome 개발자 도구를 열어 분홍색 부분을 클릭한 후 CSS 클래스와 속성값을 확인합니다.

■ footer widget 부분의 분홍색 배경 CSS

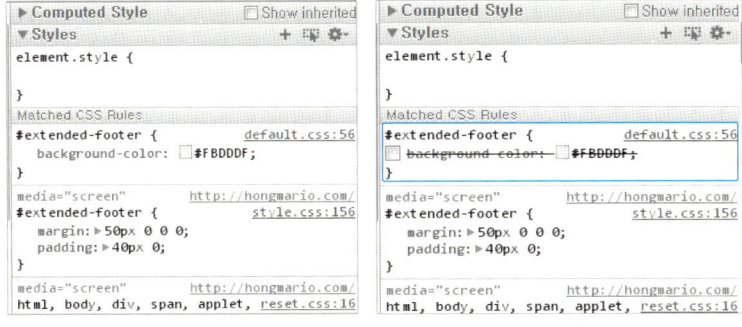

■ footer widget 부분의 분홍색 배경 CSS 확대    ■ footer widget 부분의 분홍색 배경 CSS 체크 해제

■ footer widget 부분의 분홍색 배경 CSS 체크 해제 후 화면

03 미리보기 화면을 확인한 후 'default.css의 body 배경 코드' 그림과 같이 CSS를 찾아 수정합니다. 이 CSS 역시 default.css 안에 있으므로 파일질라 프로그램을 사용하여 FTP에 접속한 후 앞에서 적용한 방법과 동일하게 수정 배경패턴 삭제 또는 주석처리 한 것과 동일하게 수정합니다.

```
/* 2.6 Extended Footer */
#extended-footer { background-color: #fbdddf; }
```

■ default.css의 Contents 분홍색 부분 배경 코드

첫 번째 방법은 '#extended-footer { }' 안의 'background-color: #fbdddf;'를 선택해서 삭제합니다.

```
/* 2.6 Extended Footer */
/*#extended-footer { background-color: #fbdddf; }*/
```

■ default.css의 Contents 분홍색 부분 배경 코드 주석처리

두 번째 방법은 위 그림과 같이 '/* */'을 사용하여 '#extended-footer' 앞에 '/*'를 삽입하고 동일한 라인에서 가장 끝에 위치한 '#fbdddf; }' 뒤에 '*/'를 추가합니다.

04 두 가지 방법 중 한 가지 방법을 적용해서 Default.css 파일을 수정 한 후 FTP에 업로드하면 배경화면을 삭제하는 작업이 완료됩니다. Footer widget 부분의 위젯 구분선과 달력의 분홍배경 역시 테마 배경패턴과 색을 삭제하는 방법과 동일하므로 다른 색상을 적용하거나 제거하고 싶다면 위와 같은 방법으로 적용하면 됩니다.

# Top Layout 변경 및 광고배너 넣기

이 섹션에서는 Chapter 2에서 적용되는 홈페이지 제작용 유료 테마인 Extra News 테마의 Top Layout 부분에 보이는 로고, 광고, 그리고 메인 메뉴의 위치를 Bueno 테마의 Top Layout 부분을 수정하여 동일한 화면을 보일 수 있도록 적용해 보겠습니다. Extra News 테마의 Top Layout을 참고하는 이유는 가장 무난한 디자인 패턴이면서도 시각적으로 편안한 느낌을 주기 때문입니다. 기본적으로 사람들이 사이트를 방문하면 사이트의 내용을 먼저 보기보다는 위에서 아래로 보게 되는 심리가 있기 때문에 로고와 광고를 가장 먼저 보게 되며 메인 메뉴를 살펴본 후 사이트를 전체적으로 둘러보게 됩니다. 또한, 이러한 디자인 패턴은 간단한 소스 수정만으로도 관리가 가능하기 때문에 일반적으로 많이 사용하는 방법입니다.

## Top Layout 분석하기

Extra News 테마의 Top Layout을 보면 다음 그림과 같이 상단 영역은 로고와 광고를 넣을 수 있고, 그 아래쪽 영역은 메뉴와 Search bar가 있는 것을 볼 수 있습니다.

■ Extra News 유료테마 Top Layout

그리고 현재 Bueno 테마의 Top Layout은 다음 그림과 같이 원래 Bueno 테마에서 상단의 Top Bar가 제거된 형태로 되어 있습니다.

■ Bueno 무료테마 Top Layout

이제 자신이 원하는 형태의 워드프레스 사이트에서 Google Chrome 개발자 도구를 이용하여 소스가 어떻게 구성되어 있는지 확인해 보도록 하겠습니다.

01 Extra News 유료테마의 Top Layout 구조를 확인하기 위해서 마우스로 원하는 영역을 선택한 후 F12 키를 눌러서 Google Chrome 개발자 도구를 엽니다.

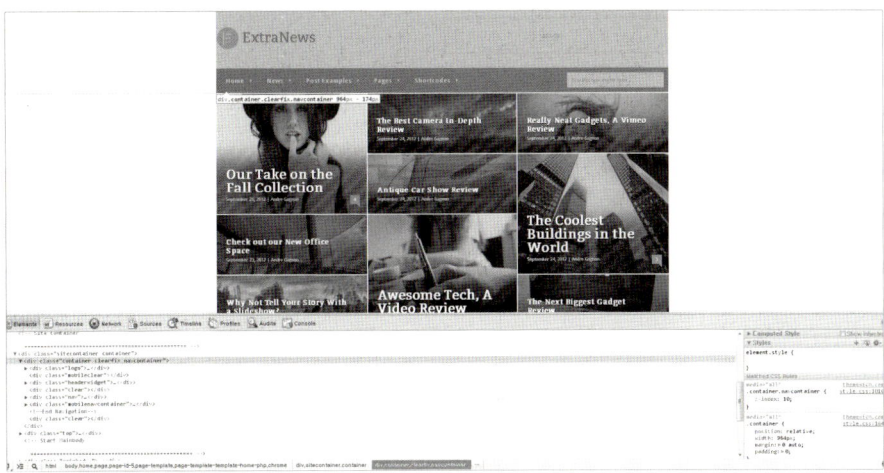

■ Extra News 유료테마 Top Layout 구조

02 위 그림에서 왼쪽 영역을 확대해서 보면 다음 그림과 같이 나타납니다.

■ Extra News 유료테마 Top Layout 구조 확대

위 그림에서 우리가 실제로 적용할 3가지 부분인 ① 로고, ② 광고, ③ 메뉴+검색바 영역을 보면 다음과 같이 되어 있습니다.

- 로고 : 〈div class="logo"〉…〈/div〉
- 광고 : 〈div class="headerwidget"〉…〈/div〉
- 메뉴+검색바 : 〈div class="nav"〉…〈/div〉

〈div〉태그로 이루어져있는 로고, 광고, 그리고 '메뉴+검색바'의 layout 구조를 파악한 후 Bueno 테마에 적용합니다. 참고할 사이트의 layout 구조를 파악한 후 원하는 부분을 자신의 사이트에 어떻게 적용할지 확인함으로써 수월하게 작업할 수 있습니다.

03 이제 Bueno 테마로 넘어가도록 하겠습니다. 이전 과정에서와 마찬가지로 로고영역과 메뉴영역을 마우스로 드래그해서 선택한 후 F12 키를 눌러 Google Chrome 개발자 도구를 다음 그림과 같이 엽니다. 'Bueno 무료테마 Top Layout 구조'와 같이 Bueno 테마의 Top Layout 부분인 '〈div id="header" class="col-full"〉〈/div〉'를 살펴보면 로고와 메인 메뉴로만 구성되어 있는것을 알 수 있습니다.

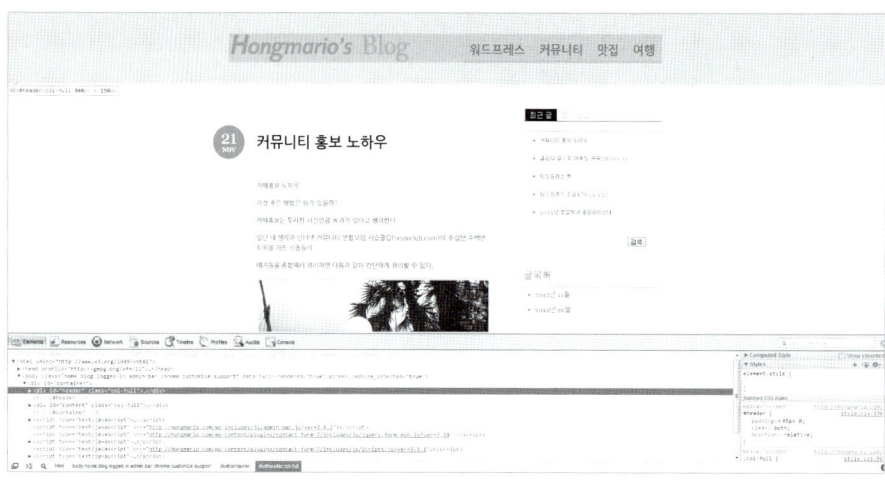

■ Bueno 테마 Top Layout 구조

■ Bueno 무료테마 Top Layout 구조 확대

## 분석한 Top Layout을 Bueno 테마 Top Layout에 적용하기

▷ **Top Layout에 광고 배너와 Search Bar 적용하기**

워드프레스에서는 Top Layout과 Bottom Layout에 해당하는 파일인 header.php와 footer.php가 있습니다. 로고와 메인 메뉴는 이미 존재하기 때문에 광고 부분과 Search Bar를 각각 유료테마의 구조처럼 div태그와 CSS를 사용하여 넣어 보겠습니다.

**01** Top Layout을 수정하기 때문에 '알림판 〉 외모 〉 편집기'에서 header.php 파일을 열겠습니다.

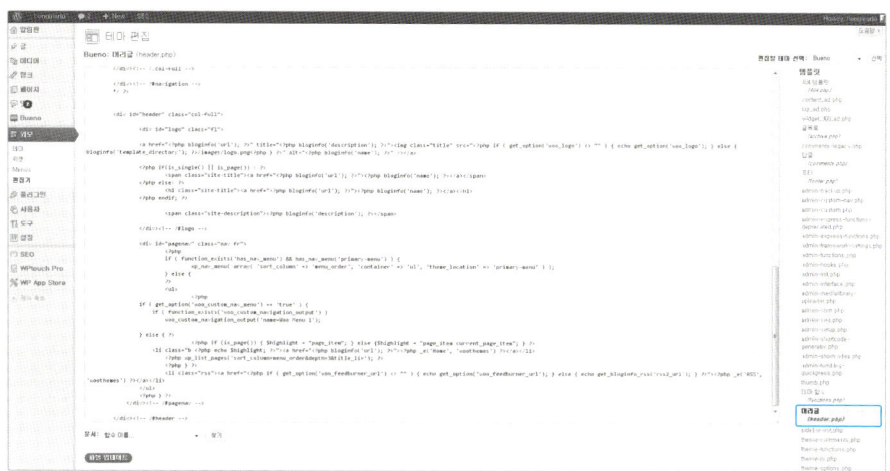

■ Bueno 무료테마의 header.php 파일

■ Bueno 무료테마 header.php 파일 수정 전

**02** 이제, 소스코드에서 수정할 부분을 찾습니다. 소스코드를 수정할 시에는 주석을 사용하여 설명문을 작성해 놓으면 재수정 시 작업이 수월해집니다. 이전 과정에서 Top Layout 안에 로고와 메인 메뉴만 있다고 설명했는데, Extra News테마에서 참고했던 광고와 Search Bar를 넣는 작업을 진행하겠습니다. 먼저 순서

대로 로고에 해당하는 〈div〉태그 아래 광고부분을 넣은 후 메인 메뉴 〈div〉태그 안에 Search Bar를 넣습니다. Div 태그를 만드는 경우에는 CSS 작업을 위하여 class나 id 이름을 지정합니다. 광고에 해당하는 class 이름은 ad_link와 fr로 지정하고, Search Bar에 해당하는 id는 topsearch, class 이름은 fr입니다. 여기서 fl과 fr은 Bueno 테마에서 미리 지정해 놓은 class로써 fl은 float left의 약자이고, fr은 float right의 약자입니다.

■ Bueno 무료테마 header.php 파일 소스 수정 후

03 이전 단계의 'Bueno 무료테마 header.php 소스 수정 후' 화면 가장 상단 첫 번째 라인에서 광고에 해당하는 부분을 주석과 함께 '〈!— 광고 —〉 부터 〈!— 광고 끝 —〉'까지 'Bueno 무료테마 header.php 수정 전' 그림 가장 하단 라인인 '〈/div〉〈!— /#logo —〉' 바로 아래에 추가 되었으며, 메인 메뉴에 해당하는 '〈div id="pagenav" class="nav fr"〉〈/div〉' 태그 안에 '〈!— Search Bar —〉' 부터 '〈!— Search Bar 끝 —〉'까지 메인 메뉴가 끝나는 부분인 '〈/div〉〈!— /#pagenav —〉' 바로 윗부분에 추가 되었습니다.

■ header.php 파일에 넣을 코드 확대 1

■ header.php 파일에 넣을 코드 확대 2

04 광고와 Search Bar를 HTML 주석과 함께 추가하여 Top Layout 수정이 완료된 후 '파일 업데이트' 버튼을 클릭하여 저장합니다. 저장 후 홈페이지를 열면 링크 버튼과 Search Bar만 나타날 뿐 별다른 변화가 없습니다. 왜냐하면 〈div〉태그로 로고, 광고, 메인 메뉴+Search Bar를 구성하기만 했을 뿐이며, CSS를 적용하지 않은 상태로 구성하여 정렬이 제대로 되지 않았기 때문입니다.

▷ **광고 배너 이미지 업로드하기**

〈div〉태그에 CSS를 적용시키기 전에 광고 링크를 설정할 광고 배너용 이미지를 준비합니다.

■ Bueno 무료테마 header.php 파일 수정 후

01 예제 사이트(여기서는 홍마리오 블로그)에서 사용 할 광고 이미지 사이즈는 468×60px입니다. 광고배너를 적용하기 위해서 '알림판 〉 미디어 〉 파일 올리기'를 이용하여 광고배너 이미지를 다음 그림과 같이 업로드를 합니다.

■ 광고에 사용할 배너 이미지 업로드

▷ 광고 배너에 CSS 적용하기

이제 광고에 사용할 배너 이미지에 CSS를 적용하겠습니다.

01 링크값을 복사 한 후 CSS 적용 한 후의 화면을 보기 위해 구글 크롬 개발자 도구를 엽니다.

■ 구글 크롬 개발자 도구

02 구글 크롬을 열고 돋보기 아이콘( 🔍 )을 클릭한 후 광고 배너를 넣은 자리(빨간색 link)를 클릭합니다.

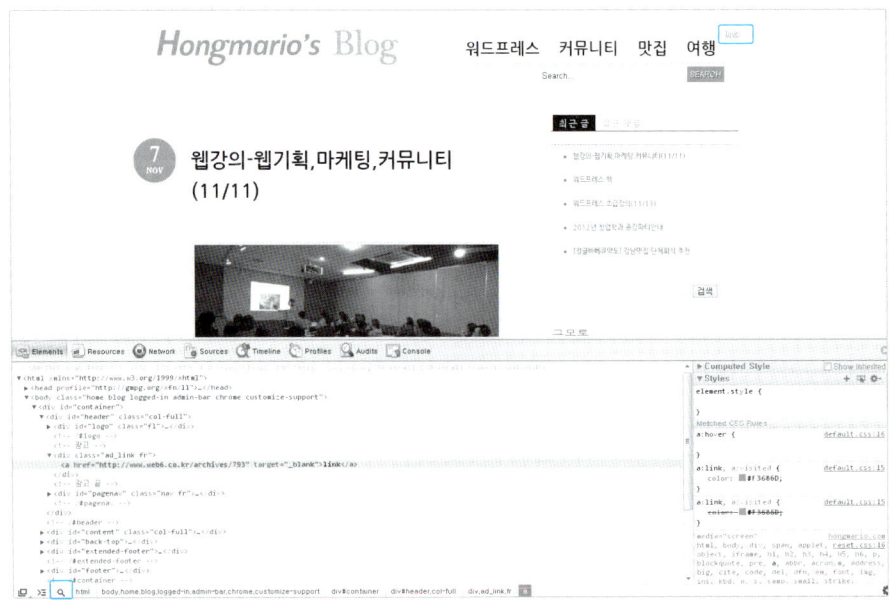

■ 구글 크롬 개발자 도구 : 광고 배너 클릭

03 개발자 창 왼쪽에 HTML 코드를 살펴보면 선택된 곳 한 칸 위에 〈div class="ad_link fr"〉가 보이는데 광고 배너 부분의 CSS를 적용하기 위해 클릭합니다.

```
▼<div id="header" class="col-full">
  ▶<div id="logo" class="fl">_</div>
    <!-- /#logo -->
    <!-- 광고 -->
  ▼<div class="ad_link fr">
      <a href="http://www.web6.co.kr/archives/793" target="_blank">link</a>
    </div>
    <!-- 광고 끝 -->
  ▶<div id="pagenav" class="nav fr">_</div>
    <!-- /#pagenav -->
  </div>
  <!-- /#header -->
```

■ 구글 크롬 개발자 도구 왼쪽 확대

04 '〈div class="ad_link fr"〉'를 클릭하고 개발자 도구 오른쪽 CSS를 적용하는 부분을 보시면 'ad_link { }'가 보입니다. 그 안에 CSS를 넣어 줍니다.

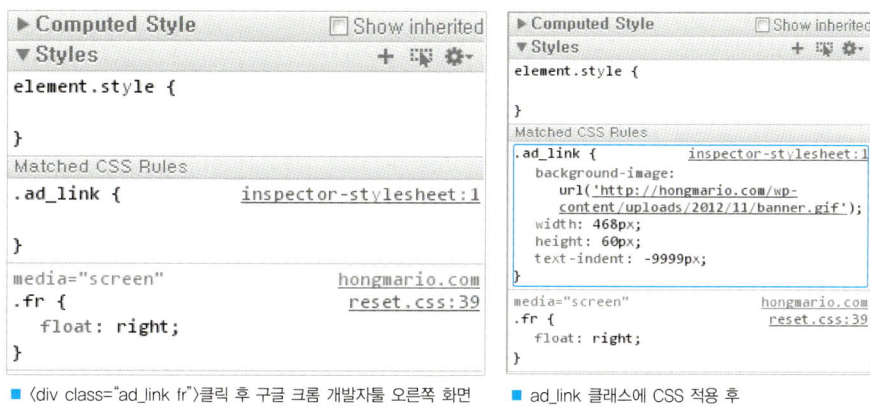

■ 〈div class="ad_link fr"〉클릭 후 구글 크롬 개발자툴 오른쪽 화면    ■ ad_link 클래스에 CSS 적용 후

05 ad_link 클래스에 CSS 속성들을 적용하면 다음 같은 결과 화면을 확인할 수 있습니다.

■ ad_link 클래스에 CSS 적용 후 사이트 화면

06 하지만 광고 배너 링크를 클릭해도 다른 페이지로 넘어가지 않는데, 그 이유는 〈a〉 태그의 영역이 확보 되지 않아 발생하는 현상입니다. 다시 개발자 도구로 돌아가서 ad_link에 속해 있는 〈a〉 태그의 영역을 확보해 줍니다. 〈a〉 태그의 영역을 확보하는 CSS를 넣고 사이트 화면에서 광고배너를 클릭하면 해당 사이트로 이동되는 것을 확인할 수 있습니다.

■ ad_link 클래스에 속해있는 〈a〉태그 CSS 적용 화면

07 이제 CSS를 적용하도록 하겠습니다. Bueno 테마에서는 테마 옵션에 custom.css를 적용할 수 있는 Custom CSS 필드가 있으므로 테마 옵션을 통해서 CSS를 적용합니다. 대부분의 워드프레스 테마옵션에는 Custom CSS를 수정할 수 있도록 다음과 같은 화면으로 구성이 되어 있으며, 실제 적용할 CSS 코드 값을 여기에 삽입해주면 됩니다.

■ custom.css

08 '알림판 〉 외모 〉 Bueno 〉 Theme Options' 메뉴에서 'General Settings'의 'Custom CSS'에 다음 그림과 같이 CSS를 넣어 줍니다.

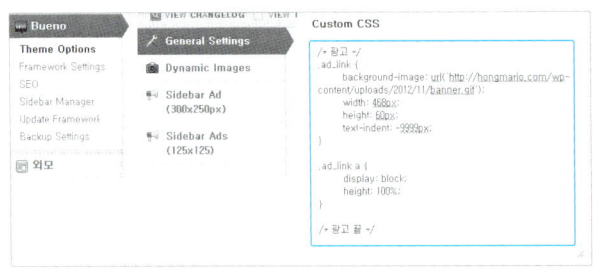

■ custom.css 파일에 광고 CSS 적용

09 이제 실제 사이트에서 확인을 해보겠습니다. 다음 그림처럼 로그 우측에 광고배너가 적용 된 것을 확인할 수 있습니다.

■ 광고배너 적용 후

## ▷ 메인 메뉴와 Search Bar에 CSS 적용하기

Google Chrome 개발자 도구로 미리 CSS를 적용시켜 보도록 하겠습니다.

01 개발자 도구에서 돋보기 아이콘( 🔍 )을 클릭하고 메뉴 부분을 클릭합니다.

■ Google Chrome 개발자 도구에서 메뉴 부분 CSS 미리 적용 전

**02** 우측 부분을 확대해서 보면 다음 그림과 같이 보입니다.

■ Google Chrome 개발자 도구에서 메뉴 부분 CSS 미리 적용 전

**03** #pagenav는 메인 메뉴 <div>태그의 아이디 값이며, margin-top 아래에 다음 그림과 같이 'width'를 넣어 줍니다.

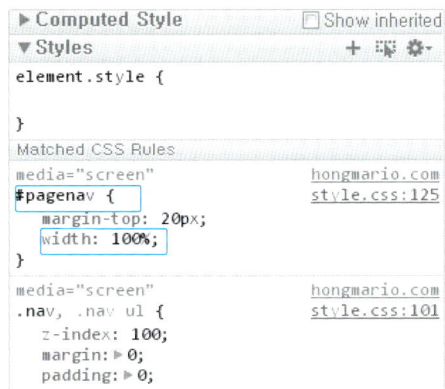

■ Google Chrome 개발자 도구에서 메뉴 부분 CSS 미리 적용 후

**04** Width 속성을 적용하면 메인 메뉴를 감싸는 <div>태그가 다음과 같이 좌우로 잘 정렬 되는 것을 볼 수 있습니다.

■ Google Chrome 개발자 도구에서 메뉴 부분 CSS 미리 적용한 모습

05 이제, 위 그림과 같이 미리 적용한 후 제대로 적용된 모습을 확인합니다. 그리고 다음 그림과 같이 적용한 CSS를 그대로 복사하여 '알림판 〉 외모 〉 테마옵션'의 'Custom CSS'에 넣어 줍니다.

■ 파일명 : 1장-59

06 앞의 과정을 계속 따라 하다 보면 Search Bar가 약간 아래로 내려가 있는 것을 볼 수 있습니다. 이것 또한 다음 그림처럼 개발자 도구를 이용하여 수정을 해줍니다. 먼저 돋보기 아이콘( )을 클릭한 후 'Search Bar'를 클릭합니다.

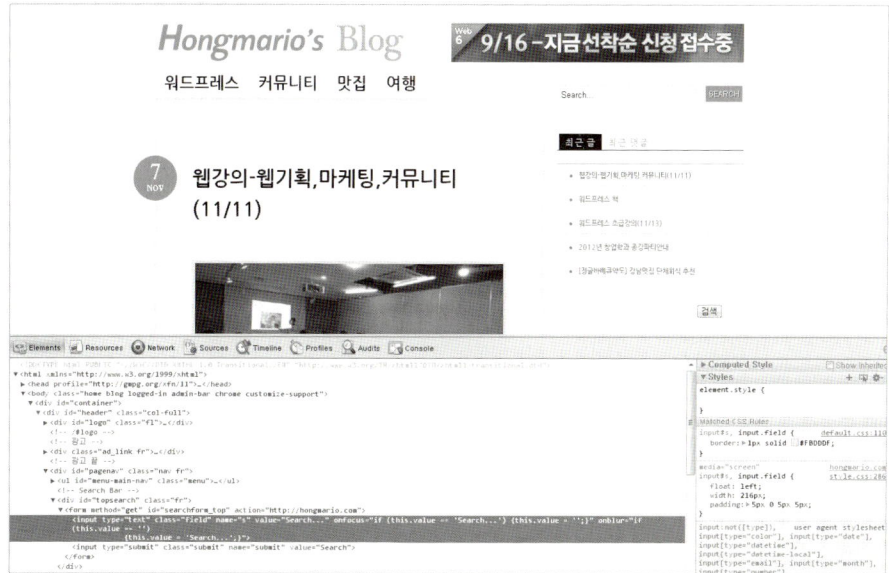

■ Google Chrome 개발자 도구에서 Search Bar 부분

07 'Search Bar'를 클릭한 후 개발자 도구 왼쪽 부분에 〈input〉태그가 선택 되어있는데 바로 위쪽에 Search Bar의 form을 구성하는 〈form〉태그를 선택합니다.

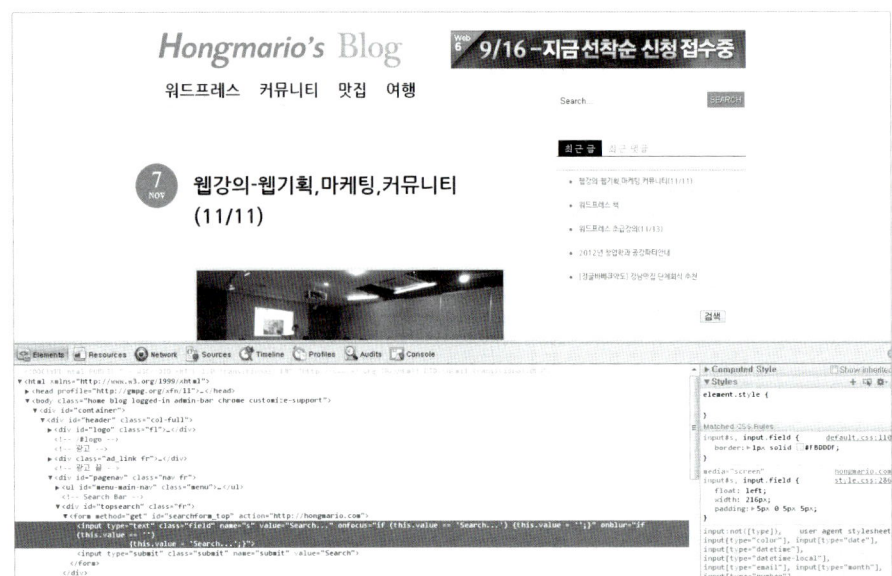

■ Search Bar Form 부분을 클릭한 화면

■ 오른쪽 부분 확대

margin이 Search Bar의 빈 공간을 만들기 때문에 체크 상태를 해제합니다.

■ Search Bar 부분 margin 체크 해제

08 Margin 체크 해제 후 Search Bar 위쪽에 빈 공간이 없어지는 것을 확인한 후 '알림판 〉 외모 〉 편집기'
에서 style.css를 열어서 '#topsearch'를 검색하여 찾습니다.

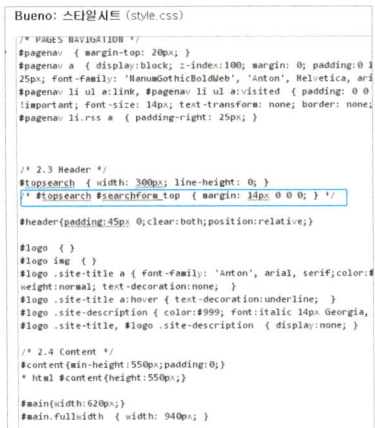

■ style.css Search Bar 부분 CSS 주석처리(#topsearch {} 다음 줄 밑줄)   ■ 파일명 : 1장-61

09 단어 검색을 통하여 해당 클래스 '#topsearch #searchform_top'을 찾았으면 '/* */'를 사용하여
'#topsearch' 앞에 '/*'를 넣고 '0; }' 뒤에 '*/'를 넣어 주석 처리한 후 저장합니다. 이제 실제 사이트에
서 확인을 해보겠습니다. 다음 그림처럼 Top Layout 부분의 수정이 완료된 것을 확인할 수 있습니다.

■ Top Layout 수정 완료화면

## 메뉴 아이템 배경색 바꾸기 & Drop Down 효과주기

대부분의 테마에도 들어있는 Drop Down 기능은 무료테마인 Bueno 테마 역시 기본적으
로 들어있습니다. Drop Down 기능이란 메인 메뉴에 마우스를 올려놓았을 때 서브 메뉴들
을 보여주는 기능입니다. 하지만 Bueno 테마는 CSS로만 Drop Down 기능이 구현되어 있
어서 웹사이트에서 흔히 볼 수 있는 플래시로 만들어진 메인 메뉴들처럼 부드럽게 서브메
뉴들이 내려오는 효과는 없습니다.

워드프레스에서는 이런 효과가 포함된 메뉴는 플래시 프로그램을 사용하지 않고 자바스크립트 라이브러리(library)인 jQuery를 사용합니다. 대부분의 워드프레스 유료테마들이 CSS로 만들어진 DropDown 메뉴에 부드럽게 내려오는 효과를 구현할 때에는 superfish plugin을 사용하는데 Bueno 테마에는 사용이 되진 않았지만 superfish plugin이 '/wp-content/themes/bueno/includes/js' 폴더 안에 저장이 되어 있습니다. 이 섹션에서는 이 superfish.js을 이용하여 Drop Down 메뉴에 효과를 넣어 보도록 하겠습니다.

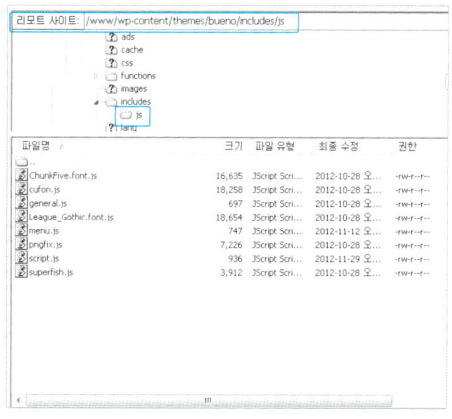

■ superfish plugin이 저장되어있는 폴더

## 메뉴 클래스 이름 파악하기

메뉴의 클래스 이름을 알아두고 시작하도록 하겠습니다.

**01** Google Chrome 개발자 도구로 메뉴를 클릭하여 클래스 이름을 파악하도록 하겠습니다.

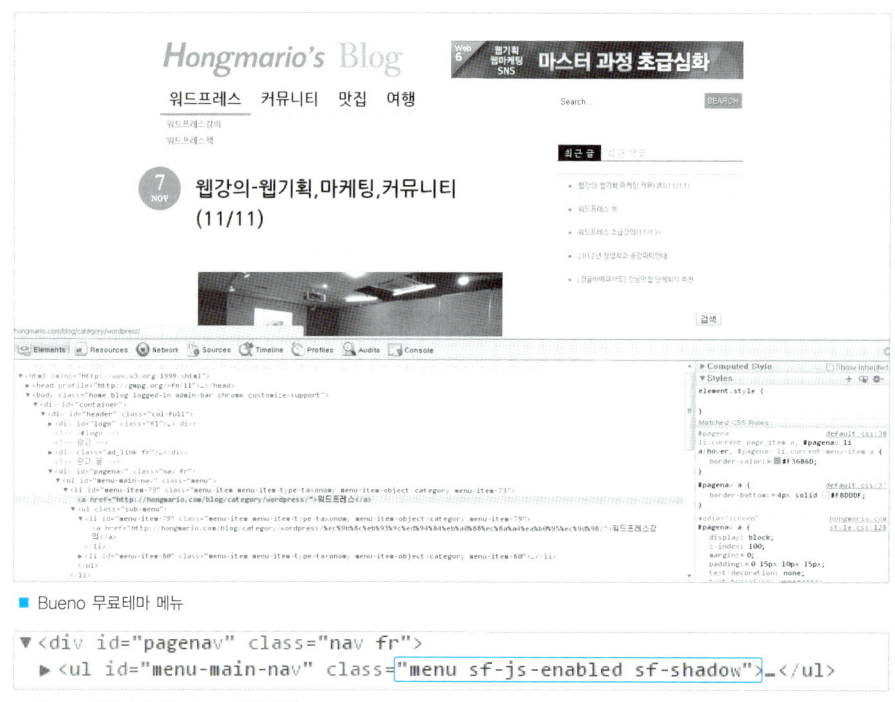

■ Bueno 무료테마 메뉴

■ Bueno 무료테마 메뉴 class 이름 확인

02 사이트에서 메뉴를 구성할 때는 〈ul〉태그를 사용하는데 Bueno 테마에서도 〈ul〉태그가 메뉴로서 사용되고 있습니다. 〈ul〉태그에 id값과 class이름이 있는데 그 중에서도 워드프레스에서는 'menu'라는 이름의 class가 공통적으로 메뉴에 해당하는 class 이름입니다. 지금부터 사용될 class 이름인 menu를 기억한 후 script.js 파일을 등록해 보겠습니다.

## script.js 파일 등록하기

01 FTP에 접속해서 '/wp-content/themes/bueno/includes' 폴더를 찾습니다.

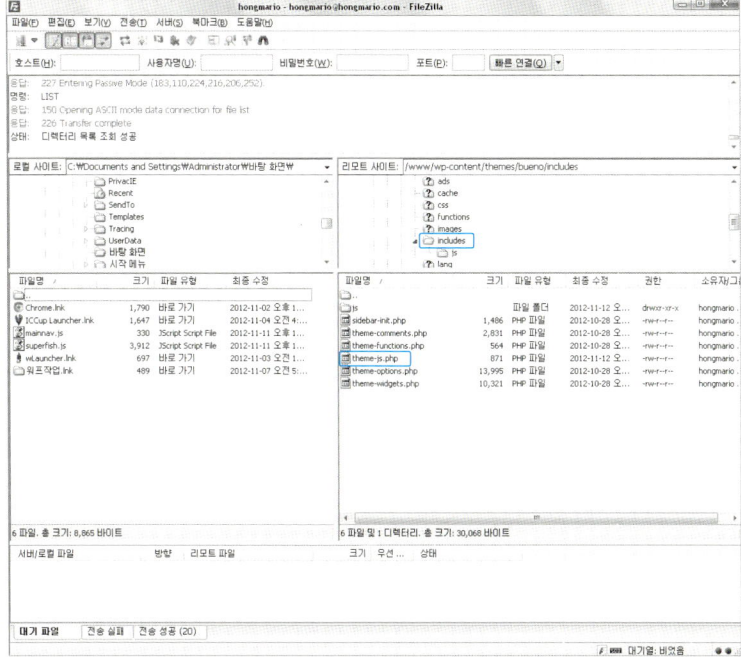

■ FTP 접속 후 theme-js.php 파일 클릭

02 위 그림에서 theme-js.php 파일을 클릭하면 다음과 같은 화면이 나옵니다. script.js 파일을 작성하기 전에 wp_enqueue_script() 함수를 사용하여 script.js파일이 jQuery 라이브러리를 사용한다는 코드를 추가합니다.

■ FTP에서 theme-js.php 파일 수정 전

■ FTP에서 theme-js.php 파일 수정 후

**03** 위 그림과 같이 wp_enqueue_script() 함수를 이용하여 코드를 추가하는 이유는 사이트가 js파일들을 불러올 때 가장 마지막에 읽어 들여 좀 더 빠른 속도를 제공하기 때문입니다. 코드를 추가한 후에는 메모장이나 프리웨어인 notepad++( http://notepad-plus-plus.org/)를 사용하여 위 'FTP에서 theme-js.php 파일 수정 후'와 같이 superfish.js를 이용한 Drop Down 기능을 넣어 주고 script.js라는 이름의 파일로 저장을 합니다. notepad++란 오픈소스인 문서 편집 프로그램으로 다양한 기능이 있고, 강력한 플러그인 기능이 있습니다. 메모장의 확장형이라고 생각하면 됩니다.

■ notepad++를 사용하여 script.js 파일 작성

**04** script.js 파일을 저장한 후 FTP 파일질라를 사용하여 '/wp-content/themes/bueno/includes/js' 폴더 안에 업로드 합니다.

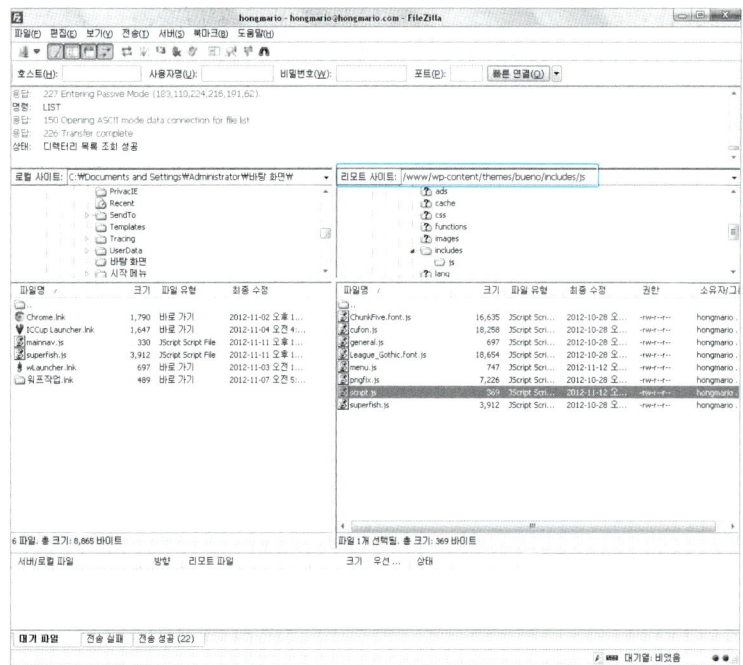

■ FTP에 script.js 파일 업로드

**05** 업로드가 완료되었습니다. 사이트를 열어보면 다음 그림과 같이 메뉴아이템 옆에 '》' 표시와 함께 Drop Down 메뉴가 완성된 것을 확인할 수 있습니다.

■ Drop Down 메뉴 완성

## 메뉴 배경색 미리 적용하기

이제 메뉴에 배경색을 Google Chrome 개발자 도구를 이용하여 배경을 미리 적용해 보겠습니다.

**01** 개발자 도구를 열고 돋보기 아이콘( 🔍 )을 클릭한 후 메뉴와 Search Bar 사이를 클릭합니다. 메뉴부분을 감싸고 있는 〈div〉태그를 확인할 수 있습니다.

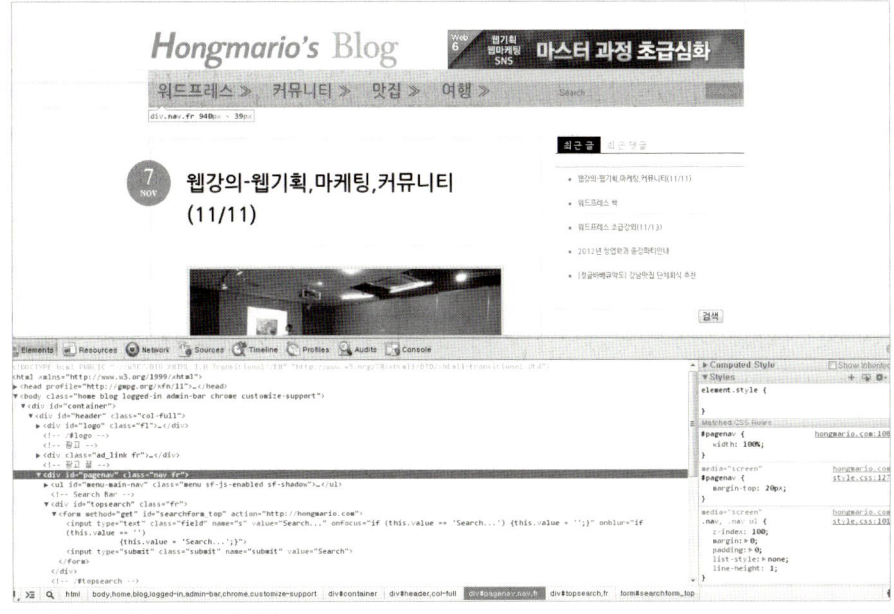

■ 메뉴와 Search Bar 사이 클릭 화면

02 메뉴 부분을 감싸고 있는 〈div〉태그의 id값은 다음과 같은 'pagenav'입니다. 다음 그림과 같은 CSS로 메뉴의 배경색과 Top부분 padding-top속성을 사용하여 여백을 확보합니다.

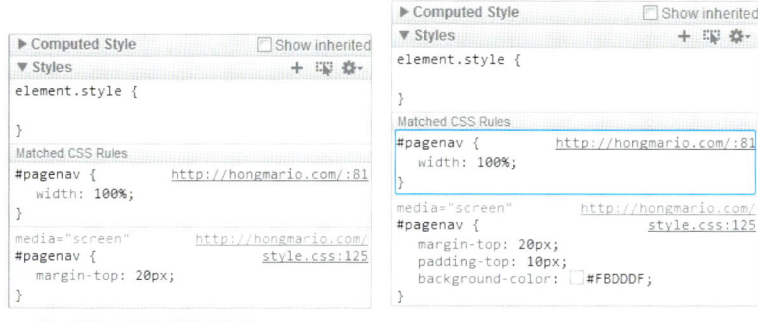

■ 메뉴 CSS 미리보기 적용 전과 후

03 Pagenav에 CSS를 적용하면 다음 그림과 같은 결과 화면을 확인할 수 있습니다. 위 그림을 보면 'Search' 버튼이 너무 오른쪽에 붙어있기 때문에 오른쪽 끝부분에 여유 공간을 설정할 필요가 있습니다.

■ 메뉴 CSS 미리보기 적용 후 화면

04 간격을 조절한 후 글자 크기를 줄이는 방법으로 변경해 보도록 하겠습니다. 먼저 개발자 도구를 실행한 후 다음 그림처럼 'SearchBar'를 클릭하고 CSS를 적용시켜 미리보기 화면을 확인해 보겠습니다.

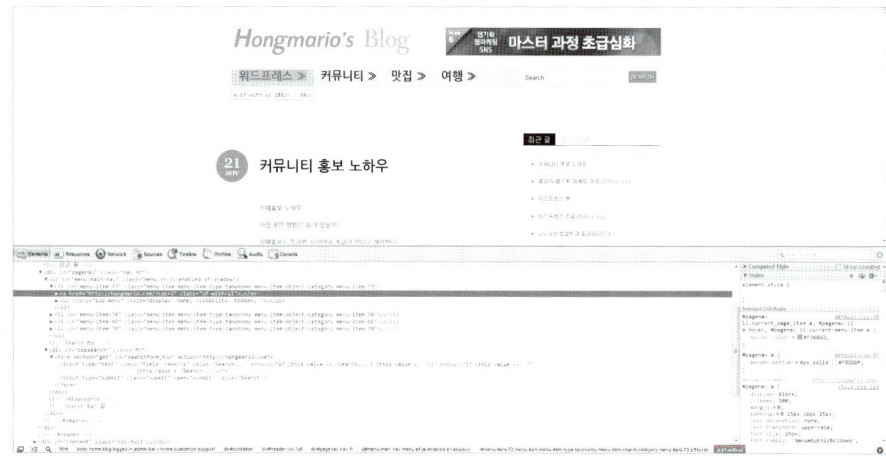

■ Search 버튼 클릭 화면

05 SearchBar를 감싸고 있는 〈div〉태그의 id값은 '메뉴 CSS 미리보기 적용 후 화면'에서 볼 수 있듯이 'topsearch'입니다. 다음 그림과 같이 padding-right 속성을 사용하여 SearchBar 오른쪽 부분의 공간을 띄워 줍니다.

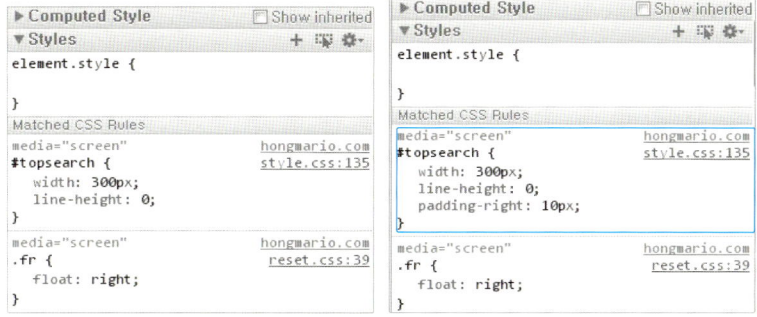

■ SearchBar CSS 적용 전과 후

## 메뉴 글자 크기 조절하기

01 다음 그림과 같이 사이트의 우측상단 화면에서 SearchBar 오른쪽에 공간이 만들어진 것을 확인한 후 다음 그림과 같이 메뉴 중 하나를 선택합니다.

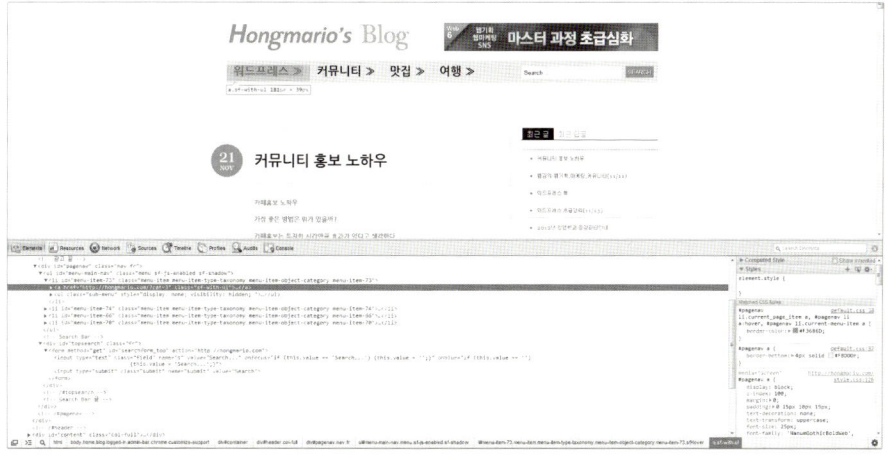

■ 메뉴 아이템 클릭

02 메뉴를 클릭하면 '#pagenav a'가 표시되며 다음 그림에서 가장 하단 두 번째 줄에 보이는 font-size를 조절하여 글자 크기를 변경합니다. 글자 크기는 5px를 줄인 20px로 font-size에 다음과 같이 적용합니다.

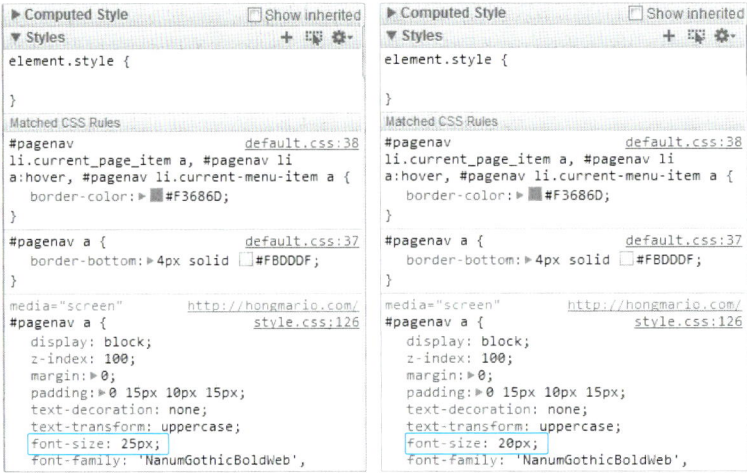

■ 메뉴 아이템 글자 크기 CSS 적용 전과 후

**03** 여기서 여러분들이 놓치면 안 되는 중요한 것이 있습니다. 개발자 도구를 열고 메뉴에 마우스를 올렸다 내렸다를 반복하면 다음 그림과 같이 HTML 코드가 바뀌는 것을 볼 수 있습니다. 두 개를 비교해 보면 'li' 태그의 class 이름 중에서 'sfHover'라는 class이름이 생겼다 없어졌다합니다. 이것은 superfish plugin 에서 현재의 메뉴 위치를 알려주는 역할을 합니다. 여기서 'sfHover' class 이름을 가지고 CSS background-color 속성을 사용하여 색을 적용해야 서브메뉴 아이템에도 마우스를 올려놓았을 때에도 현재 메뉴의 위치가 어디인지 알려줍니다.

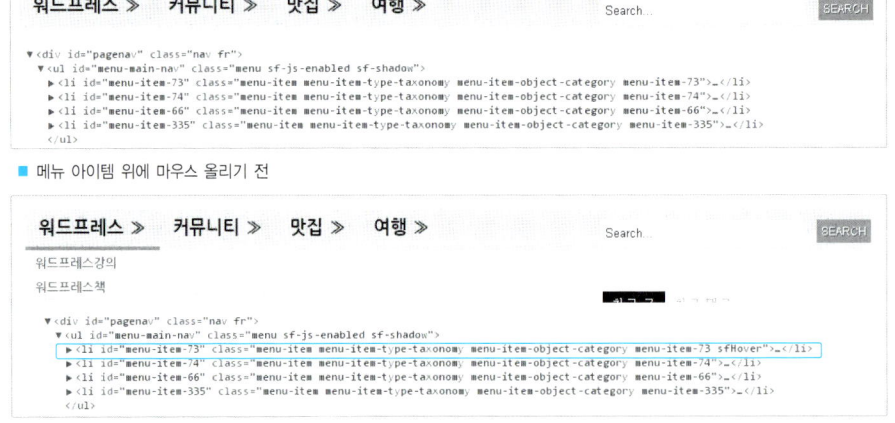

■ 메뉴 아이템 위에 마우스 올리기 전

■ 메뉴 아이템 위에 마우스 올린 후

04 현재 메뉴의 위치를 확실하게 보여주기 위해 마우스를 위치시켰을 때 글자색을 하얀색으로 표시하게 하고 '메뉴 아이템 위에 마우스 올린 후' 그림에서 보이는 서브메뉴 위의 분홍색 밑줄을 유지하게 처리하겠습니다. '메뉴 아이템 글자 크기 CSS 적용 후' 그림과 같은 구글 크롬 개발자 도구 오른쪽 화면에서 우측 상단의 3개의 아이콘 + 아이콘(  )을 클릭합니다.

■ 구글 크롬 개발자툴 Styles의 3개 아이콘

■ 구글 크롬 개발자툴 오른쪽 화면 + 버튼 누른 후

05 이전 단계 그림의 '#menu-main-nav' 자리에 '#pagenav .sfHover a'를 넣고 키를 눌러 글자색과 메뉴 밑줄에 해당하는 CSS를 다음과 같이 넣어 줍니다.

■ '#pagenav .sfHover a'에 글자색과 메뉴 밑줄 색 적용 후

## Custom CSS에 적용하기

01 '알림판 〉 Bueno 〉 Theme Options 〉 General Settings'에서 Custom CSS에 이 쳅터 안에서 구글 크롬 개발자 도구를 사용한 미리보기를 위해 적용 했었던 모든 CSS 속성들을 다음 그림과 같이 넣어 주고 저장합니다.

- custom.css 이 챕터 안에서 미리보기에 사용되었던 모든 CSS 속성 적용
- 파일명 : 1장-70

**02** 모든 CSS를 적용시키면 다음과 같은 결과 화면을 얻을 수 있습니다.

- Search 버튼과 메뉴 아이템 CSS 적용 후

**03** 이전 단계 그림을 보면 오른쪽 Search Bar의 위치가 메뉴 글자 크기가 작아짐에 따라 약간 아래로 치우쳐져 있는데 개발자 도구로 위치를 수정해서 확인 한 후 Custom.css에 저장해서 마무리 하도록 하겠습니다.

- Google Chrome 개발자 도구 Search Bar 클릭
- 파일명 : 1장-70

위 그림처럼 마우스로 Search Bar를 클릭하면 다음 그림과 같이 Search Bar 오른쪽에 여백을 지정한 코드를 함께 볼 수 있습니다.

■ Search Bar 미리보기 CSS 적용 전과 후

Search Bar 오른쪽에 여백을 설정한 CSS속성 아래 margin-top 속성을 -4px을 지정하여 Search Bar를 위로 끌어 올립니다. CSS를 적용하면 다음과 같은 결과 화면을 얻을 수 있습니다.

■ Search Bar CSS 미리보기 적용 후 화면

이제 마지막으로 Custom CSS에 Search Bar에 적용시켰던 CSS를 적용하고 마무리합니다.

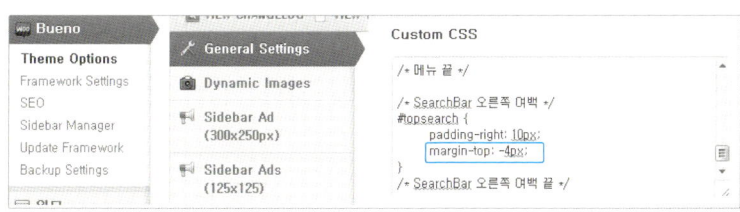

■ custom.css Search Bar CSS 적용

## 메인페이지 슬라이드 적용하기

워드프레스의 장점 중 한 가지가 사용하기 쉽고 다양한 기능의 플러그인들이 많다는 점입니다. Bueno 테마에는 슬라이드가 없기 때문에 wordpress.org에서 최근에 등록된 슬라이드 플러그인 중 Easing Slider 플러그인을 적용해보겠습니다. 다른 슬라이드 플러그인들도 마찬가지겠지만 Easing Slider 역시 사용자가 쉽게 이용 할 수 있는 옵션을 제공하고 있으며 다른 브라우저에서도 잘 작동하는 장점이 있습니다.

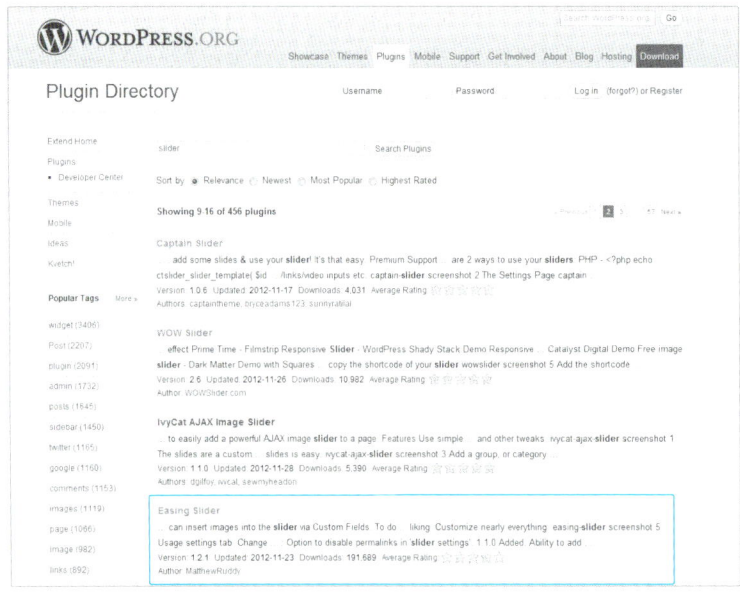

■ Wordpress.org 플러그인 검색 화면

### Easing Slider 설치하기

**01** '알림판 〉 플러그인 〉 플러그인 추가하기'에서 'Easing Slider'를 검색하면 다음과 같이 가장 상단에 'Easing Slider'가 검색됩니다. '지금 설치하기' 링크 버튼을 누릅니다.

■ 알림판에서의 플러그인 검색

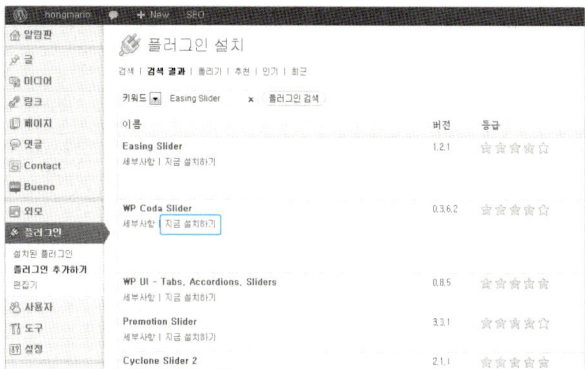

■ 플러그인 검색 결과

02 설치가 완료되면 플러그인을 활성화시킬 것인지 여부를 묻는 메시지가 나타납니다. 플러그인을 활성화시키기 위해 '플러그인을 활성화' 링크를 클릭합니다.

■ Easing Slider 플러그인 설치

03 활성화시킨 후 알림판 메뉴를 살펴보면 Easing Slider 메뉴가 별도로 생성되어 편리하게 관리 할 수 있습니다.

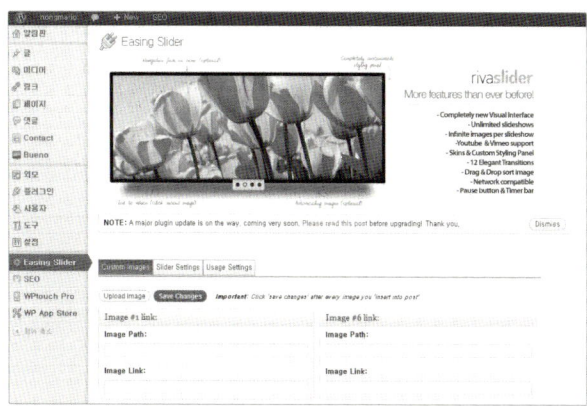

■ Easing Slider 플러그인 메뉴

## Easing Slider 메뉴에서 이미지 업로드하기

슬라이드에 필요한 이미지들을 업로드 시킵니다. 이미지 사이즈는 되도록이면 슬라이드의 크기에 정확히 맞게 조정한 후 업로드하는 것이 좋습니다. 슬라이드의 사이즈는 Slider Setting에서 설정하기 때문에 여기서는 설명하지 않겠습니다.

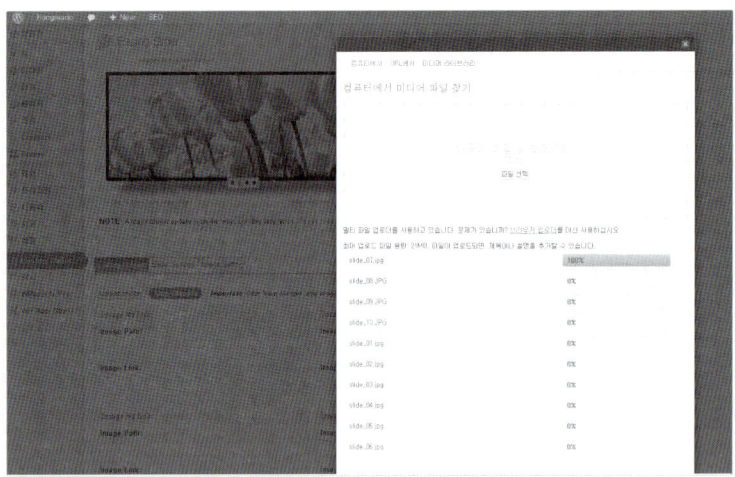

■ Easing Slider 이미지 업로드

## Image Path에 이미지 경로 설정하기

Easing Slider에서는 Image Path에 이미지 경로를 설정하기 위해 슬라이드에 필요한 이미지를 불러옵니다. 이미지 경로들을 Image Path에 모두 설정하고 이미지 클릭 시 포스트나 페이지에 링크를 설정하고 싶다면 Image Link에 포스트나 페이지의 주소를 넣어 주면 됩니다.

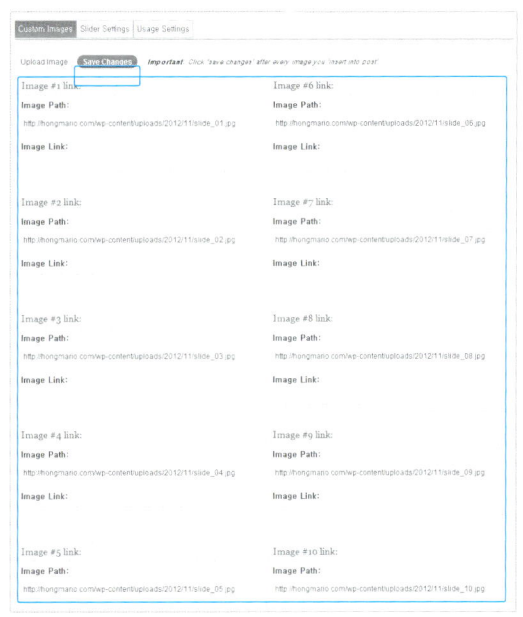

■ Easing Slider 이미지 경로 작성

Image Path에 모든 이미지 경로를 지정한 후 'Save Changes' 버튼을 클릭하여 저장하면 슬라이드에 사용될 이미지들을 미리 볼 수 있습니다. 이때 미리보기 화면에 나타나지 않는 이미지들은 경로가 잘못된 것이기 때문에 다시 한 번 이미지 업로드가 잘 설정되었는지 확인합니다.

■ Easing Slider 이미지 경로 작성 후 저장

## 슬라이드 사이즈 설정하기

01 슬라이드의 크기를 결정하기 위해서 테마의 가로 사이즈(width)를 알아내야 하는데, Google Chrome 개발자 도구를 열고 Top Layout 부분을 클릭하여 사이트에 사용되는 가로 사이즈를 알아냅니다.

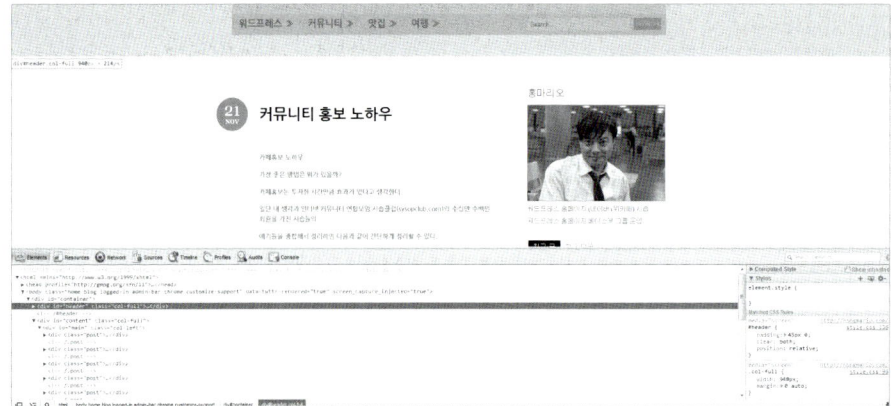

■ Google Chrome개발자 도구에서 header 클릭 후 사이즈 측정

■ Google Chrome 개발자 도구에서 header 클릭 후 사이즈 측정 확대

02 Top Layout의 가로 사이즈가 940px로 설정되어 있기 때문에 슬라이드 사이즈를 940×300px 정도로 설정하고 Slider Settings탭으로 돌아가서 설정을 완료합니다. Slider Settings를 보면 Slider width와 height가 기본값으로 480×185px로 설정되어 있는데, 480px를 940px로 185px을 300px으로 변경합니다.

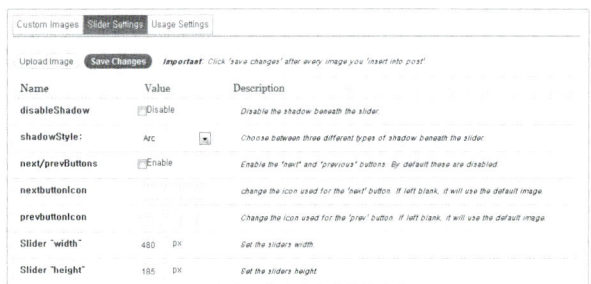

■ Easing Slider width 및 height 설정 전

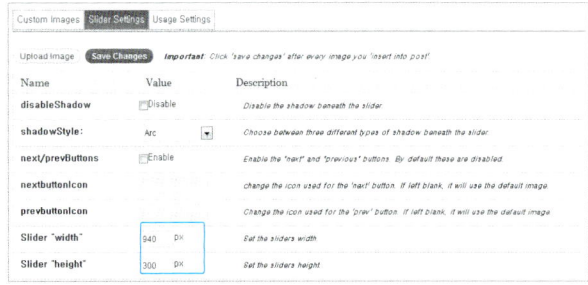

■ Easing Slider width 및 height 설정 후

# Easing Slider function 삽입하기

**01** 슬라이드 사이즈 설정 완료 후 Top Layout 부분에서 메인 메뉴 바로 아래 부분에 슬라이드를 삽입하기 위해 '알림판 > 외모 > 편집기'에서 header.php 파일을 열고 가장 아래 라인에 'easing slider function'을 적용합니다.

- header.php의 Easing Slider Function 작성
- 파일명 : 1장-77

**02** Easing Slider Function을 적용시킨 후 사이트 화면을 확인해보면 Easing Slider는 적용 되었지만 왼쪽으로 치우쳐 있는 것을 확인할 수 있는데, CSS 코드를 넣어서 사이트 가운데로 정렬시킵니다.

- header.php의 Easing Slider Function 적용 후 화면

# 슬라이드 위치를 중앙으로 이동시키기

**01** Google Chrome 개발자 도구로 슬라이드를 클릭하고 가운데로 이동시키는 CSS 코드를 작성하여 미리보기합니다.

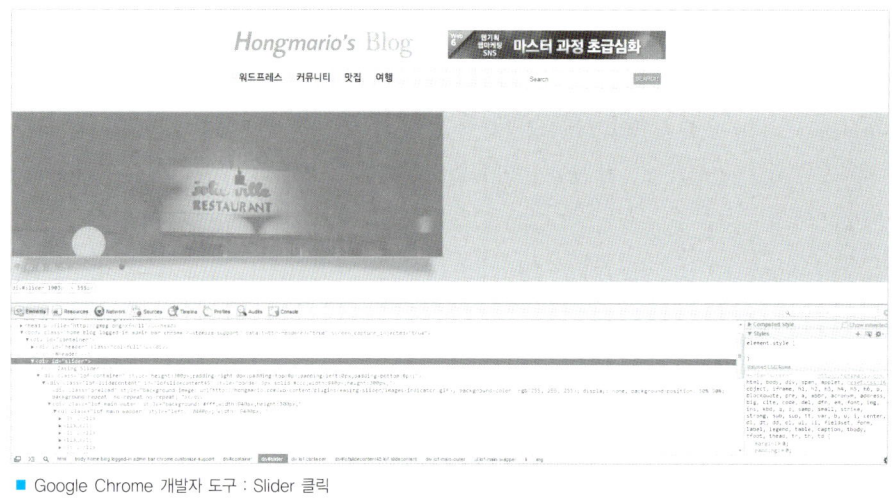
■ Google Chrome 개발자 도구 : Slider 클릭

■ Google Chrome 개발자 도구 : Slider HTML 부분 확대

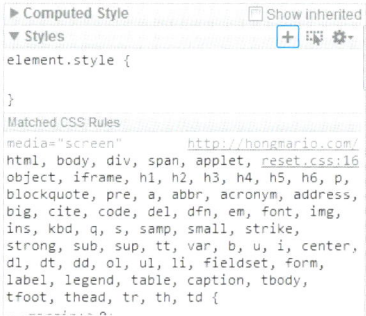
■ Slider를 가운데로 이동시키는 CSS 적용하기 전

02 슬라이드를 클릭한 후 개발자 도구 오른쪽 부분에서 'Google Chrome 개발자도구 : Slider 클릭' 그림과 같은 화면을 볼 수 있는데 오른쪽 위에 3개의 아이콘 중에서 + 아이콘(+)을 클릭한 후 'Google Chrome 개발자툴 : Slider HTML 부분 확대' 그림과 같이 슬라이드의 id값인 #slider와 함께 가운데로 이동시키는 속성값을 넣어 줍니다.

■ Slider를 중앙으로 이동시키는 CSS 적용 후 소스 코드와 결과 화면

03 개발자 도구에서 CSS를 미리 적용하여 화면을 확인한 후 '알림판 〉 Bueno 〉 Theme Options 〉 General Settings 〉 Custom CSS'에서 슬라이드를 가운데로 옮기는 CSS 코드를 적용하고 저장합니다.

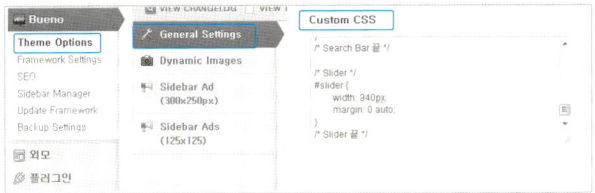

■ Custom CSS에 Slider를 중앙으로 이동시키는 CSS 코드 작성　　■ 파일명 : 1장-79

여기까지 슬라이드 수동 설치 방법에 대해서 알아보았습니다. Easing Slider 외에도 여러 가지 효과를 가진 슬라이드 플러그인이 계속해서 출시되고 있습니다. 하지만 슬라이드를 다운받은 후 사용하기에 앞서 알아 두어야 할 사항은 인터넷 익스플로러, 파이어폭스 등 다양한 브라우저에서도 깨지지 않고 사용이 가능한지 여부입니다.

물론 설치하지 않고 어떻게 알 수 있는가? 라는 궁금증이 있을 것입니다. 'Wordpress.org 플러그인 검색 화면' 그림과 같이 플러그인 검색한 후 플러그인을 클릭하면 설명서와 데모를 함께 제공하기 때문에 반드시 내용을 확인한 후 설치하는 것이 반복 작업을 하지 않는 지름길입니다.

# 사이드바 영역 편집하기

이번 섹션에서는 워드프레스 블로그형 홈페이지 또는 일반 사이트의 사이드바 영역에서 플러그인과 편집기 수정 등을 이용해서 활용하는 방법을 설명하도록 하겠습니다.

## 개인 프로필 위젯 설정하기

일반적으로 개인 블로그에는 네이버 블로그처럼 우측 사이드바에 자신의 프로필을 간략하게 소개하는 섹션이 존재합니다. 워드프레스도 이와 같은 기능을 가진 플러그인을 이용해서 사용이 가능합니다. About.me widget(About.me widget 1.0.4) 플러그인은 About.me 사이트에 가입한 후 본인이 설정한 개인 프로필을 자신의 사이트나 블로그로 불러들여 보여주는 플러그인입니다. 이 플러그인은 개인 사진과 소개글, 소셜미디어 링크를 표시해 줍니다. 또한 About.me 사이트에 업데이트 되는 내용은 워드프레스 블로그에 즉시 반영됩니다. About.me는 자신의 프로필 문구와 배경 이미지 등을 직접 꾸밀 수가 있고, About.me 회원간에 검색이 가능해서 친구 맺기가 가능합니다. 소셜미디어 채널과 홈페이지 URL 등을 한 곳에 모아서 볼 수 있는 장점이 있습니다. 또한 아이폰앱을 다운 받아 사용이 가능합니다.

## About.me widget 플러그인 추가하기

01 '알림판 > 플러그인 > 플러그인 추가' 항목을 선택하고 'About.me' 플러그인을 검색 후 설치합니다.

■ 플러그인 추가하기

## About.me widget 사이트 회원 가입하기

About.me widget 1.0.4 플러그인을 사용하기 위해서는 사이트에 회원 가입을 해야 합니다. 회원 가입 시 등록한 ID로 워드프레스 위젯에서 프로필 불러오기 설정을 할 수 있습니다.

01 About.me widget 사이트(https://about.me/)에 접속하여 First name, Last name, 이메일 주소를 입력하고 'Create Your Page' 버튼을 클릭합니다.

■ 회원가입 창

02 다음 단계로 회원 가입 정보를 등록합니다. 'Create Your page' 버튼을 클릭하여 회원 정보를 저장합니다. 특히 입력한 가입 정보 중 'Select an about.me Username' ID는 추후 About.me 위젯 설정 시 사용하는 ID이므로 기억해 두어야 합니다. 'Claim your about.me email address'는 AOL Mail 서비스에서 제공하는 무료 about.me 메일에 가입을 허용하는지 여부를 확인하는 항목이고, 'allow others to find you by your address'는 가입자의 이메일 주소를 알고 있는 about.me의 다른 사용자가 검색을 통해 가입자의 프로필을 찾을 수 있게 허용하는지 여부를 확인하는 항목입니다.

■ 회원 등록 정보 입력

## About.me widget 프로필 설정하기

개인 프로필 설정에서 배경 이미지, 소개글, 색상, 폰트, 소셜미디어 링크 등을 설정할 수 있습니다.

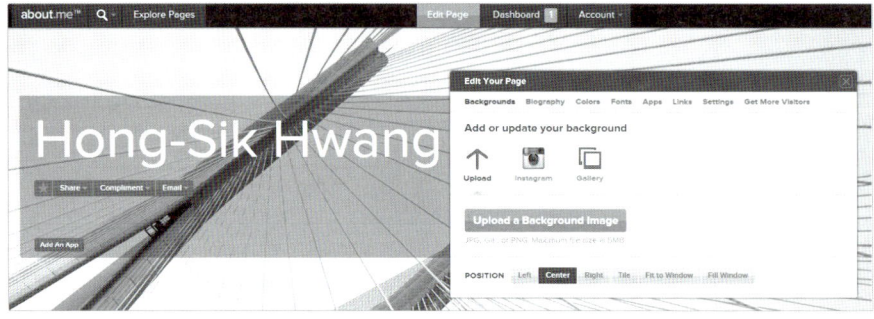

■ 프로필 설정

각 세부항목은 다음과 같은 항목이 있습니다.

- **Backgrounds** : 인스타그램에 올려둔 이미지 또는 자신이 저장해 둔 이미지를 배경으로 설정할 수 있습니다.
- **Biography** : 프로필에 표시될 이름, 헤드라인, 경력, 업무, 학위, Tag 등을 입력할 수 있습니다.
- **Colors & Patterns** : 배경의 색깔 및 패턴 그리고 Bio 박스 및 폰트의 색을 변경할 수 있습니다.
- **Fonts** : 프로필에 표시될 이름, 헤드라인, 경력, 링크의 폰트를 설정할 수 있습니다.
- **Apps** : 자신의 여러가지 소셜미디어 채널을 추가할 수 있습니다.
- **Links** : 자신의 홈페이지, 카페, 블로그 등의 주소를 추가할 수 있습니다.
- **Contact** : 프로필 방문자가 다른 사람과 프로필을 공유하기 위한 소셜미디어 버튼 등을 설정할 수 있습니다.
- **Promote** : 친구들에게 프로필을 소개할 수 있고 초대할 수 있습니다.

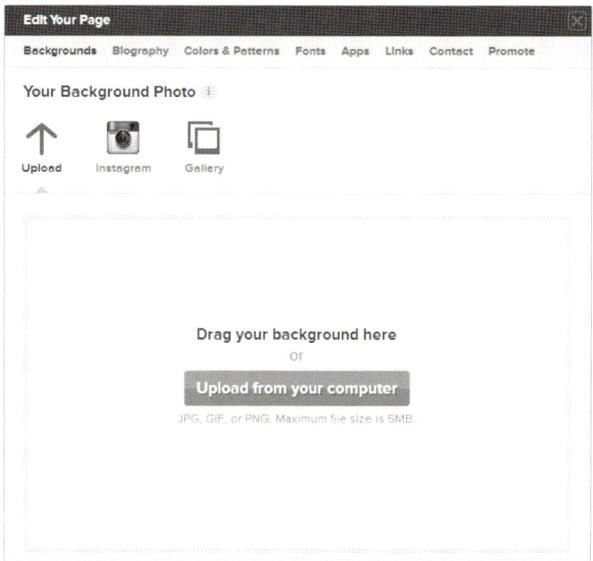

■ 프로필 설정 세부 항목

## 워드프레스 블로그에서 위젯 설정하기

**01** '알림판 〉 외모 〉 위젯' 메뉴를 클릭합니다. About.me Widget을 드래그하여 사이드바 영역에서 원하는 위치에 배치합니다.

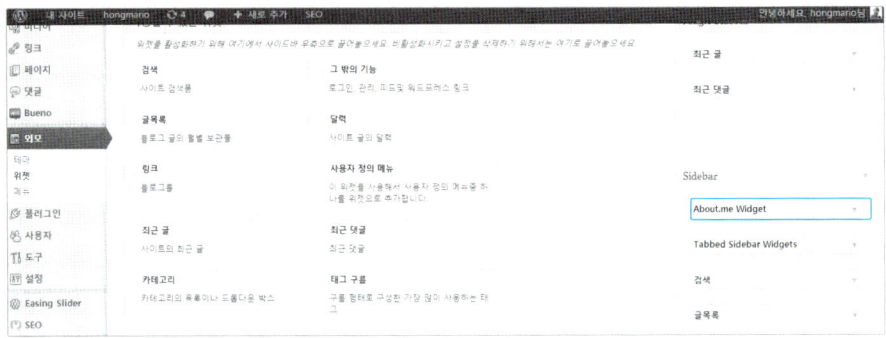

■ 위젯 설정하기 1

**02** 이제 위젯 설정에서 다음 그림과 같이 'Widget Title(홍마리오)'와 'Your about.me username (hongmario : about.me 사이트 회원 가입 시 등록했던 ID)'을 입력합니다. 위의 모든 작업이 마쳤으면 '저장하기' 버튼을 클릭하여 완료합니다.

■ 위젯 설정하기 2    ■ 블로그 위젯 설정 화면

## 소셜뱃지 위젯 설치하기

소셜뱃지 위젯(Social Media Tabs) 플러그인은 블로그의 사이드바에 트위터, 페이스북, 링크드인, 구글에서 불러오는 정보를 보여주는 플러그인 입니다.

## Social Media Tabs 플러그인 추가하기

**01** '알림판 > 플러그인 > 플러그인 추가 항목'을 선택하고 'Social Media Tabs' 플러그인을 검색한 후 설치합니다.

■ 플러그인 추가하기

## Social Media Tabs 설정하기

▷ 플러그인 설정하기

**01** '알림판 > 외모 > 위젯'에서 'Social Media Tabs'를 선택 후 드래그하여 사이드바의 원하는 위치에 배치합니다.

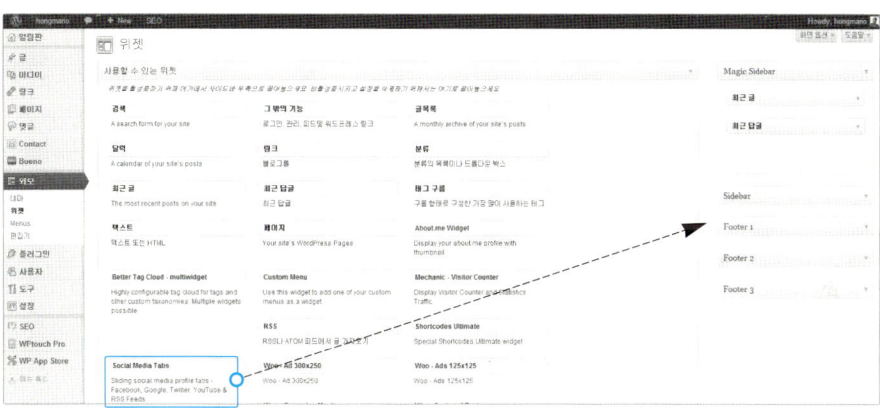

■ 위젯 설정하기 1

02 'Social Media Tabs' 위젯의 세부 항목을 설정하고 '저장하기'를 클릭하여 완료합니다.

■ 위젯 설정하기 2

- Tabs : 위젯 표시 형태를 설정할 수 있습니다. 'Slide out'을 선택할 경우 홈페이지 레이아웃 끝 부분에 Tab이 나타납니다.

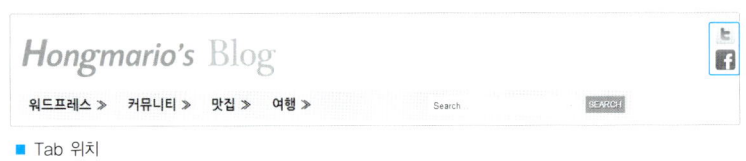

■ Tab 위치

- Slider : 각 탭을 클릭 시 Horizontal은 오른쪽 옆에서부터 내용이 표시되고, Vertical은 아래에서부터 내용이 표시됩니다.

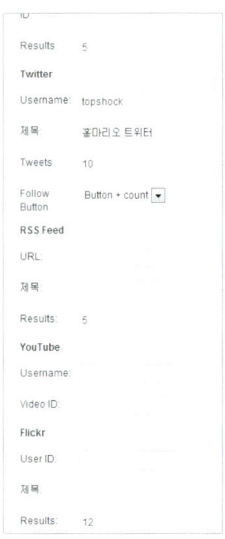

■ 위젯 설정하기 3

- Button+Connt : 트위터 설정 시 Follow Button 항목은 버튼만 표시할 지 Follower 숫자까지 표시할 지 선택할 수 있습니다.

■ Button+Count 설정 시

▷ 페이스북 ID 찾기

Social media Tabs 플러그인에서 페이스북은 페이지와 그룹만 적용이 가능합니다. 입력해야 하는 고유의 페이스북 페이지와 그룹 고유의 ID는 다음과 같은 방법으로 확인이 가능합니다.

01  다음 링크 페이스북 사용자명 페이지(https://graph.facebook.com/username)에서 Username을 사용자의 username으로 변경 후 Enter 키를 누르면(아래 화면에서는 username을 'wphome' 사용) 페이스북 ID가 포함된 아래와 같은 인터넷 창이 열립니다. 여기서 확인된 ID를 위젯 설정창에 넣으면 적용됩니다.

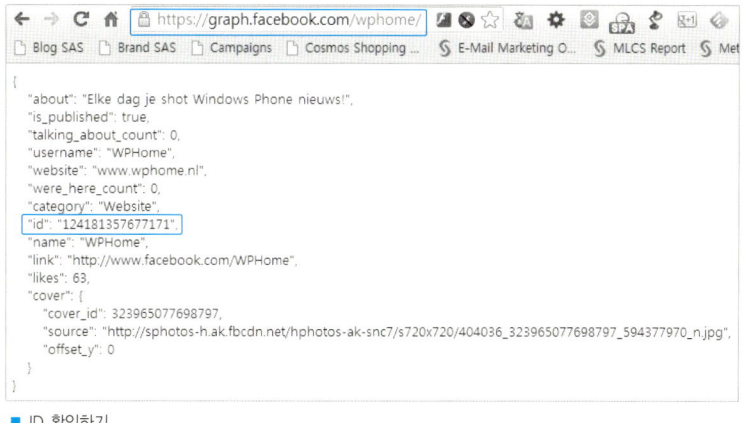

■ ID 확인하기

02  'ID 확인하기' 화면에서는 ID값이 '124181357677171'으로 나왔습니다. 이제 이 ID값을 위젯 설정창에 넣어야 합니다. 다음 그림과 같이 페이스북 항목에서 id값을 입력 후 '저장하기'를 누르면 페이스북 Tab 설정이 완료됩니다.

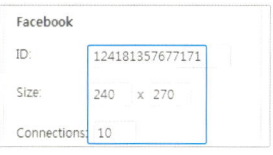

■ 페이스북 ID 넣기

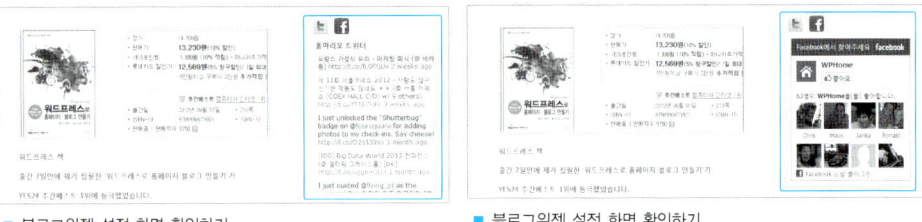

■ 블로그위젯 설정 화면 확인하기　　■ 블로그위젯 설정 화면 확인하기

> **_tip_**
> • Social Media Widget 설치 및 설정 Q&A (영문)
> http://goo.gl/Obr00

# 사이트 방문자 체크 플러그인 설치하기

Mechanic Visitor Counter 위젯은 방문자수와 블로그 트래픽 통계를 워드프레스 블로그에 보여줍니다. 이 위젯은 Today Visitor, Today Hits, Total Hits, Total Visit, 현재 접속자 등을 보여 주며, 사용자는 설치 파일 업로드 및 플러그인 다운로드를 통해 간단하게 설치할 수 있습니다.

## 플러그인 추가하기

**01** '알림판 〉 플러그인 〉 플러그인 추가 항목'을 선택한 후 'Mechanic Visitor Counter'를 검색합니다.

■ 플러그인 검색

02 검색 결과에서 'Mechanic Visitor Counter'를 선택하고 '지금 설치하기' 버튼을 클릭하여 설치한 후 플러그인을 활성화합니다.

■ 플러그인 설치

## 플러그인 옵션 설정하기

01 '알림판 > 설정 > Visitor Counter Option' 메뉴를 선택합니다.

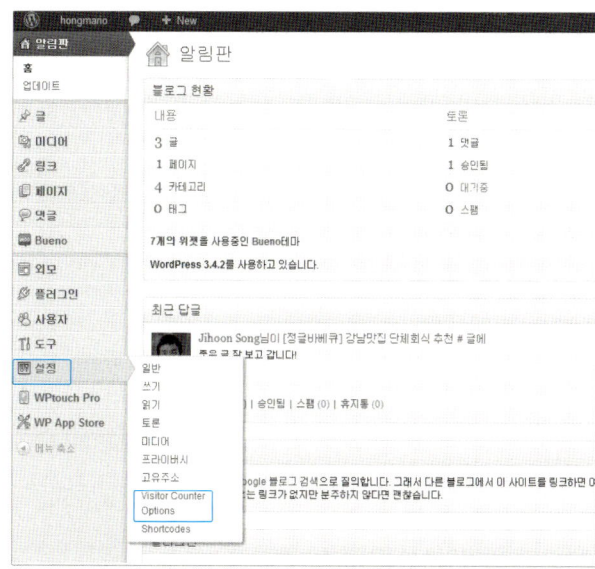

■ 옵션 설정하기 1

02 다음 그림과 같이 플러그인 설정 화면이 나오면, 옵션에서 사용하고자 하는 이미지를 선택 후 '변경 사항 저장' 버튼을 클릭하면 완료됩니다. 블로그에 두 번째 카운터 이미지를 적용해 보도록 하겠습니다.

■ 옵션 설정하기 2

## 위젯 설치하기

플러그인 설정이 완료되었습니다. 이제 카운터 위젯 설정을 위해서 사용자 알림판에서 외모 항목의 위젯을 선택하겠습니다.

01 '알림판 〉 외모 〉 위젯' 메뉴를 선택합니다.

■ 위젯 설치 1

02 'Mechanic Visitor Counter' 위젯을 사이드바의 원하는 곳에 드래그하여 배치시킵니다.

■ 위젯 설치 2

## 위젯 옵션 설정하기

01 Mechanic Visitor Counter 위젯을 사이드바로 드래그하여 배치시킨 후 위젯 옵션에서 Title, 폰트 color, IP 주소 보여주기, 서버 시간 보여주기 등의 옵션을 선택한 후 '저장하기' 버튼을 클릭합니다.

■ 위젯 옵션 설정

02 위젯 설정이 완료되면 아래 화면과 같이 워드프레스 메인 페이지 사이드바에서 통계 수치를 확인할 수 있습니다.

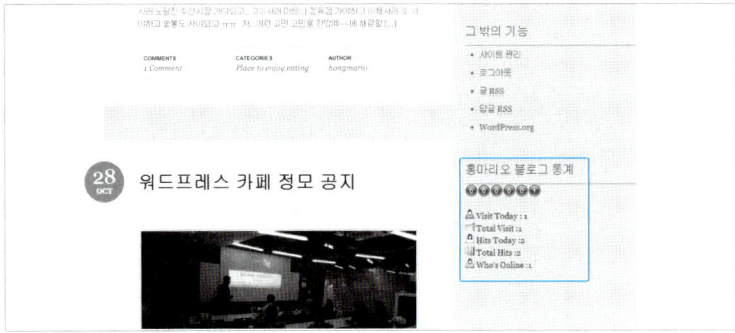

■ 위젯 설치 완료 화면

## 적용 플러그인 영문에서 한글로 바꾸기

▷ 플러그인 편집하기

적용한 플러그인이 영문으로 서비스된다면 방문자들이 이해하기 어려울 수 있으므로 방문자의 이해를 돕고자 통계 정보는 영문에서 한글로 바꿔보겠습니다.

01 '알림판 > 플러그인 > 설치된 플러그인'에서 'Mechanic Visitor Counter' 플러그인의 편집 기능을 클릭합니다.

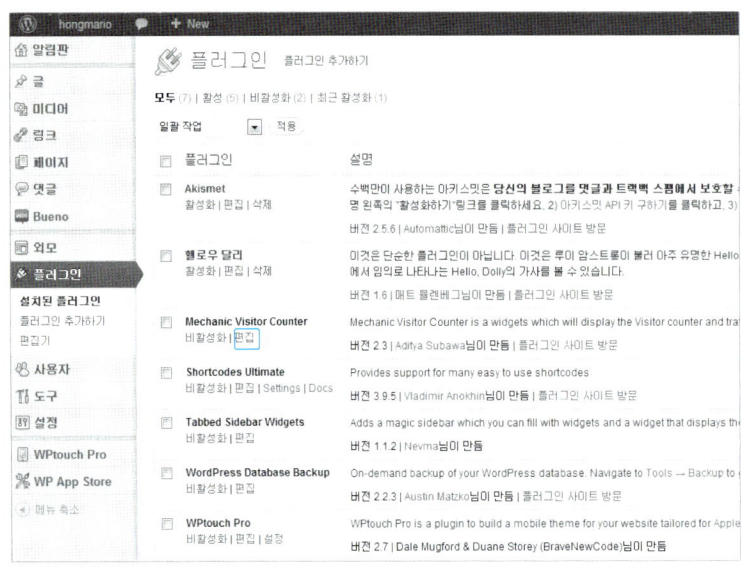

■ 플러그인 편집 1

02 '플러그인 편집' 화면이 나타나며, 다음 그림과 같이 플러그인 PHP 파일 편집창이 활성화 됩니다.

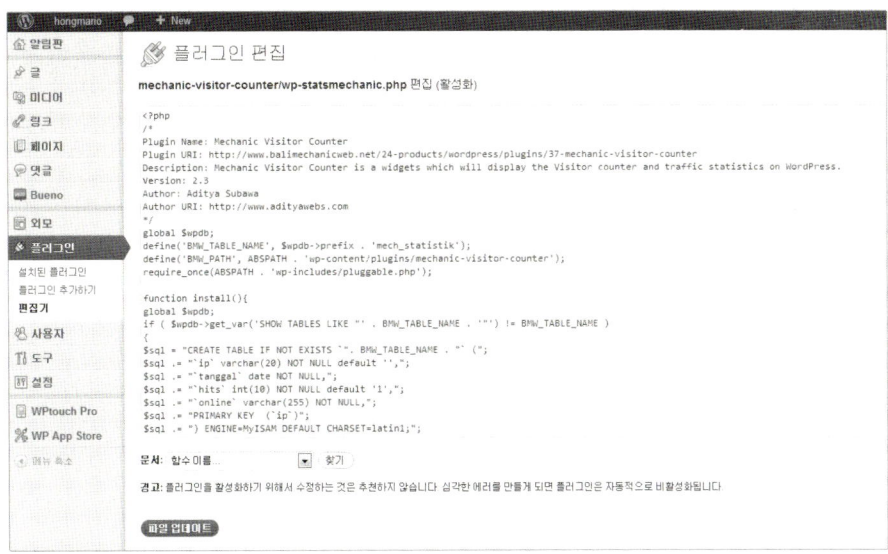

■ 플러그인 편집 2

▷ 소스에서 문구 수정하기

01 Ctrl + F 키를 누른 후 소스에서 'Visit Today', 'Total Visit'가 포함된 문장을 찾습니다.

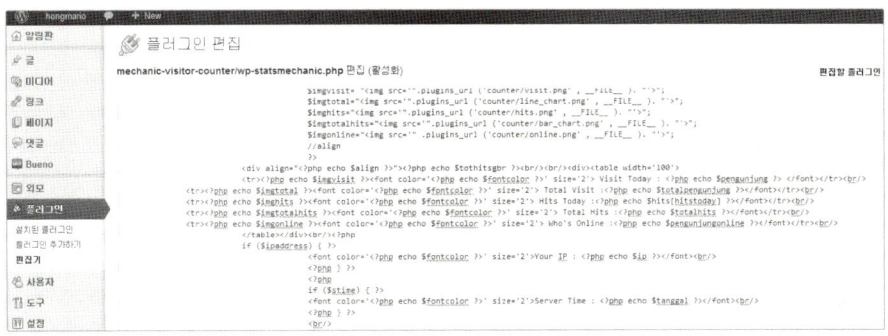

■ PHP 문장 찾기

■ PHP 수정 문장 수정 전

**02** 위 문장에서 한글로 수정하시면 됩니다.

- Visit Today → 오늘 방문수
- Total Visit → 전체 방문수
- Hits Today → 오늘 히트수
- Total Hits → 전체 히트수
- Who's Online → 현재 접속수

■ PHP 문장 수정 후

## ▷ 파일 업데이트 후 확인하기

**01** 영문을 한글로 수정하는 작업이 끝나면 '파일 업데이트'를 클릭하여 완료합니다.

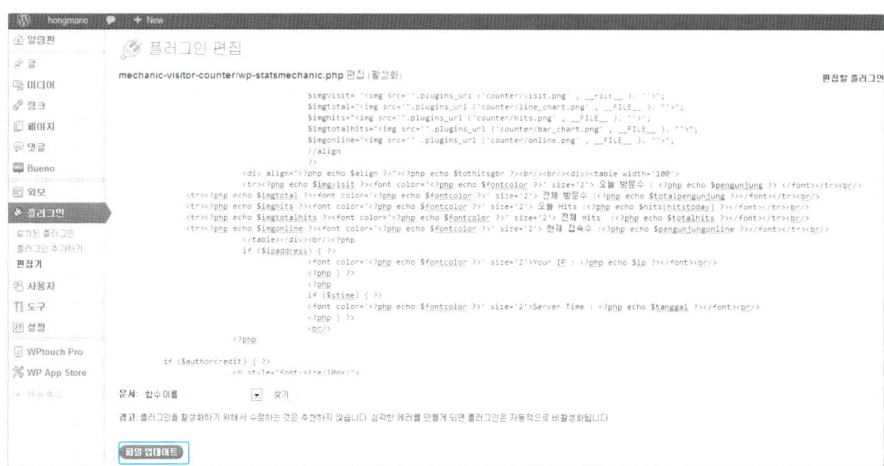

■ 수정 후 완료하기

**02** 파일이 업데이트 되었다는 메시지를 확인한 후 메인 페이지를 확인하면 다음 이미지와 같은 결과를 얻을 수 있습니다.

■ 위젯 설치 화면

## 사이드바에 탭 위젯 설치하기

'최근 글', '최신 답글', '인기 글' 등이 세로로 길게 늘어져 있다면 다음 그림과 같이 우측 사이드바가 길어지게 됩니다.

■ 세로로 길게 늘어진 우측 사이드바

탭 위젯은 '최근 글', '최근 답글', '인기 글' 등을 탭 형식으로 보여주기에 때문에 공간 활용은 물론 깔끔하고 심플하게 표현할 수 있습니다.

탭 위젯은 테마에 따라 기본적으로 포함되어 있거나 또는 포함되어 있지 않습니다. Woothemes에서는 기본적으로 테마 내에 탭 위젯이 포함되어 있지만 Bueno와 같은 무료 버전의 경우 탭 위젯이 포함되어 있지 않습니다. 이 섹션에서는 현재 관련 플러그인들 중에서 가장 쉽고 직관적인 기능을 제공하는 'Tabbed Sidebar Widget'을 바탕으로 설명 드리겠습니다.

01 '알림판 〉 플러그인 〉 플러그인 추가하기' 메뉴를 클릭합니다. 다음 그림과 같이 'Tabbed Sidebar Widgets' 플러그인을 검색한 후 설치 및 활성화시킵니다. 설치방법은 기존의 다른 플러그인을 설치하는 방법과 동일합니다.

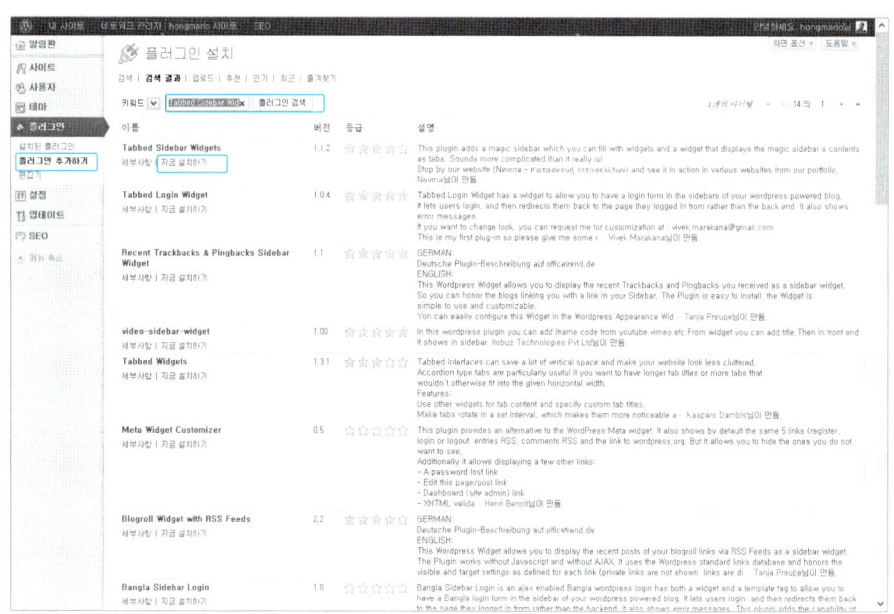

■ 플러그인 설치

02 '외모 〉 위젯'을 선택하면 기존과는 달리 우측 부분에 'Magic Sidebar'가 추가 되어 있는 것을 확인할 수 있습니다. 또한 사용할 수 있는 위젯 부분에 'Tabbed Sidebar Widgets'가 추가됩니다.

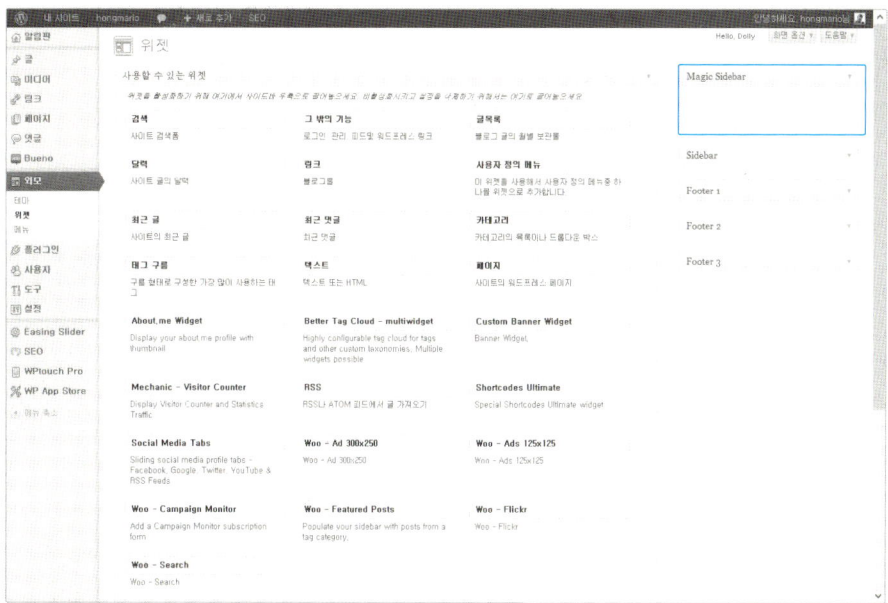

■ 'Magic Sidebar'가 추가된 사이드바 영역 화면

**03** 'Tabbed Sidebar Widgets' 위젯은 Magic Sidebar에 들어간 위젯을 출력해주는 위치를 정해주는 역할을 할 뿐 추가적인 옵션을 제공하지는 않습니다. 이 플러그인을 Sidebar 부분의 가장 상단에 추가해보겠습니다.

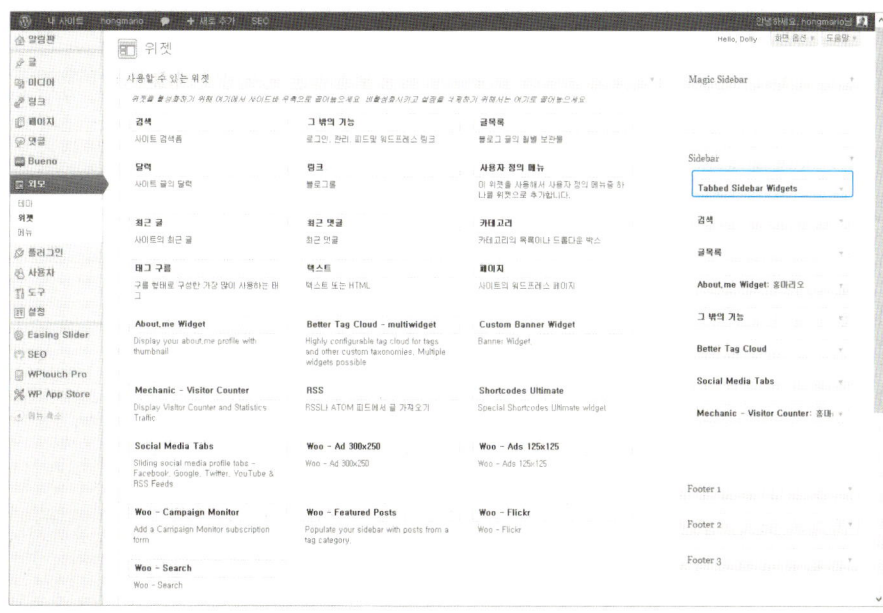

■ 'Sidebar'에 추가된 Tabbed Sidebar Widgets

04 이제 탭으로 보여지길 원하는 위젯들을 Magic Sidebar 부분에 넣습니다. 예시를 위해 워드프레스에서 기본적으로 제공하는 '최근 글'과 '최근 답글', '카테고리' 등의 위젯을 넣어보도록 하겠습니다.

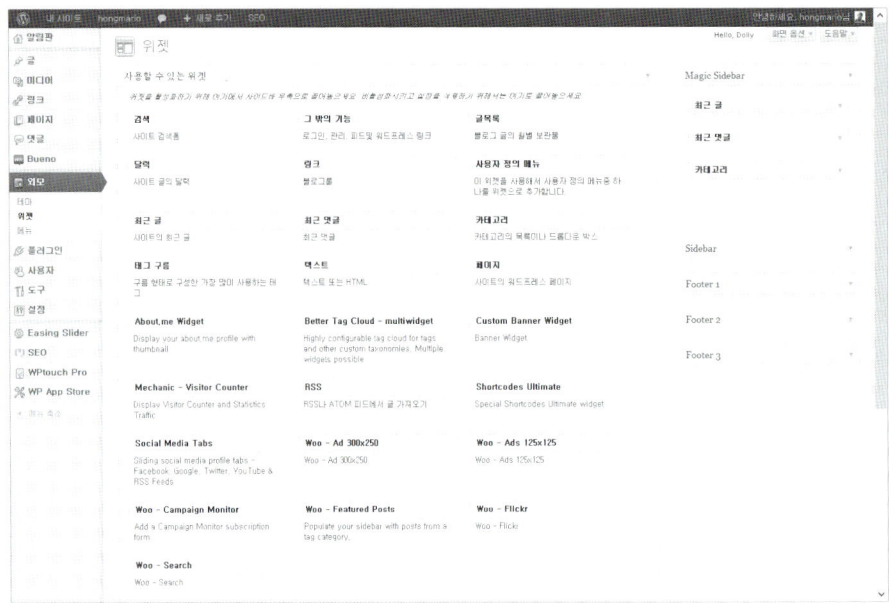

■ Magic Sidebar에 위젯 추가하기

05 이제 사이트에서 확인해 보겠습니다. 아래 화면의 우측 사이드바를 보면 '최근글'과 '최신답글', '카테고리'가 탭으로 적용된 것을 확인할 수 있습니다.

■ 새롭게 추가된 '탭 위젯'

## 사이드바에 한글 폰트 적용하기

워드프레스는 기본적으로 영문으로 구성되어있습니다. 원하는 디자인의 사이트를 구현할 수 있는 테마를 구입한 후 사이트에 적용하면, 특히 한글을 적용했을 경우 사이트 전체가 한글 폰트와의 부조화로 처음 느꼈던 테마의 느낌과는 전혀 다른 느낌의 사이트가 되는 경우가 종종 있습니다. 웹브라우저에서 사용하는 폰트 중 영어폰트는 종류가 다양하지만 한글 폰트는 종류가 많지 않고 굴림체 등 몇 가지 기본적인 폰트만 지원하고 있기 때문입니다.

### 한글 웹 폰트 선택하기

웹 폰트(Web Font)에 대해 간략하게 설명하겠습니다. 웹 폰트는 폰트가 컴퓨터에 설치되어 있지 않더라도, 웹 폰트를 지원하는 사이트에서 폰트를 전송하여 어느 컴퓨터에서나 홈페이지에서 자신이 선택한 폰트를 자신의 컴퓨터나 웹상에서 보여주는 폰트를 말합니다. 한글 웹 폰트를 지원하는 사이트로는 다음 두 사이트가 대표적입니다.

- **모빌리스** : http://api.mobilis.co.kr/webfonts
- **폰트페이스** : http://fontface.kr

폰트 제공 업체에 따라 개인 및 비영리 사이트는 무료로 사용이 가능하고 상업용 사이트에서는 비용이 발생할 수 있으므로 사용 전에 폰트의 라이센스를 확인해야 합니다.

■ 모빌리스 웹 폰트

여기서는 모빌리스에서 지원하는 웹 폰트 중 '**나눔고딕 굵게**' 글꼴을 이용하여 사이드바에 적용하도록 하겠습니다. 적용 순서는 다음과 같습니다.

- **1단계** : 사이트에서 폰트를 변경할 위치를 확인한다.
- **2단계** : header.php에 웹 폰트를 설정한다.
- **3단계** : style.css의 소스에서 폰트를 변경할 위치에 새로운 폰트 추가한다.
- **4단계** : 사이트에서 변경된 폰트를 확인한다.

---

**»_tip_**

웹 폰트 외에도 다음의 링크를 참고하여 한글 폰트를 적용 할 수 있습니다.
http://cafe.naver.com/wphome/8359

---

## 사이드바 한글 요소검사하기

**01** 사이드바에 한글 폰트를 적용(구글 크롬 개발자 도구를 사용)해 보겠습니다 사이드바에서 마우스 오른쪽 클릭으로 요소 검사를 합니다.

■ 사이드바 요소 검사

02 크롬 브라우저 하단의 요소 검사 창에서 div인 'sidebar'를 기억해 둡니다.

```
<!DOCTYPE html PUBLIC "-//W3C//DTD XHTML 1.0 Transitional//EN" "http://www.w3.org/TR/xhtml1/DTD/xhtml1-transitional.dtd">
<html xmlns="http://www.w3.org/1999/xhtml">
▶<head profile="http://gmpg.org/xfn/11">…</head>
▼<body class="home blog logged-in admin-bar chrome customize-support">
  ▼<div id="container">
    ▶<div id="header" class="col-full">…</div>
     <!-- /#header -->
    ▼<div id="content" class="col-full">
      ▶<div id="main" class="col-left">…</div>
       <!-- /#main -->
      ▼<div id="sidebar" class="col-right">
         <!-- Widgetized Sidebar -->
        ▶<div id="banner_widget-3" class="widget banner_widget">…</div>
```

■ div 확인

# Header.php에서 코드 삽입하기

01 '알림판 〉 외모 〉 편집기'를 선택합니다. 오른쪽 항목 중 header.php를 클릭 한 후 header.php에서 Ctrl+F 키를 눌러 '〈/head〉'를 검색합니다.

```
                <link rel="stylesheet" type="text/css" media="all" href="<?php bloginfo('template_directory'); ?
>/css/ie6.css" />
    <![endif]-->

        <!--[if IE 7]>
                <link rel="stylesheet" type="text/css" media="all" href="<?php bloginfo('template_directory'); ?
>/css/ie7.css" />
        <![endif]-->

<?php if ( is_single() ) wp_enqueue_script( 'comment-reply' ); ?>
<?php wp_head(); ?>

<link href="http://fonts.googleapis.com/css?family=Anton" rel="stylesheet" type="text/css" />

</head>

<body <?php body_class(); ?>>

<div id="container">

        <?php /*
        <div id="navigation">

                <div class="col-full">
                        <?php
                        if ( function_exists('has_nav_menu') && has_nav_menu('secondary-menu') ) {
                                wp_nav_menu( array( 'sort_column' => 'menu_order', 'container' => 'ul', 'menu_id' =>
'catnav', 'menu_class' => 'nav fl', 'theme_location' => 'secondary-menu' ) );
                        } else {
                        ?>
                <ul id="catnav" class="nav fl">
```

■ header.php 파일에서 head 검색

02 모빌리스 사이트로부터 웹 폰트를 불러오기 위해서 〈/head〉 태그 위에 다음과 같은 내용을 추가 합니다.

```
<link href='http://api.mobilis.co.kr/webfonts/css/?fontface=NanumGothicBoldWeb'
rel='stylesheet' type='text/css' />
```

■ 파일명 : 1장-101

■ header.php 파일에서 head 추가

03 코드 추가가 완료되면 '파일 업데이트' 버튼을 눌러서 저장합니다.

## Style.css에서 코드 추가하기

01 style.css 파일에서 'sidebar'를 검색합니다.

■ sidebar 검색

**02** 괄호 안에 다음 코드를 추가해 줍니다.

```
font-family: 'NanumGothicBoldWeb';
```

**03** 그 외 모빌리스 사이트에서 'NanumGothicBoldWeb' 외에 원하는 폰트를 변경하길 원하면 해당 폰트를 복사해서 위와 같은 방법으로 변경할 수 있습니다.

```
#logo { }
#logo img { }
#logo .site-title a { font-family: 'Anton', arial, serif;color:#222; font-size:48px; line-height:48px; text-transform:uppercase; font-weight:normal; text-decoration:none; }
#logo .site-title a:hover { text-decoration:underline; }
#logo .site-description { color:#999; font:italic 14px Georgia, serif; }
#logo .site-title, #logo .site-description { display:none; }

/* 2.4 Content */
#content{min-height:550px;padding:0;}
* html #content{height:550px;}

#main{width:620px;}
#main.fullwidth  { width: 940px; }

/* 2.5 Sidebar */
#sidebar{width:300px;overflow:hidden; font-family: 'NanumGothicBoldWeb';}

/* 2.6 Extended Footer */
#extended-footer  { margin: 50px 0 0 0;  padding: 40px 0; }
.block   { float: left; width: 300px;  padding: 0 10px 0 0; }
.one, .two  { margin: 0 9px 0 0; }
.three   { padding: 0; }

/* 2.7 Footer */
#footer   { font-family: Helvetica, Arial, sans-serif; font-size: 11px;  padding: 20px 0; background-color: #333333; color: #fff; text-transform: uppercase; }
#footer a:link, #footer a:visited  { color: #fff; }
#footer p  { margin: 5px 0 0 0; }
#footer #credit img  { vertical-align: middle; }
#footer #credit span  { display: none; }
```

■ 폰트 추가

**04** 코드 추가가 완료되면 '업데이트' 버튼을 눌러서 저장합니다. 다음과 같이 변경한 폰트를 확인 할 수 있습니다. 만약 사이드바의 제목 부분(홍마리오, 글목록, 그 밖의 기능)을 변경하려면 style.css에서 '.widget h3'를 검색하고 위와 마찬가지로 한글 폰트를 적용하면 변경할 수 있습니다.

■ 폰트 확인

## ⚫_tip_

- **플러그인을 사용해서 한 번에 한글 폰트 적용하기**

워드프레스 홈페이지 카페 회원이자 TF멤버인 오경석(오터넷)님이 직접 만든 플러그인을 사용해서 한글 폰트를 한 번에 적용하고 변경할 수 있습니다.

플러그인 다운 및 설치방법은 워드프레스 홈페이지 카페 게시글(http://cafe.naver.com/wphome/12549)을 참고하면 됩니다. 실제로 적용한 사례를 보면 아래와 같이 메뉴, 사이드바, 본문 등이 한 번에 모두 나눔고딕으로 변경된 것을 확인할 수 있습니다. 초보자들에게는 가장 쉽게 한글 폰트를 적용할 수 있는 방법입니다. 하지만, 테마에서 따라서 한글폰트 플러그인과 충돌하기도 하므로 테스트한 후 적용하기 바랍니다.

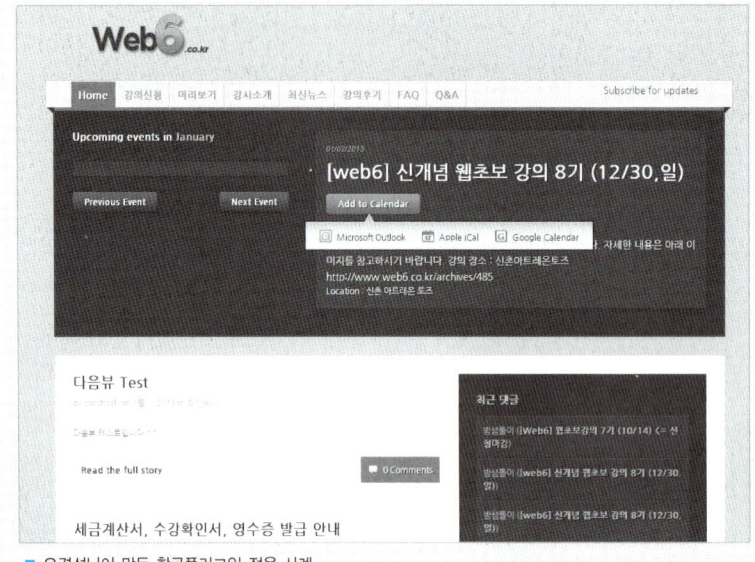

■ 오경석님이 만든 한글플러그인 적용 사례

# 사이드바 배너링크 삽입하기

홈페이지에 배너를 삽입하는 경우 어디에, 어떻게 삽입해야 할지 고민하게 됩니다. 하지만 워드프레스의 위젯 기능을 이용하여 사이드바 영역에 간단한 HTML 태그만으로 배너를 삽입할 수 있습니다. 이 섹션에서는 텍스트 위젯(Text Widget)를 이용하여 사이드바 영역에 배너 삽입 방법을 알아보겠습니다.

### 사이드바 가로 사이즈 확인하기

사이드바 영역에 배너를 삽입하기 전에 사용 중인 테마의 사이드바 영역의 가로 사이즈가 어느 정도인지 확인이 필요합니다.

사이드바 영역의 가로 사이즈를 확인하는 이유는 다음과 같습니다.

- 테마에 따라서 사이드바 영역의 가로 사이즈가 다르다.
- 사이드바 영역의 가로 사이즈보다 이미지가 크거나 너무 작은 경우 사이드바 영역의 통일성이 떨어진다.

01 구글 크롬 개발자 도구 검사를 이용해서 사이드바 영역의 사이즈를 확인합니다.

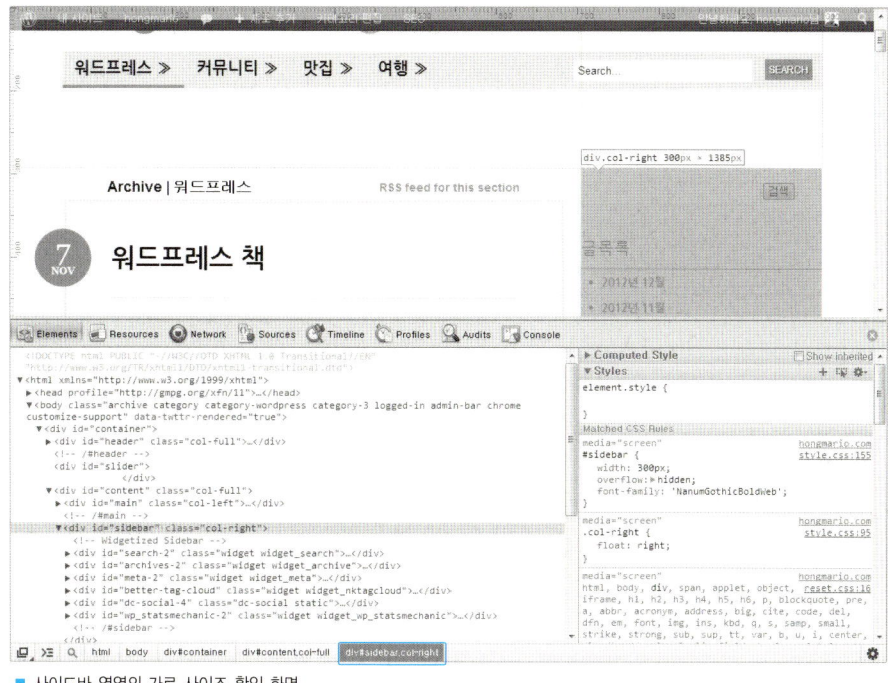

■ 사이드바 영역의 가로 사이즈 확인 화면

## 배너용 이미지 업로드하기

이전 과정에서 사이드바 영역의 가로 사이즈가 300px임을 확인했습니다. 적당한 사이즈의 배너 이미지를 준비합니다. 여기서는 가로 300px 세로 134px 사이즈의 이미지를 사용하겠습니다.

01 '알림판 > 미디어 > 파일올리기' 메뉴를 이용해서 이미지를 업로드합니다. 업로드된 이미지의 파일 URL 정보인 'http://hongmario.com/wp-content/uploads/2012/12/banner.jpg'를 텍스트 위젯에서 사용하기 때문에 복사(Ctrl+C)하거나 메모장에 적어 놓습니다.

■ Bueno 테마에 사용될 배너 업로드

## 텍스트 위젯에 배너용 HTML 태그 입력

**01** '알림판 〉 외모 〉 위젯'에서 텍스트 위젯을 드래그하여 사이드바 영역에 배치하면 제목과 내용 입력란이 다음 그림과 같이 열립니다.

■ 텍스트 위젯 사이드바 영역에 추가한 화면

**02** 다음 그림과 같이 HTML 태그를 넣고 '저장하기' 버튼을 클릭하면 사이드바 영역에 배너 넣기가 완성됩니다.

```
<a href="http://cafe.naver.com/wphome" target="_blank"><img src=
"http://hongmario.com/wp-content/uploads/2012/12/banner.jpg"/></a>
```

■ 파일명 : 1장-106

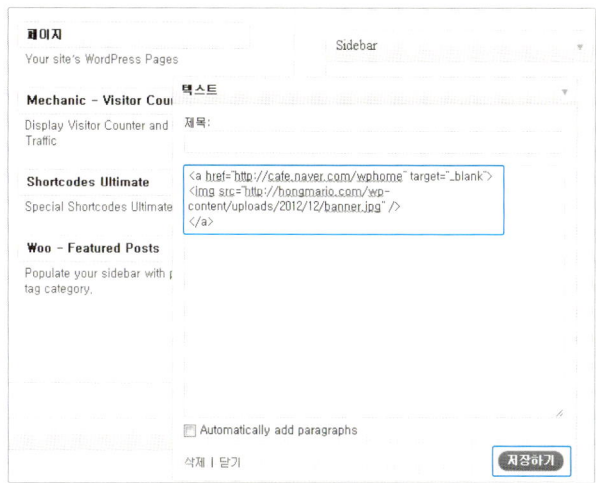

■ '알림판 > 외모 > 텍스트' 위젯 〈a〉 태그와 〈img〉 태그 적용

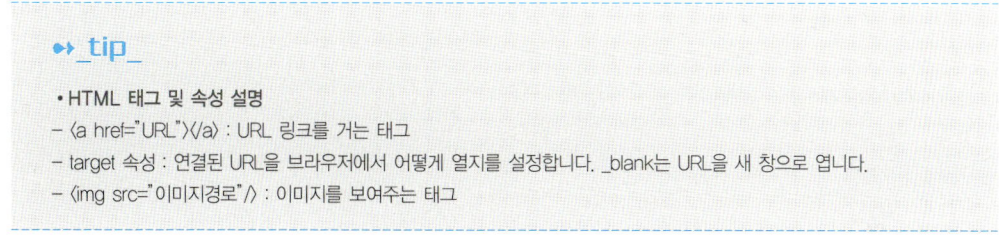

03 사이트에서 적용 결과를 확인합니다. 아래 화면처럼 사이드바 영역에 배너가 적용된 것을 확인할 수 있습니다.

■ 사이드바 영역에 적용된 배너 화면

# 홈페이지 세부영역 설정하기

홈페이지의 대부분 영역을 수정하는 작업이 끝났습니다. 이제 남은 부분을 조금 더 세세한 부분을 다듬어 깔끔한 워드프레스 홈페이지를 만들어 보도록 하겠습니다.

## 본문 전체에 폰트 적용하기

본문 전체의 한글 폰트를 변경해 보도록 하겠습니다. 워드프레스 국내 사용자에게 가장 인기 있는 웹 폰트인 나눔고딕 폰트를 본문 전체에 적용하도록 하겠습니다. 웹 폰트를 설정하는 방법은 '사이드바 한글 폰트 수정'을 참고하여 설정합니다.

### 본문 제목에 한글 폰트 적용하기

본문 제목의 한글 폰트를 적용해 보겠습니다.

폰트 적용 순서는 다음과 같습니다.
❶ 사이트에서 폰트를 변경할 위치를 확인한다.
❷ style.css 소스의 폰트를 변경할 위치에 폰트를 추가한다.
❸ 사이트에서 변경된 폰트를 확인한다.

■ 본문 제목 폰트 변경 전

▷ 구글 크롬 개발자 도구 검사하기

01 구글 크롬 웹브라우저에서 홈페이지에 접속하여 제목에 커서를 위치시킨 후 마우스 오른쪽 버튼을 눌러 '요소 검사'를 선택합니다. 여기서는 다음과 같이 '커뮤니티 홍보 노하우'를 확인합니다.

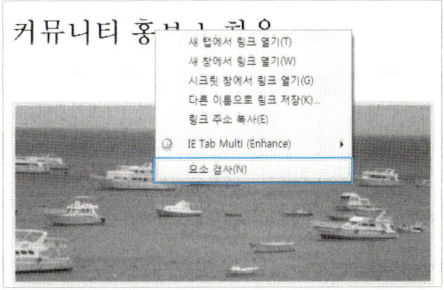

■ 본문 요소 검사

02 크롬 브라우저의 하단에 있는 요소 검사 창에서 class인 'title'을 기억해 둡니다. class란 폰트, 글자 크기 등을 지정하는 집합이며, title은 class의 이름입니다.

■ 본문 제목 class 확인

■ 요소 검사창

▷ style.css에서 font-family 추가하기

01 스타일시트 'style.css' 파일에서 'title'을 검색합니다.

■ class의 title 검색

**02** font-family가 없기 때문에 다음과 같이 'font-family(font-family: 'NanumGothicBoldWeb';)'를 추가합니다.

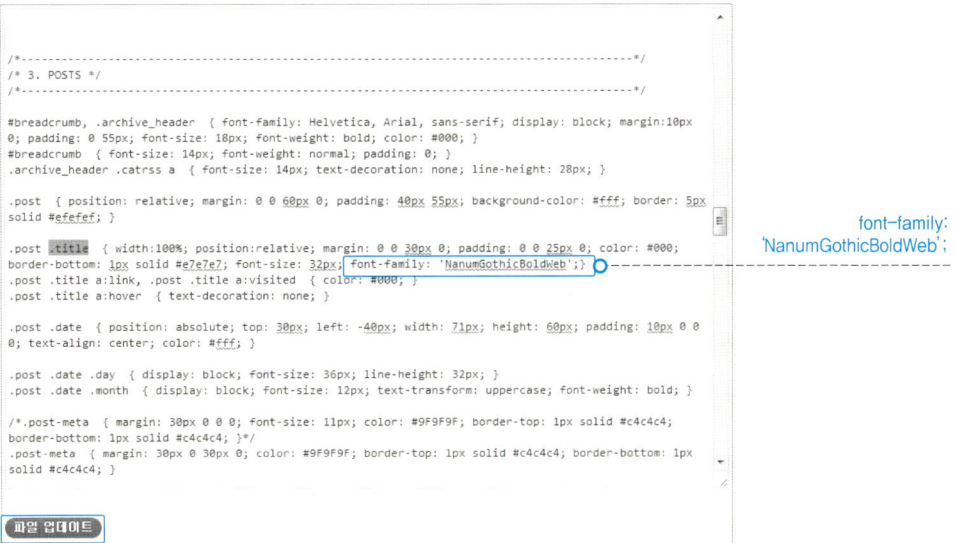

■ 본문 제목 font-family 추가

03 코드 추가가 완료되면 '파일 업데이트' 버튼을 클릭하여 저장합니다. 본문 제목에 나눔 고딕 폰트가 추가된 것을 확인 할 수 있습니다.

■ 본문 제목 변경 후

## 본문 내용에 한글 폰트 적용하기

다음으로는 본문 내용에 한글 폰트 적용을 해보겠습니다.

01 워드프레스 홈페이지에서 다음과 같이 본문 내용에 커서를 위치시킨 후 마우스 오른쪽 버튼을 눌러 '요소 검사'를 선택합니다.

■ 본문 내용 요소 검사

02 크롬 브라우저 하단의 요소 검사 창에서 'class'인 'entry'를 기억해 둡니다.

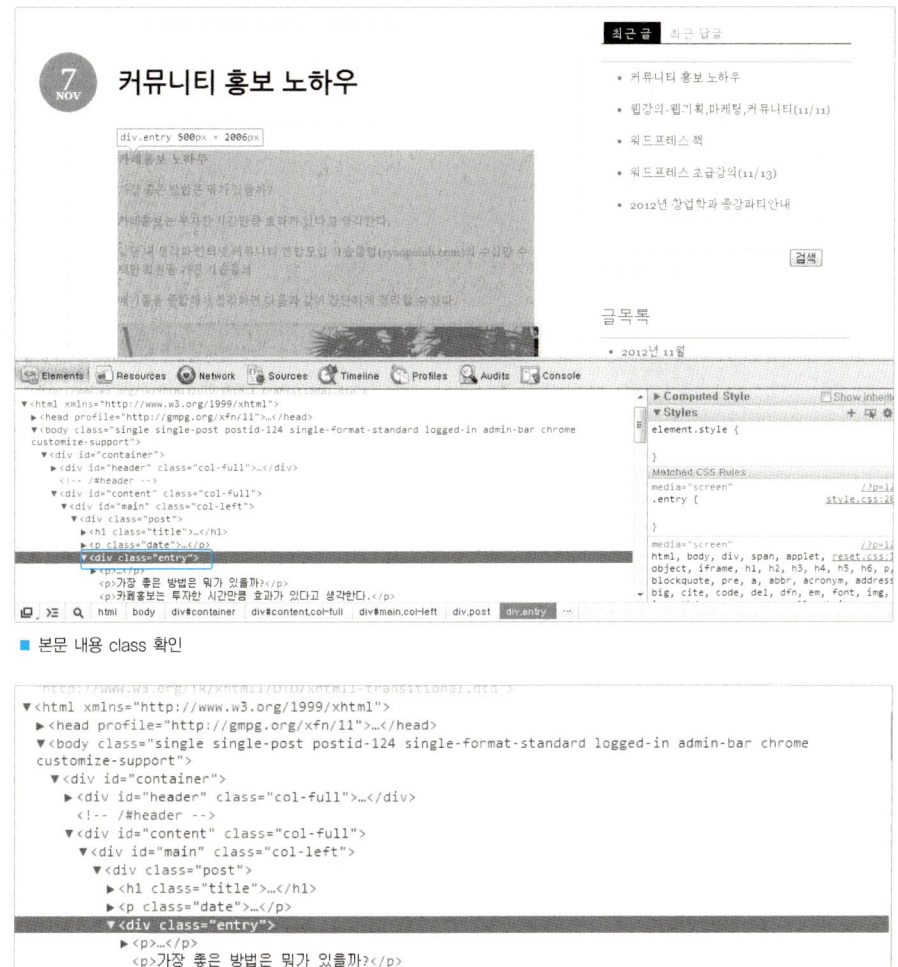

■ 본문 내용 class 확인

■ 요소 검사 창

03 '알림판 > 외모 > 편집기'를 선택하고 오른쪽 항목 중 style.css 파일을 클릭 한 후 style.css에서 Ctrl + F 키를 눌러 'entry'를 검색합니다.

```
#c4c4c4; border-bottom: 1px solid #c4c4c4; }
.post-meta li   { float: left; width: 154px; padding: 10px 0 7px 10px; }
.post-meta li.categories  { border-left: 1px solid #e7e7e7; border-right: 1px solid #e7e7e7;
}
.post-meta li span   { display: block; }
.post-meta li .head   { font-size: 10px; text-transform: uppercase; font-weight: bold; font-
family: Helvetica, Arial, sans-serif; color: #000; }
.post-meta li .body, .post-meta li .body a:link, .post-meta li .body a:visited   { font-size:
13px; color: #7a7a7a; font-style: italic; text-decoration: none; }

.post img.thumbnail   { margin: 0 0 20px 0; }

.post #nav-below{ margin: 20px 0 0 0;}

.entry {}

/* 3.1 Typographic Elements */
.entry h1 {}   .entry h2 {}   .entry h3 {}   .entry h4 {}   .entry h5 {}   .entry h6 {}
.entry h1, .entry h2, .entry h3, .entry h4, .entry h5, .entry h6   {     margin: 0 0 15px 0; }

.entry p   { margin: 0 0 15px 0; }

.entry blockquote   { padding: 10px 30px; color: #666; font-style: italic; font-size: 16px; }
.entry blockquote p   {}

.entry ul   { margin: 0 0 15px 0; padding: 0 0 0 30px; }
.entry ul ul   { margin: 0; }
.entry ul li   { list-style-type: circle; }
.entry ul ul li   { list-style-type: disc; }
```

■ class entry 검색

**04** entry가 33개 검색되어 본문이 포함된 태그 중 p태그 뒤에 한글 폰트(font-family: 'NanumGothicBoldWeb';)를 추가합니다.

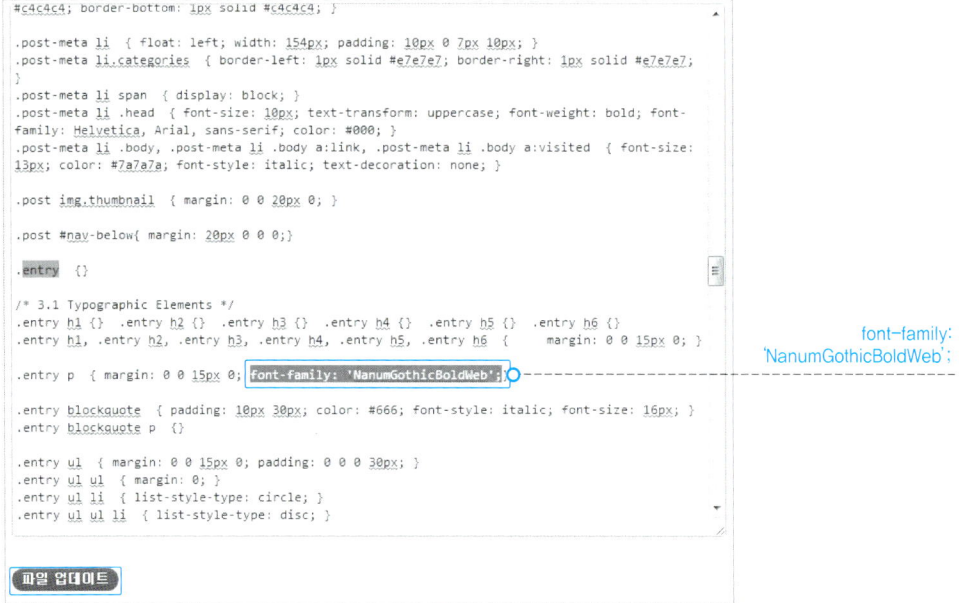

■ 본문 내용 font-family 추가

05 '파일 업데이트' 버튼을 클릭하면 본문 내용에 나눔 고딕 폰트가 추가된 것을 확인 할 수 있습니다.

■ 본문 내용 변경 후

## 메뉴에 한글 폰트 적용하기

메뉴에 한글 폰트를 변경해 보도록 하겠습니다.

01 구글 크롬 브라우저에서 홈페이지를 띄운 후 메뉴에 커서를 위치시키고 마우스 오른쪽 버튼을 눌러 '요소 검사'를 선택합니다.

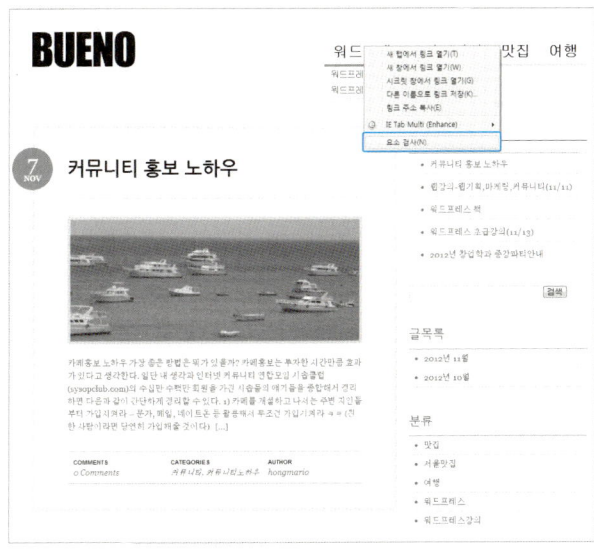

■ 메뉴 요소 검사

Chapter 01_ 블로그형 홈페이지 만들기   115

**02** 크롬 브라우저 하단의 요소 검사 창에서 'div id'인 'pagenav'를 기억해 둡니다.

■ 메뉴 div id 확인

■ 요소 검사 창

---

**↔_tip_**

div란 HTML 페이지를 나누는 영역이고, div id는 div를 구분하는 id입니다.

**03** '알림판 〉 외모 〉 편집기' 메뉴를 선택한 후 'style.css' 파일에서 'pagenav'를 검색합니다.

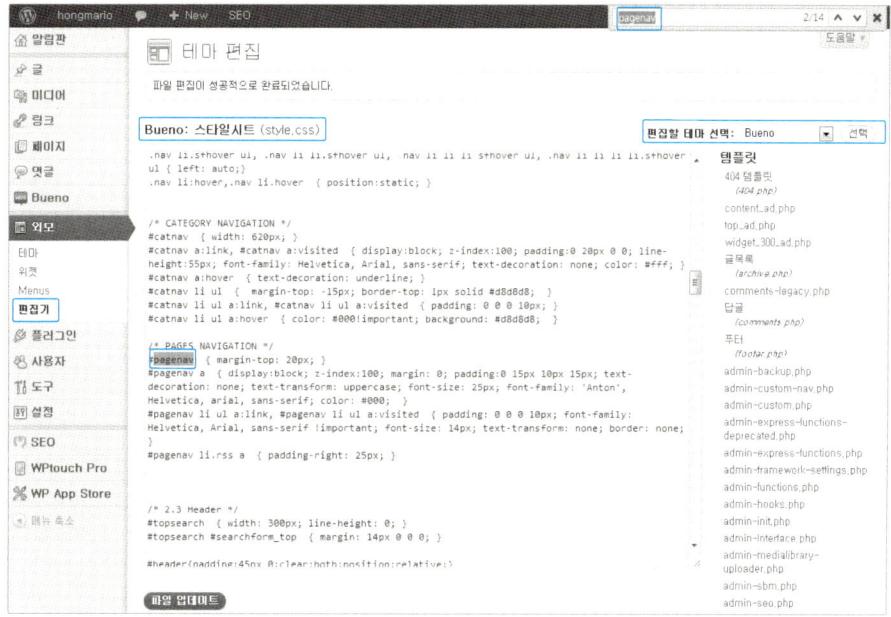

■ div pagenav 검색

**04** 'pagenav' 태그 안에 'font-family'가 있는 것을 확인합니다.

■ ont-family 확인

05 'font-family' 태그의 'Anton' 앞부분에 ' 'NanumGothicBoldWeb',' 를 추가 합니다.

■ 한글 폰트 추가

06 코드 추가가 완료되면 '파일 업데이트'를 눌러서 저장합니다. 메뉴에 나눔 고딕 폰트가 추가된 것을 확인할 수 있습니다.

■ 메뉴 폰트 변경 후

# 현재 위치에서 위로가기 버튼 만들기

블로깅을 하다 보면 가끔씩 스크롤이 너무 아래로 내려가서 메뉴를 클릭하려 할 때 불편을 느끼는 경우가 있습니다. 이런 불편함을 해결할 수 있는 것이 "위로가기 버튼"입니다. 스크롤이 어느 정도 내려가면 위로가기 버튼이 나타나며 한 번의 마우스 클릭으로 메뉴가 있는 화면까지 이동할 수는 편리한 기능입니다. 이 기능은 간단한 HTML코드와 CSS로 만들 수 있지만 jQuery를 사용하면 좀 더 부드러운 효과를 나타낼 수 있으므로 이 섹션에서는 jQuery를 이용해서 위로가기 버튼을 만들어 보도록 하겠습니다.

## HTML 코드 넣기

01 '알림판 > 외모 > 편집기'에서 footer.php 파일을 열면 아래와 같이 초기화면이 보입니다.

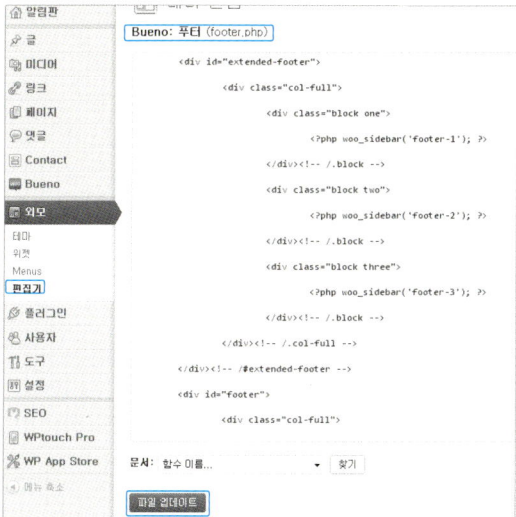

■ 푸터(footer.php) 파일 선택

**02** 가장 상단 라인에 아래의 HTML코드를 넣어 보겠습니다.

```
<div id="back-top">
<a href="#top"><span></span>위로가기
</a>
</div>
```

■ 파일명 : 1장-119

**03** 여기서 HTML코드의 역할은 div태그의 id값인 back-top을 설정하여 위로가기 버튼의 위치를 CSS로 지정하고 jQuery로 제어할 수 있게 합니다. 이제 위의 삽입할 코드를 footer.php 파일의 가장 상단 부분에 삽입한 후 '파일 업데이트'를 클릭하여 저장합니다.

■ footer.php 위로가기 버튼 HTML 코드 작성

# 이미지 업로드 후 CSS 적용하기

01 CSS를 적용하기 전에 위로가기 버튼에 사용될 이미지 파일을 업로드합니다.

■ 위로가기 버튼 이미지 업로드

02 위로가기 버튼 이미지는 하얀색이므로 위 그림에서는 보이지 않지만 버튼에 배경을 입히면 보이게 됩니다. 파일 URL은 CSS의 background 속성에 들어가게 되므로 기억해두어야 합니다. 버튼 형태를 만들기 위해 CSS 코드를 '알림판 〉 Bueno 〉 Theme Options 〉 General Settings 〉 Custom CSS' 안에 다음과 같이 넣어줍니다.

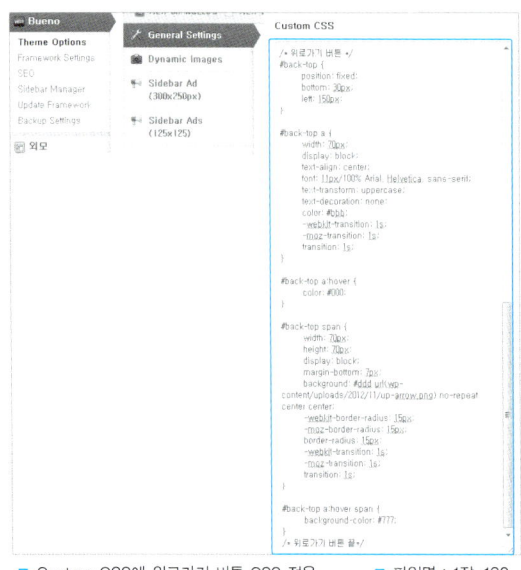

■ Custom CSS에 위로가기 버튼 CSS 적용    ■ 파일명 : 1장-120

위로가기 버튼의 CSS는 구글 개발자 도구에서 미리 보기로 전체를 확인 할 수 없으나 CSS를 모두 적용 하면 다음 그림과 같이 왼쪽 하단에 위로가기 버튼 이 만들어집니다. 적용시킨 CSS를 간략히 설명하면 위로가기 버튼을 왼쪽 하단에 고정시켜 놓으며 마우 스를 버튼 위에 올려놓았을 때 버튼 아이콘의 색상 이 진하게 되는 효과를 넣었습니다.

■ Custom CSS에 위로가기 버튼 CSS 적용 후 화면

## jQuery 코드 적용하기

CSS 코드를 적용하면 화면에 위로가기 버튼이 보이는데 스크롤 내린 후 버튼을 눌러 테스트하면 부드럽게 스크롤이 올라가지 않고 바로 올라가는 것을 확인할 수 있습니다. 그리고 스크롤이 사이트 최상단에 위치한 경우에도 버튼이 보이는데, 이러한 현상을 방지하기 위하여 jQuery를 적용하여 스크롤을 내렸을 때만 보여주고 부드럽게 올라가도록 만들어 보겠습니다.

01 파일질라를 이용하여 메뉴에 효과를 주기 위해 만들었던 script.js 파일을 열어 줍니다. 파일질라 접속 후 'wp-content/theme/bueno/includes/js' 폴더를 선택합니다.

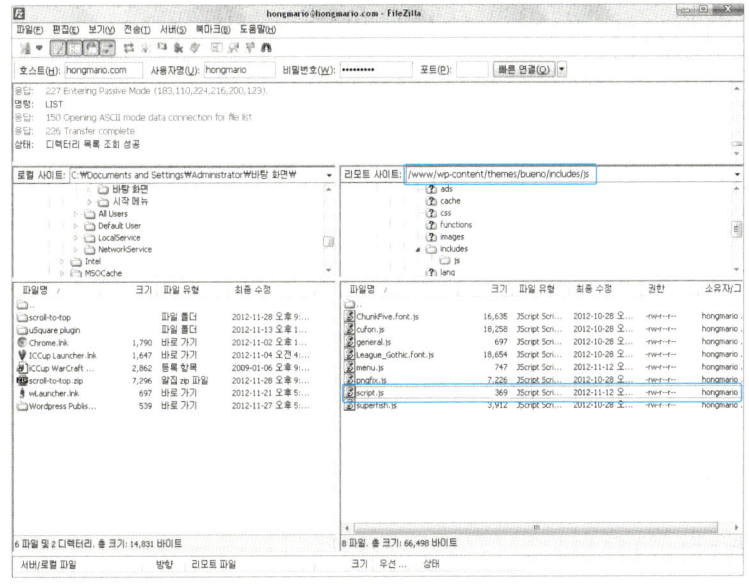

■ 파일질라 wp-content/theme/bueno/includes/js 폴더

**02** 여기서 script.js 파일을 노트패드++에서 파일을 열면 다음과 같이 보입니다.

■ 노트패드++로 script.js 파일을 불러온 화면

**03** 이제 삽입할 코드를 보겠습니다.

```
jQuery("#back-top").hide();
jQuery(function () {
    jQuery(window).scroll(function () {
        if (jQuery(this).scrollTop() > 100) {
            jQuery('#back-top').fadeIn();
        } else {
            jQuery('#back-top').fadeOut();
        }
    });
    jQuery('#back-top a').click(function () {
        jQuery('body,html').animate({
            scrollTop: 0
        }, 800);
        return false;
    });
});
```

■ 파일명 : 1장-122

**04** 위의 삽입할 코드를 간략히 설명하면 div태그의 id값인 back-top을 보이지 않게 먼저 숨긴 후 스크롤 화면이 100px정도 내려갔을 때 fade효과와 함께 나타나게 하고 버튼을 클릭 했을 때 스크롤 가장 상단 화면으로 부드럽게 올라가게 하는 애니메이션 효과가 적용 되었습니다.

이제 위 삽입할 문구를 노트패드++의 script.js 파일에서 11번째 라인에 보이는 '});' 와 13번째 라인에 보이는 '});' 사이에 주석(/* */)과 함께 삽입합니다. 그러면 다음과 같은 화면이 보입니다.

```
script.js
 1  jQuery(document).ready(function() {
 2
 3  /*------------------------------------------------*/
 4  /*  Navigation dropdown
 5  /*------------------------------------------------*/
 6
 7      jQuery('ul.menu').superfish({
 8          delay:       0,
 9          animation:   {opacity:'show',height:'show'},
10          speed:       250
11      });
12
13  /*------------------------------------------------*/
14  /* Scroll back to top
15  /*------------------------------------------------*/
16
17      jQuery("#back-top").hide();
18
19      jQuery(function () {
20          jQuery(window).scroll(function () {
21              if (jQuery(this).scrollTop() > 100) {
22                  jQuery('#back-top').fadeIn();
23              } else {
24                  jQuery('#back-top').fadeOut();
25              }
26          });
27
28
29          jQuery('#back-top a').click(function () {
30              jQuery('body,html').animate({
31                  scrollTop: 0
32              }, 800);
33              return false;
34          });
35      });
36
37  });
38
```

■ script.js 위로가기 버튼 jQuery 적용                    ■ 파일명 : 1장-123

**05** 파일업로드 후 파일을 저장하고 사이트로 이동하여 버튼과 함께 잘 적용 되었는지 확인합니다. 사용자의 편의를 위하여 스크롤이 많이 내려갔을 경우 위로가기 버튼이 미약하나마 손목을 덜 움직이게 합니다. 사소하지만 필요한 기능들을 하나씩 자신의 워드프레스 사이트에 적용시키면 유료테마 못지않은 기능을 갖춘 무료테마를 만들 수 있습니다.

■ 스크롤 위로가기 버튼 jQuery 적용 후 가장 상단 화면의 변경 전과 변경 후

■ 위로가기 버튼 jQuery 적용 후 스크롤 내린 화면의 변경 전과 변경 후

# 트랙백 적용하기

## 트랙백(Trackback)과 핑백(Pingback)

▷ 트랙백이란?

트랙백(Trackback)이란 서로 다른 웹사이트간의 알림을 제공하기 위해 디자인된 기능입니다. A라는 사람이 B라는 사람에게 "이 글은 아마도 네가 좋아할 내용이야"라고 말하고 싶을 때, A라는 사람이 B에게 보내는 것을 트랙백이라고 합니다.

트랙백을 자세하게 설명하면 다음과 같습니다.
홍식이가 블로그에 새로운 글을 올렸습니다.
재영이는 홍식이의 블로그에 댓글을 남기면서 재영이 자신이 운영하는 블로그 독자들에게 자신이 남긴 댓글을 보여주고 싶고 또한 그 내용에 독자들이 자유롭게 댓글을 달게 하고 싶습니다.
재영이는 자신의 블로그에 새로운 글을 올리고 홍식이의 블로그에 트랙백을 보냈습니다.
홍식이의 블로그는 트랙백을 받게 되고 홍식이가 작성한 원래 글에는 댓글이 표시됩니다. 이 댓글에는 재영이 블로그의 글 링크가 표시됩니다.

트랙백의 아이디어는 더욱 많은 사람들이 이들의 대화를 보게 하고 싶어서 탄생하게 되었습니다. 홍식이와 재영이 블로그의 독자들은 서로 다른 링크를 통해서 각각의 블로그로 이동할 수 있게 됩니다. 기본적으로 다른 블로그의 링크가 출처 형식으로 나타나기 때문에 신뢰성이 더욱 높아질 수 있다고 생각되지만 유입되는 트랙백이 유효한지 검증 절차를 거치지는 않습니다. 그렇기 때문에 스팸성 트랙백이 달릴 수 있는 문제도 발생하게 됩니다.
만약 재영이가 홍식이의 블로그에 트랙백을 보낼 경우 재영이의 글은 요약글(excerpt)로 전송됩니다. 홍식이의 블로그 독자들은 요약글을 보고 더욱 자세한 내용을 읽기 위해서는 링크를 클릭해 재영이의 블로그로 방문해야 합니다.
홍식이에게 보낸 재영이의 트랙백은 일반적인 댓글 형식으로 표시 됩니다. 즉, 홍식이는 자신의 블로그에 있는 콘텐츠를 수정할 수 있다는 뜻이며 결국 신뢰성이 낮아질 수 있다는 의미이기도 합니다. 재영이가 홍식이의 글에 트랙백을 설정하면 홍식이가 글의 내용을 수정하더라도 재영이 블로그의 독자들은 그 수정 사항을 알기 어렵다는 뜻입니다. 물론 홍식이는 자신의 글만 수정할 수 있으며 재영이의 글은 수정할 수 없습니다.

▷ **핑백이란?**

핑백(Pingback)에 대해 쉽게 설명하기 위해 한 가지 예를 들어보겠습니다. 홍식이가 흥미로운 글을 자신의 블로그에 올렸습니다. 재영이가 홍식이의 글을 읽고 그 주제에 대해 댓글을 달고 홍식이의 원본 글에 링크를 다시 걸었습니다. 재영이의 블로그는 자동적으로 홍식이에게 '당신의 글이 링크가 되었다.' 고 알림을 보내줍니다. 그리고 홍식이의 블로그에서는 이 핑백을 승인해줄 것인지 결정하게 됩니다.

핑백은 일반적으로 홍식이의 블로그에 단순히 재영이의 블로그 포스트 링크가 표시 되는 방식입니다. 이 경우 홍식이와 재영이 각자가 모든 내용을 컨트롤 할 수 있습니다. 핑백은 트랙백의 경우와 달리 트랙백을 받은 사람이 내용을 수정할 수 있습니다. 자동적인 검증 절차는 신뢰성을 높여주며 거짓 핑백이 만들기가 어렵다는 장점이 있습니다.

▷ **트랙백과 핑백의 차이점**

- 핑백과 트랙백은 완전히 다른 커뮤니케이션 기술을 사용한다(각각 XML-RPC와 HTTP POST).
- 핑백은 어떠한 콘텐츠도 보내지 않는다.

어떤 사람들은 트랙백이 핑백에 비해 뛰어나다고 생각합니다. 왜냐하면 A 블로그의 독자들은 적어도 B 블로그에서 이 글에 대해 어떠한 얘기가 있었는지 알 수 있기 때문입니다. 또한 A 블로그의 독자들이 트랙백을 보고 더 자세히 알아볼 것인지 결정하게 되며 만약 마음에 든다면 B 블로그를 방문하는 과정을 거치게 됩니다.

하지만 또 다른 사람들은 핑백이 포스트 사이에 증명할 수 있는 연결성을 만들어 신뢰성을 높여주기 때문에 핑백이 트랙백 보다 더욱 뛰어나다고 말하기도 합니다.

## 트랙백과 핑백 추가하기

- **트랙백 달기**

트랙백은 워드프레스 기본 설정에서는 비활성화 되어 있는 기능입니다.

01 트랙백 기능을 활성화하기 위해서 새로운 글쓰기 화면으로 이동합니다. 다음 그림과 같이 '글 > Add New'로 이동합니다. 또한 다음 그림과 같이 글쓰기 화면의 상단 '화면 옵션'을 클릭하면 '화면에 보여주기'가 나타납니다. 여기서 '트랙백 보내기' 체크 박스를 선택합니다.

■ 화면 옵션의 설정

02 글쓰기 하단 부분을 보면 '트랙백 보내기'라는 옵션이 추가 된 것을 확인할 수 있습니다.

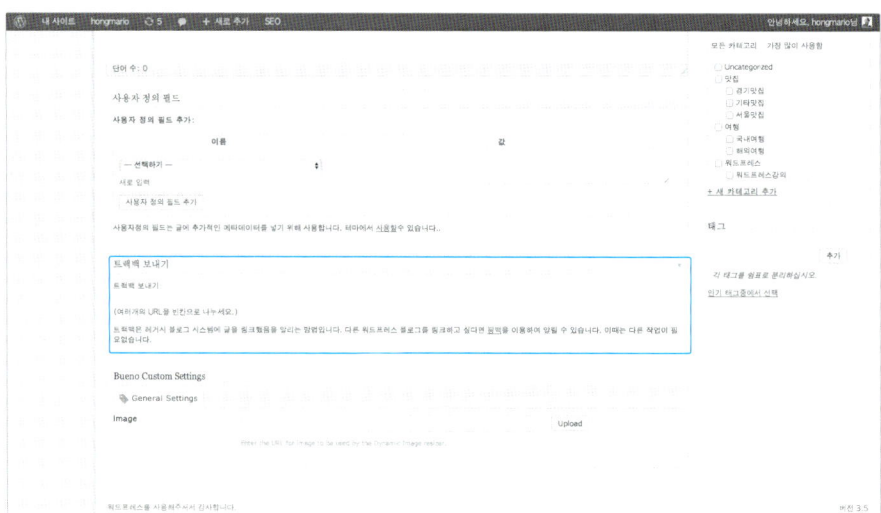

■ 트랙백 보내기 옵션이 추가된 화면

03 이 부분에 원하는 URL을 입력 후 해당 글을 저장하면 트랙백이 추가됩니다. 하지만 아래 예시와 같이 URL 뒤에 반드시 '/trackback/'을 붙여야 합니다.

- 트랙백 보낼 URL: http://www.wordpressn.com/blog/2012/10/18/groupon-blog/
- 트랙백 URL: http://www.wordpressn.com/blog/2012/10/18/groupon-blog/trackback/

다음 그림과 같이 WordPressn.com의 글에 홍마리오닷컴 글의 URL을 추가했습니다.

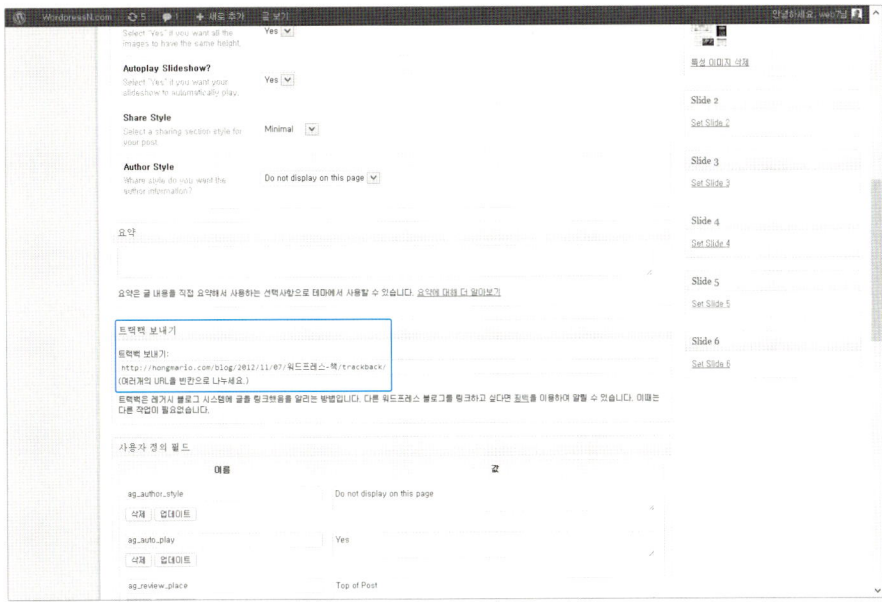

■ 트랙백 보내기

04 위의 경우 트랙백을 추가한 WordPressn.com에 해당 트랙백이 표시되는 것이 아니라 홍마리오닷컴의 포스트에 WordPressn.com에서 트랙백을 추가했다는 것을 해당 글의 '댓글'을 통해 확인할 수 있게 됩니다. 해당 트랙백을 승인하거나 삭제할 수 있습니다.

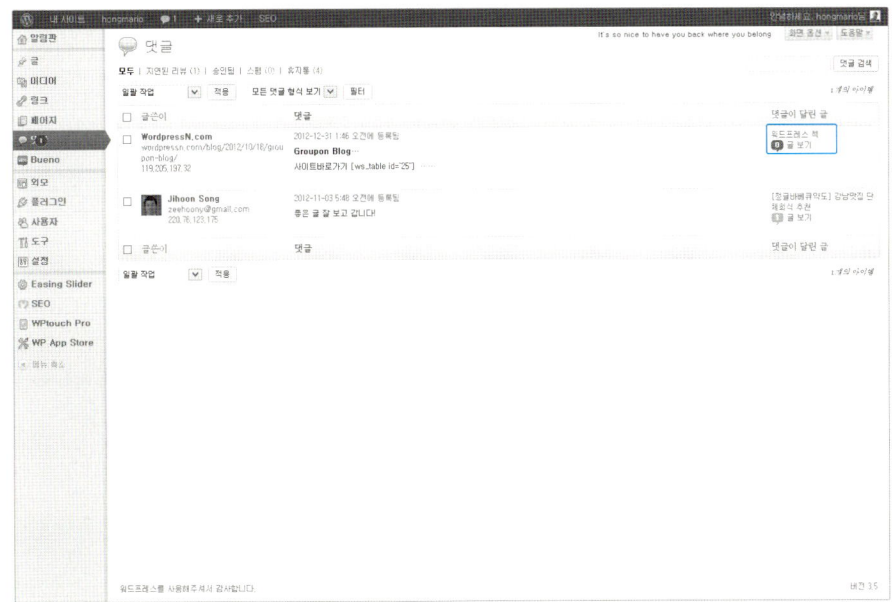

■ 댓글에 추가된 트랙백 알림

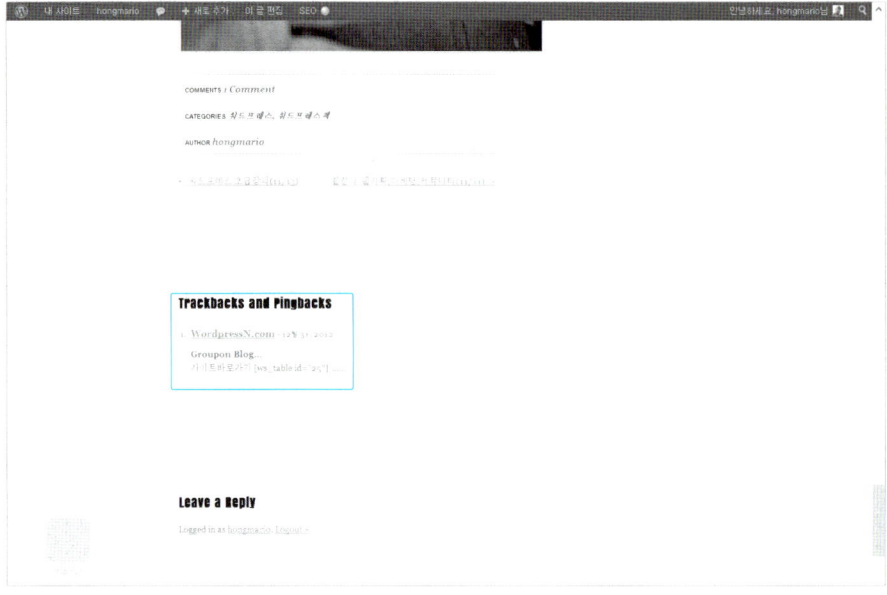

■ 새롭게 추가된 트랙백

## 숏코드를 이용해서 포스트에 구글광고 삽입하기

워드프레스에서 숏코드(Shortcode)를 활용하는 방법은 다양합니다. 숏코드는 긴 문장을 간단한 명칭으로 대체하거나, 반복되는 문장에 사용합니다.

이 섹션에서는 구글광고 코드(스크립트)를 숏코드로 만들어서 사용하는 방법에 대해서 알아보겠습니다. 숏코드가 목적이므로 구글 Adsense 사용방법에 대해서는 생략하겠습니다.

01 구글 Adsense에서 광고를 만들면 다음 그림과 같이 광고코드를 얻게 됩니다. 이 광고코드로 홈페이지의 특정한 위치에 삽입하면 광고가 보이게 됩니다. 이 광고코드를 복사(Ctrl+C) 또는 메모장에 넣습니다.

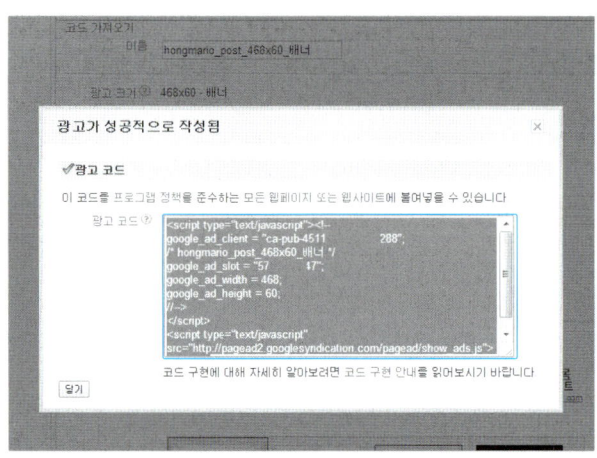

■ 구글 Adsense 광고코드 화면

02 워드프레스 숏코드를 만들기 위해서 해당 테마의 functions.php 안에 숏코드 관련 코드와 구글 광고코드를 삽입해야 합니다. '알림판 〉 외모 〉 편집기' 메뉴를 클릭한 후 템플릿 목록에서 테마함수(functions.php)를 클릭합니다.

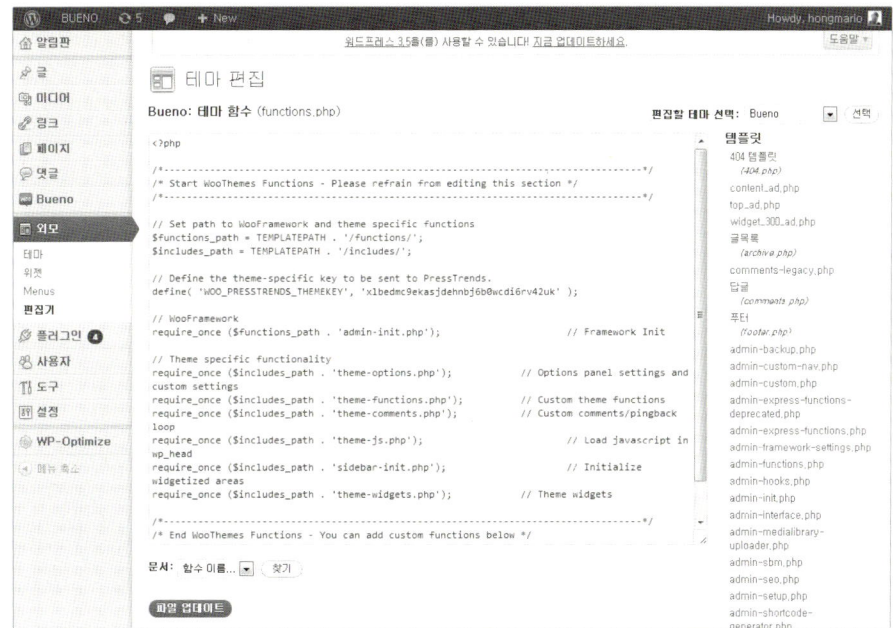

■ 테마함수(functions.php) 선택 화면

**_tip_**

http://codex.wordpress.org/Shortcode_API(wordpress.org에서 제공하는 숏코드 관련 API)

03 다음 그림과 같이 소스 코드 가장 아래 '/*****/ ~ ?>' 사이에 다음 소스 코드를 추가합니다. 굵게 표시된 부분은 구글 광고 코드입니다.

```
add_shortcode('gads_468x60',
'cads_468x60');

function cads_468x60() {
return '<script type="text/javascript"><!--
google_ad_client = "ca-pub-45XXXXXXXX88";
/* hongmario_post_468x60_배너 */
google_ad_slot = "XXXXXXXXXXX";
google_ad_width = 468;
google_ad_height = 60;
```

■ 파일명 : 1장-129

```
//-->
</script>
<script type="text/javascript"
src="http://pagead2.googlesyndication.com/pagead/show_ads.js">
</script>';}
```

**04** 'add_shortcode('숏코드명칭', '함수명칭');' 숏코드 명칭은 포스트나 페이지에서 사용할 코드명입니다. 숏코드명칭이 포스트에서 불렸을 때(호출되었을 때) 함수 명칭이 동작하여 실제 구글 광고 코드를 포스트에 추가하게 됩니다.

```
function 함수명칭() {
    구글 광고코드;
}
```

```
Bueno: 테마 함수 (functions.php)                         편집할 테마

custom settings
require_once ($includes_path . 'theme-functions.php');     // Custom theme functions
require_once ($includes_path . 'theme-comments.php');      // Custom comments/pingback loop
require_once ($includes_path . 'theme-js.php');            // Load javascript in wp_head
require_once ($includes_path . 'sidebar-init.php');        // Initialize widgetized areas
require_once ($includes_path . 'theme-widgets.php');       // Theme widgets

/*-----------------------------------------------------------------*/
/* End WooThemes Functions - You can add custom functions below */
/*-----------------------------------------------------------------*/

add_shortcode('gads_468x60', 'cads_468x60');

function cads_468x60() {
return '<script type="text/javascript"><!--
google_ad_client = "ca-pub-451          288";
/* hongmario_post_468x60_배너 */
google_ad_slot = "57       47";
google_ad_width = 468;
google_ad_height = 60;
//-->
</script>
<script type="text/javascript"
src="http://pagead2.googlesyndication.com/pagead/show_ads.js">
</script>';
}
?>
```

■ 숏코드와 구글 광고코드 추가 화면

05 숏코드 생성이 완료되었습니다. 이번에는 포스트에 숏코드를 삽입해보겠습니다. 포스트 어느 위치와 상관없이 '숏코드 명칭'인 'gads_468x60'을 추가합니다.

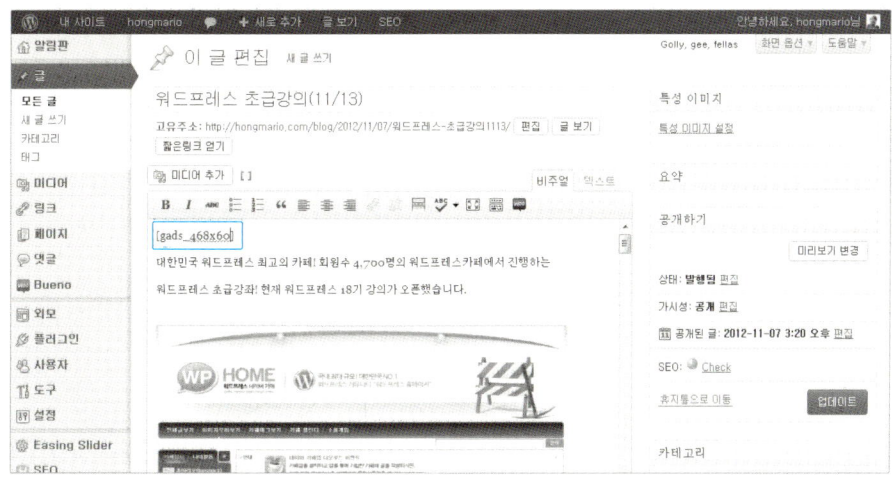

■ 포스트내 숏코드 추가 화면

06 실제 포스트 내용을 보면 구글 광고가 적용됨을 확인할 수 있습니다.

■ 포스트 내 구글 광고 화면

이 장에서는 기업 웹사이트를 세련된 디자인으로 리뉴얼하고 콘텐츠와 SNS 등을 효율적으로 전개하고 최적화시킬 수 있는 방법을 알아보겠습니다. 워드프레스를 이용하여 개설한 기업 웹사이트, 비즈니스 목적의 워드프레스로 개설된 사이트들의 대부분은 유료테마를 사용하고 있습니다.

이 장에서는 유료테마 중 가장 인기 있고 이용자가 많은 themeforest 테마 중, Extra News(http://goo.gl/kxudO)를 사용해서 저자들이 구축중인 워드프레스 포털사이트 '워드프레스N'(wordpressn.com)의 제작과정에 적용하는 일련의 과정 등을 설명함으로써 나만의 사이트 제작 시 바로 적용할 수 있도록 설명하였습니다.

워드프레스 실전활용
블로그형 홈페이지 · 웹사이트 만들기

# 웹사이트 리뉴얼 & 만들기

**Chapter 02**

Lesson 01 콘텐츠 영역 편집하기
Lesson 02 디자인 개발하기
Lesson 03 코드 캐논 활용하기

Chapter 02  Lesson 01

# 콘텐츠 영역 편집하기

일반적으로 기업 웹사이트는 사이트의 목적에 맞게 기획되고 제작되어야 합니다. 콘텐츠 영역은 매우 중요한 영역이며, 사이트에서 가장 중요한 요소이므로 해당 콘텐츠를 어떻게 표현해야 유저들이 쉽게 이해하고 전달 효과가 좋을지 항상 고민하게 됩니다. 이 섹션에서는 포스트 관련해서 테이블 만들기와 투표기능, 구글맵 적용 등을 통해서 기업 웹사이트의 콘텐츠를 커스터마이징(Customizing)하는 방법들을 알아보겠습니다.
콘텐츠 영역은 코드캐논을 활용한 visual composer와 quform 활용 그리고 글쓰기 예약, 다음뷰, 포스트 배경 넣기 등을 활용하면 더욱 알찬 웹사이트를 만들 수 있습니다.

## 포스트 테이블 만들기

포스트 글쓰기 영역에 테이블을 만드는 것은 글쓰기 편집기에서 html 탭을 이용해서 사용해도 되지만, 같은 형식의 테이블 등을 자주 사용할 경우에는 플러그인을 활용하는 편이 좋습니다.
특히, 테이블로 본문 내용을 꾸미게 되면 정보들을 일목요연하게 보여주고, 수치화된 자료나 명확한 정보전달이 가능해 전달할 내용을 더욱 깔끔하고 효율적으로 전달할 수 있습니다. 여기서 추천하는 플러그인은 테이블 플러그인 중 'Websimon Tables' 입니다. 이 플러그인은 HTML, PHP 등 웹지식이 없어도 표를 빠르고 쉽게 만들 수 있는 인기 플러그인중 하나입니다.
이 섹션에서는 wordpressn.com에 활용한 'Websimon Tables' 플러그인 사용 방법에 대해서 알아보겠습니다.

01 '알림판 〉 플러그인 〉 플러그인 추가하기'에서 'Websimon Tables'를 검색하고 설치한 후 활성화하면 다음 그림과 같이 'Websimon Tables(버전 1.3.2 기준)'을 확인할 수 있습니다.

■ '알림판 〉 플러그인 〉 플러그인 설치' 화면

02 'Websimon Tables' 플러그인이 활성화되면 '알림판 〉 도구 〉 Websimon Tables' 메뉴와 다음 그림과 같이 플러그인의 화면이 보입니다.

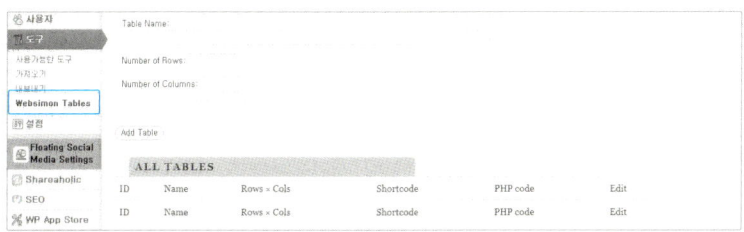

■ '알림판 〉 도구 〉 Websimon Tables' 선택

## 테이블 만들기

테이블을 만들기에 앞서 어떤 테이블을 만들 것인지 대해 간략하게 설명을 드리겠습니다. 이 책에서 사이트의 제작 과정을 설명하는 wordpressn.com 사이트는 국내외 워드프레스로 만들어진 사이트와 주요테마, 플러그인, 강좌 등의 정보를 소개하는 워드프레스 포털사이트입니다. 미국 명문대학인 하버드대학교의 로스쿨 홈페이지(Havard Law)는 워드프레스로 만들어진 사이트로, 이에 대한 설명을 테이블로 만들어 보겠습니다.

01 'Havard Law' 제목의 가로3줄, 세로2줄의 테이블을 만들어보겠습니다. 테이블을 만들기 위해서는 다음 그림과 같이 테이블의 이름과 숫자를 입력한 후 'Add Table' 버튼을 클릭하면 'ALL TABLES'에 해당 테이블의 숏코드와 PHP 코드가 생성된 것을 확인할 수 있습니다.

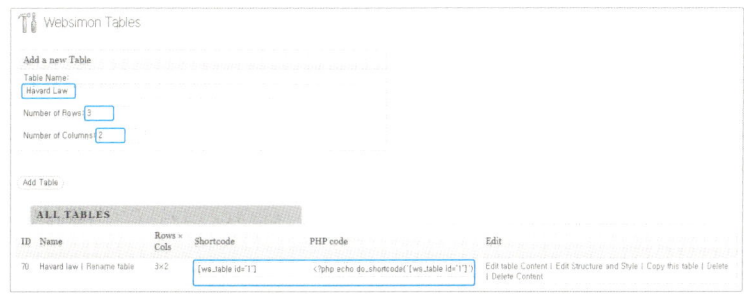

■ '알림판 〉 도구 〉 Websimon Tables-Add a Table' 테이블 생성화면

위 그림의 내용을 설명하면 다음과 같습니다.

- **Add a new Table**
  - Table Name : 작성할 테이블의 이름을 입력합니다.
  - Number of Rows : 행(가로)의 수
  - Number of Columns : 열(세로)의 수

- **ALL TABLES**
  - NAME : 위 그림에서 입력한 이름이 표시되고, Rename을 클릭하면 이름을 변경할 수 있습니다.
  - Rows x Cols : 해당 테이블의 행, 열이 표시되며, Edit 항목에서 변경할 수 있습니다.
  - Shortcode : 해당 테이블의 Short Code로, 추후 포스트에 이 숏코드를 붙여넣기하면 작업이 간편해집니다. 참고로 ID='숫자'는 테이블이 만들어진 순서대로 자동으로 부여되는 숫자로 여기서는 이 테이블이 다섯 번째로 만들어진 테이블이라는 의미입니다.
  - PHP code : 해당 테이블의 PHP Code이며, HTML모드에서 붙여넣기를 할 수 있습니다.
  - Edit : 테이블 행, 열 조정, 내용 입력 및 스타일 설정, 복사, 삭제할 수 있습니다.

## 테이블 내용 입력하기

**01** 테이블안의 내용을 입력하기 위해서 해당 테이블의 'Edit tables Content' 탭을 클릭합니다.

■ '알림판 〉 도구 〉 Websimon Tables – Edit Table Content' 박스 화면

**02** 다음과 같이 내용을 입력 후 'Save Table Content' 버튼을 클릭하면 아래에 테이블이 만들어지며 저장하면 다음 그림과 같이 미리보기가 가능합니다.

■ '알림판 > 도구 > Websimon Tables-Edit Table Content' 테이블 내용 입력 화면

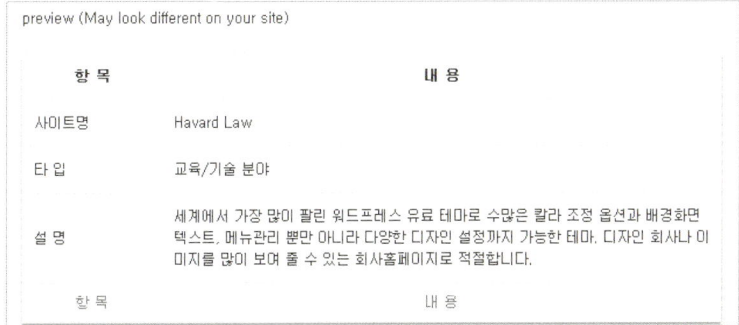

■ '알림판 > 도구 > Websimon Tables – Edit Table Content – preview' 화면

테이블의 행, 열을 추가, 삭제 또는 상, 하, 전, 후 순서를 변경할 경우에는 다음 그림의 버튼을 클릭하면 됩니다.

■ 추가 변경 버튼 화면

## 테이블 꾸미기

**01** 테이블을 만들었다면 테이블에 색상을 넣거나 다양한 스타일로 꾸밀 수 있는 'Edit Table Structure&Style'을 클릭합니다.

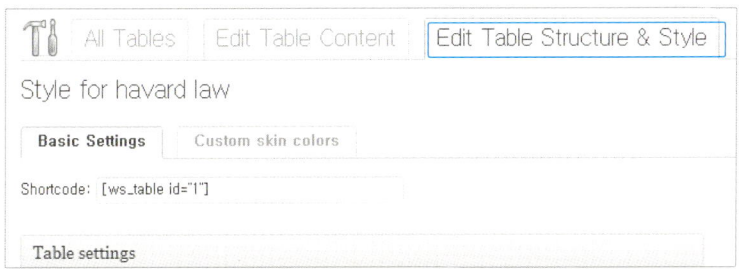

■ '알림판 > 도구 > Websimon Tables-Edit Table Structure & Style Settings' 화면

02 다음 그림과 같이 'Table Settings'에서는 테이블의 스킨 및 텍스트 크기, 셀의 가로세로 크기 등 테이블의 세부적인 부분을 원하는 대로 꾸밀 수 있습니다.

■ '알림판 〉 도구 〉 Websimon Tables – Edit Table Structure & Style –Table Settings' 화면

03 각 항목별로 원하는 수치를 입력하고 '저장' 버튼을 클릭하면 테이블에 바로 적용이 되기 때문에 수정된 테이블을 실시간으로 확인할 수 있습니다. 위 그림의 항목을 설명하면 다음과 같습니다.

- Skin : 스킨은 총 11가지가 있으며, 취향에 따라 선택할 수 있습니다. 별도로 지정하지 않으면 기본으로 Minimilist White가 적용됩니다.
  - Font size Table Header : 항목의 글자크기
  - Line height Headlines : 항목 셀의 테이블 높이
  - Text Align Headlines : 항목의 텍스트 위치
  - Font size Table Body : 내용의 글자크기
  - Line height body text : 내용 셀의 테이블 높이
  - Horizontal text align body : 내용 셀의 가로 위치
  - Vertical text align body : 내용 셀의 세로 위치
  - Fixed table width : 고정테이블 넓이
  - Custom cell padding : 셀의 내용과 셀 테두리 사이의 거리
  - Number of Rows : 열의 갯수
  - Number of Columns : 행의 갯수
  - Column width : 행의 넓이(전체 100% 기준으로 각 행마다 넓이를 정하면 됩니다.)

04 추가적으로 테이블 테두리와 Hover 효과(마우스 오버시 이미지 색상 변경 효과)를 원한다면 다음 그림과 같이 'More Styles and effects'를 설정 및 저장합니다. 이제 테이블 만들기의 모든 작업이 완료되었습니다.

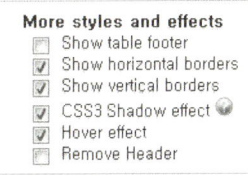

- '알림판 〉 도구 〉 Websimon Tables – Edit Table Structure & Style – More Styles and effects' 설정화면

## 작성된 테이블 포스트에 넣기

01 해당 테이블의 숏코드를 복사해서 포스트 안에 붙여넣기만 하면 되는데 숏코드는 다음 그림과 같이 Shortcode 박스안의 [ws_table id="1"]에서 확인할 수 있습니다. 참고로 id='숫자'는 테이블이 만들어진 순서에 따라 자동적으로 발생됩니다.

- '알림판 〉 도구 〉 Websimon Tables – ALL TABLES-Shortcode'

02 모든 테이블 설정 작업이 완료되면 위 그림의 [ws_table id="1"]을 복사한 후 다음 그림과 같이 새 글을 작성하여 포스트안에 붙여넣기 합니다.

- '알림판 〉 글 〉 Add New – 테이블 숏코드'를 적용한 화면

03 다음 그림은 'Havard Law'라는 워드프레스로 만든 해외사이트에 대한 설명을 테이블을 이용하여 작성한 포스트입니다. 테이블 없이 작성하는 것보다 테이블을 이용하면 더욱 깔끔한 포스팅을 할 수 있습니다.

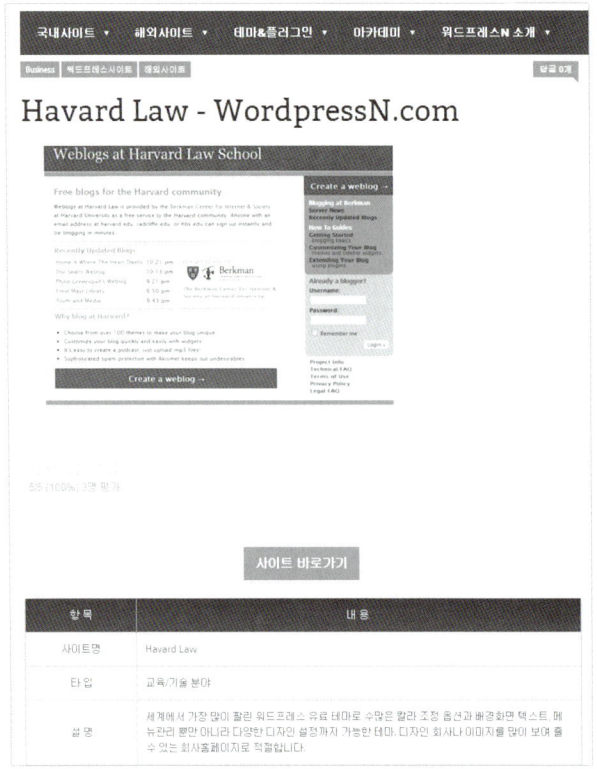

■ 테이블을 이용하여 작성한 포스트 화면

# 게시글 투표기능 추가하기

웹사이트 또는 블로그를 운영하면서 작성한 콘텐츠가 방문자들에게 얼마나 유익했는지 또는 포트폴리오나 사이트가 얼마나 호응도가 높은지 등은 웹사이트 또는 블로그 개선에 좋은 자료가 될 수 있습니다. 이런 경우 각 포스트 별로 방문자들에게 평가 받을 수 있는 플러그인을 통해 해결이 가능합니다.

좀 더 구체적으로 이 플러그인의 사용 목적을 아래와 같이 정하고 설정해 보도록 하겠습니다.

- 페이지나 아카이브를 제외한 포스트 평가만 가능하도록 하기
- 한 번 투표한 사람은 투표하지 못하도록 하기
- 손쉬운 커스터마이징

> **_tip_**
> 아카이브(Archive)란 파일 전송을 위해 백업용, 보관용, 기타 다른 목적으로 한곳에 모아둔 일단의 파일입니다. 단순한 파일 목록이거나 디렉터리 혹은 카탈로그로 된 파일들이며, 지원되는 프로그램에 따라 달라진다. (출처-네이버지식백과)

'Rating(등급)'이라는 검색어로 플러그인을 검색할 경우 약 800개 이상의 투표 플러그인을 찾을 수 있습니다. 그 중에서 위의 기준에 해당하는 그리고 사용자들이 쉽게 사용할 수 있는 'Rating-Widget' 플러그인으로 설명하도록 하겠습니다.

지금부터 'Rating-Widget' 플러그인을 통해 내 웹사이트 내 평가 시스템을 추가하도록 해 보겠습니다.

## 플러그인 설치하기

**01** '알림판 > 플러그인 설치 > Rating-Widget'을 검색한 후 설치합니다.

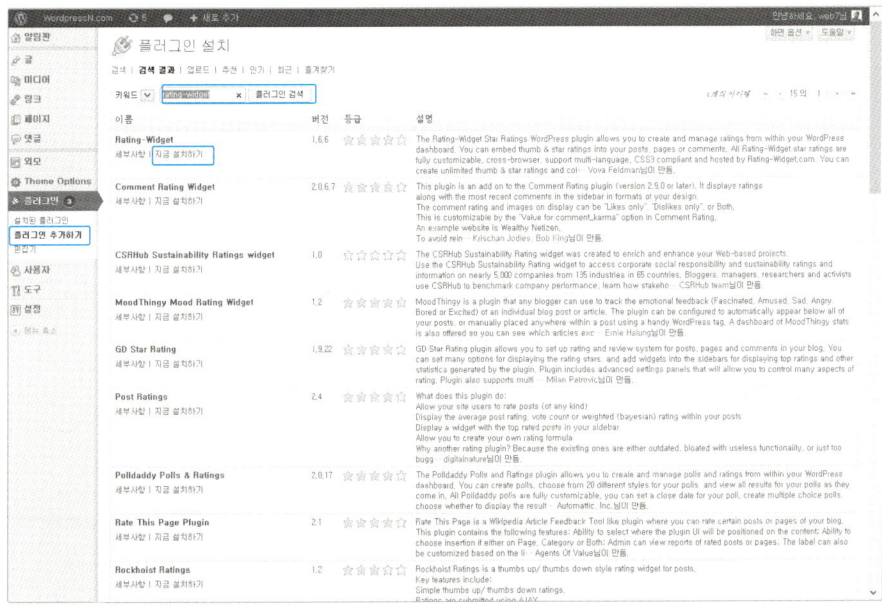

■ 'Rating-Widget' 플러그인 검색

02 플러그인을 설치하면 알림판 중간에 'Ratings' 메뉴가 추가됩니다. 이곳에서 'Rating-Widget'의 세부 설정이 가능합니다. 위젯을 사용하기 전에 해당 플러그인에 대한 이용 약관에 동의해야 합니다. 이용약관에 동의 후 철자(보안문자-CAPTCHA)를 정확히 입력하고 'I accept_Activate Account' 버튼을 클릭합니다. 'Rating-Widget'의 관리자 화면으로 이동합니다. 'Rating-Widget'은 'Basic'과 'Advaced'의 두 가지 옵션을 제공합니다. 먼저 플러그인에 대한 기본적인 설정을 헐 수 있는 'Basic' 옵션부터 설정해 보겠습니다.

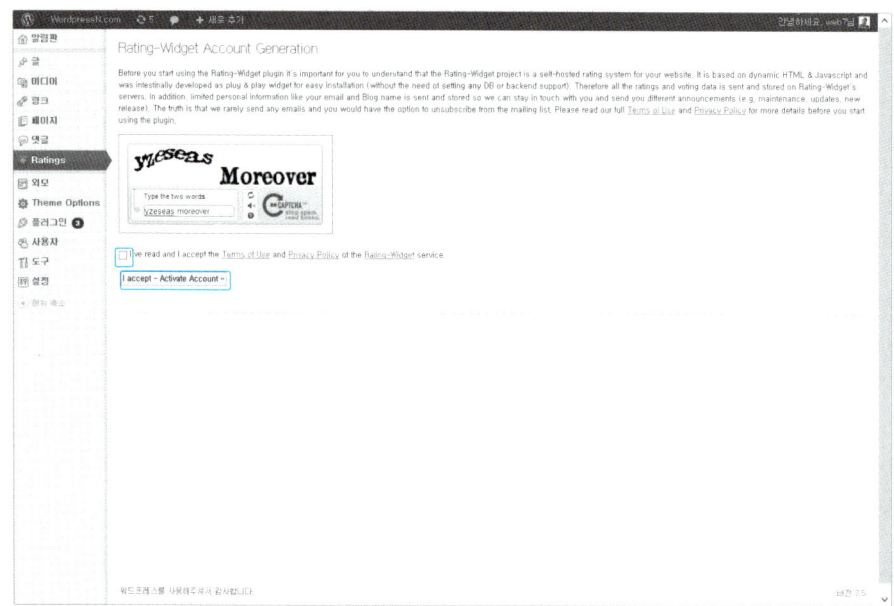

■ 'Rating-Widget'을 사용하기 위한 이용 동의


## Basic 옵션 설정하기

'Rating-Widget'은 블로그 포스트, 메인 페이지, 페이지, 댓글 등 총 4가지 부분에 대한 평점을 매길 수 있는 기능을 제공합니다. Basic 옵션에서는 위 4가지 부분 각각에 대한 설정을 할 수 있도록 되어 있습니다. 각 부분 별로 동일한 설정 화면을 제공합니다.


▷ 플러그인 표시 설정하기

다음 그림과 같이 첫 번째 박스에서는 플러그인의 표시 유·무를 선택하게 됩니다. 'Enable for Blog Posts'를 체크하면 해당 플러그인이 노출되며 체크 해제 시 해당 플러그인은 보이지 않게 됩니다. 또한 'Rating-Widget Options'에서는 표시될 이미지 형식을 선택할 수 있습니다. 투표 형태를 '별표' 또는 '손가락'으로 설정이 가능하며 '별'과 '손가락'의 크기 및 테마 설정 등을 할 수 있습니다. 'Advanced Settings'를 클릭할 경우 언어 설정도 한국어로 변경이 가능합니다.

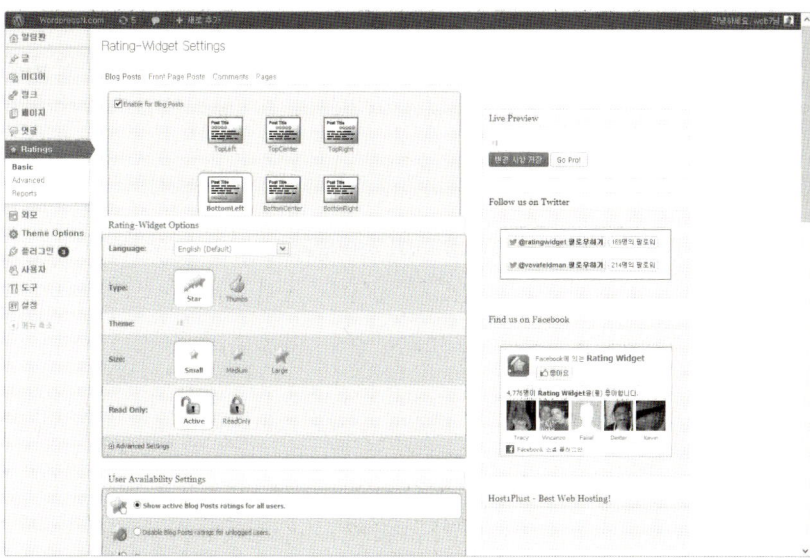

■ 'Rating-Widget'의 Basic 설정

▷ 기타 설정하기

투표 권한을 로그인 한 사용자에게만 허용할 지, 누구에게나 허용할지를 설정할 수 있으며, 또한 투표 기능이 모든 블로그에 표시가 될지 아니면 특정 블로그 포스트에만 표시할지 등도 설정할 수 있습니다. 그리고 특정 카테고리에만 해당 투표 기능이 노출되도록 설정 할 수 있도록 하거나 중복 투표를 허용할지 등도 설정 가능합니다.

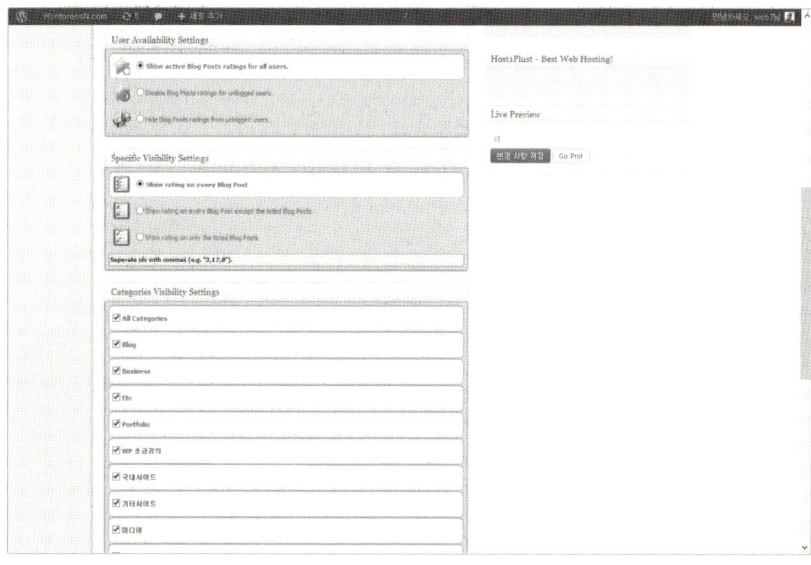

■ 'Rating-Widget'의 기타 설정

▷ **Advanced 옵션 설정하기**

Advanced 옵션 설정에서는 모바일 페이지에서도 투표 기능 노출 설정 또는 기본 설정 되돌리기 기능 등을 제공합니다.

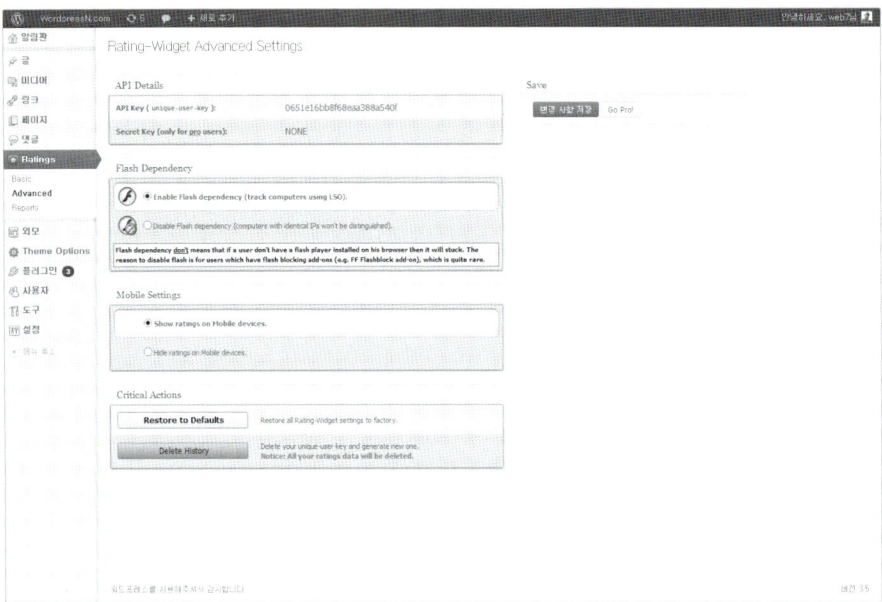

■ 'Advanced'를 통한 추가적인 기능 설정

다음 그림은 모든 설정이 완료된 화면입니다. Havard Law 아래에 별표 5개가 표시된 것을 확인할 수 있으며, 별표에 투표를 할 수 있게 되어 있습니다.

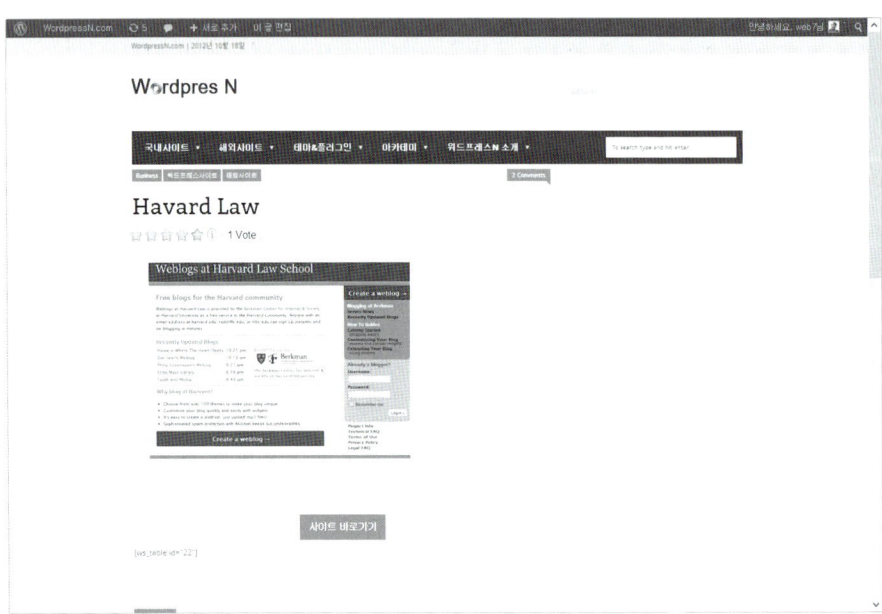

■ 'Rating-Widget' 설치가 완료된 페이지

## 구글맵을 활용한 지도 삽입하기

이번 장에서는 구글맵을 활용한 지도 삽입을 해보도록 하겠습니다. 구글맵에 관한 워드프레스 플러그인은 MapPress Easy Google Maps, Comprehensive Google Map Plugin 등 많이 있지만 구글맵 자체만으로 쉽게 웹사이트에 적용할 수 있습니다.

01 구글맵 사이트(http://map.google.com)에 접속합니다.

■ 구글맵 사이트 초기화면

02 구글맵 초기화면의 검색창에 회사주소를 입력합니다. 참고로 여기서 사용한 회사주소는 지인의 회사주소로 워드프레스와는 관계없는 회사이니 참고바랍니다. 주소를 입력하면 다음 그림과 같이 주소가 구글맵에서 표시됩니다. 이때 위 그림에서 지도 왼쪽 상단에 위치한 '링크탭'을 클릭합니다.

■ 구글맵 주소창에 회사주소 입력하기

03 지도의 약식 URL값과 html소스에 들어갈 설정값이 나옵니다. 우측 하단의 '삽입할 지도 맞춤설정 및 미리보기'를 클릭합니다.

■ 구글맵 링크 클릭 시 나타나는 화면

04 다음 그림과 같이 팝업창이 생깁니다.

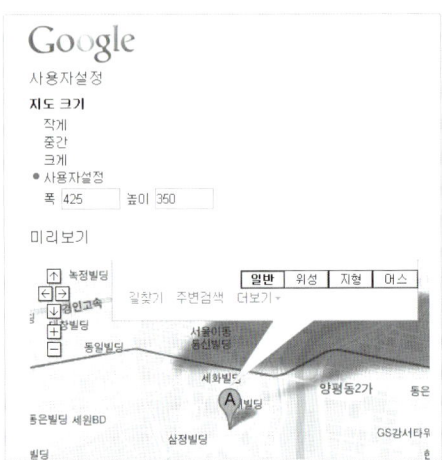

■ 구글맵에서 삽입할 지도 맞춤설정 및 미리보기 실행 시 나타나는 팝업

05 여기서 본인이 원하는 지도 사이즈를 설정합니다. 워드프레스 테마별로 차이가 있지만 여기서는 넓게 보기 위해서 가로×세로 픽셀을 600×400으로 설정해보겠습니다

다음 그림처럼 '사용자설정'을 클릭해서 사이즈를 입력하면 아래와 같이 지도의 사이즈가 변경됩니다. 그리고 가장 아래에 있는 소스 전체를 선택하여 복사합니다.

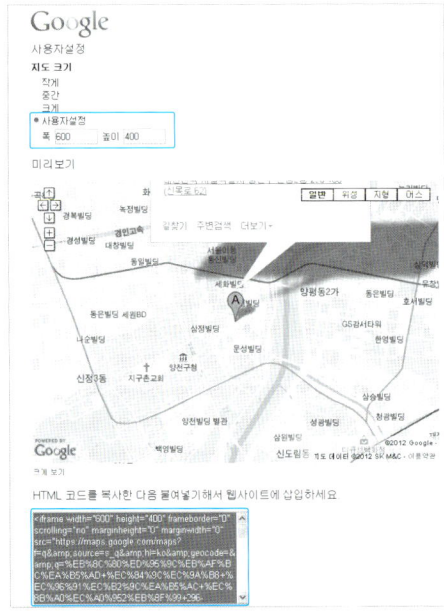

■ 구글맵에서 소스 값 가져오기

06 이제 워드프레스 알림판으로 이동하겠습니다. '알림판 〉 페이지 〉 페이지추가' 메뉴를 선택한 후 제목에 '회사약도' 라고 입력하고 약도에 대한 설명 문구를 다음 그림과 같이 작성합니다.

■ 페이지에서 회사약도 제목과 내용 입력하기

07 이제 페이지 편집기 우측 상단에 있는 'HTML' 탭을 클릭합니다. 그리고 앞에서 복사한 HTML 소스를 붙여넣기를 실행합니다.

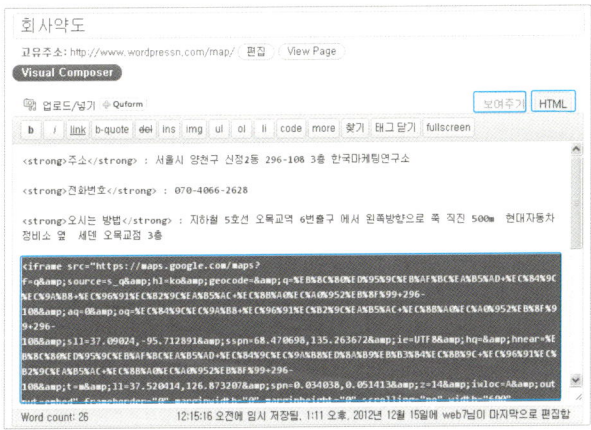

■ 회사약도 페이지 html탭에 구글맵 소스값 붙여넣기

08 '보여주기' 탭을 클릭하면 다음 그림과 같이 보입니다.

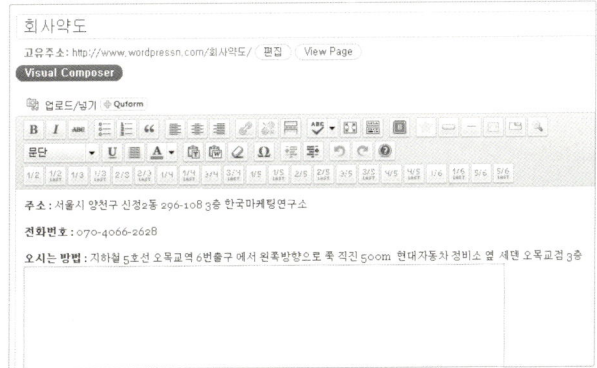

■ 페이지 편집이 완료되었을 때 보기 화면

10 실제 사이트에서 어떻게 보이는지 확인합니다.

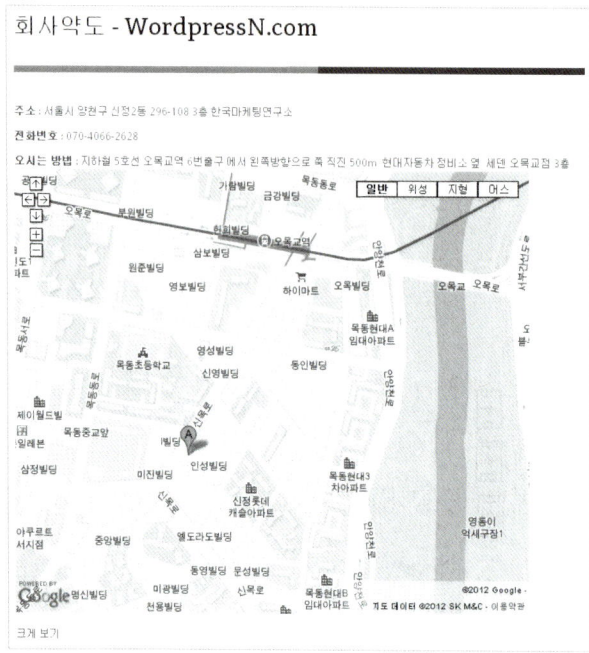

■ 워드프레스 홈페이지에서 회사약도 구현화면

Chapter 02   Lesson **02**

# 웹 사이트
# 디자인 & 개발하기

기업 웹사이트의 디자인을 수정하려면 반드시 CSS 소스를 수정해야 합니다. 구글크롬 개발 도구를 이용해서 CSS를 수정하는 방법과 숏코드 및 푸터를 수정해서 다양한 효과를 발휘할 수 있는 방법을 알아보도록 하겠습니다.

## 웹사이트의 색상 및 CSS 수정하기

다양한 색상의 템플릿을 제공하는 여타 유료 테마와는 다르게, Extra News(http://goo.gl/VTqnY) 테마는 기본적으로 녹색 계열의 스킨만 지원합니다. 같은 색상을 그대로 사용하기 보다는 자신이 원하는 색상으로 변경해서 사용하길 원하시는 분들을 위한 CSS 변경을 통한 수정 방법에 대해 알아보겠습니다. CSS는 단 몇 페이지 분량으로 설명할 수 없기 때문에 관련 서적을 참조하거나 'w3school.com'의 CSS 코너를 활용하시기 바랍니다.

**01** Extra News의 모든 설정은 테마 옵션(Theme Option)을 통해 이루어집니다.

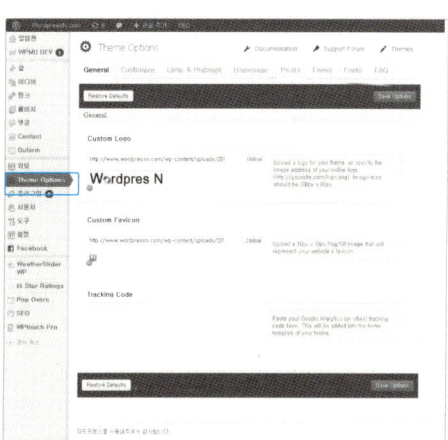

■ '테마 옵션' 페이지

02 테마 옵션에서 링크와 하이라이트(Links & Highlight) 탭을 클릭합니다. 이 탭에서는 테마의 색상과 링크 색상 등을 변경할 수 있습니다. 기본 색상은 '#00a498'을 사용하고 있습니다. 이 색상을 분홍색으로 변경 해보겠습니다.

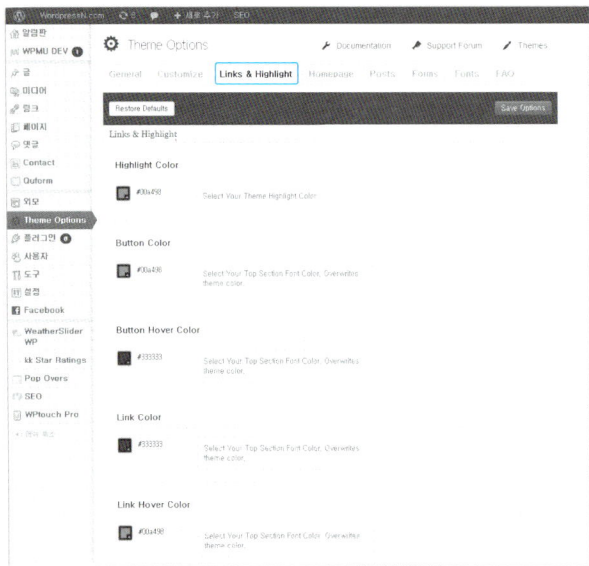

■ 링크와 하이라이트 옵션

03 다음과 같이 '#00a498'을 '#ff5099'로 변경한 후 'Save Options' 버튼을 클릭하여 저장합니다.

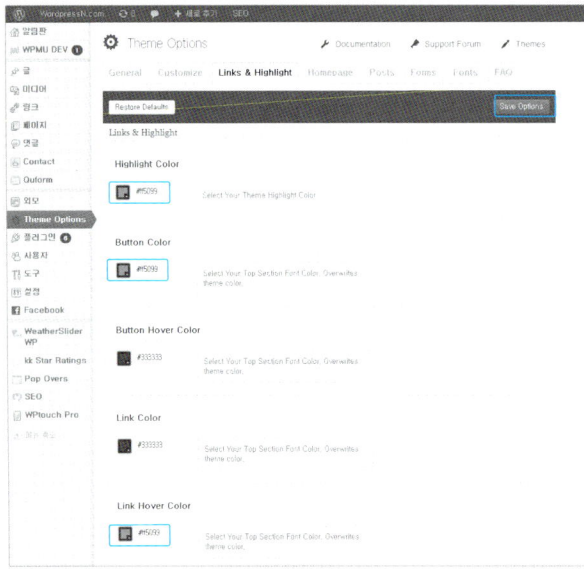

■ 분홍색으로 변경

04 분홍색으로 변경한 최종 화면입니다. 전체적인 색상이 통일감있게 적용되었습니다. 하지만 Extra News 테마 옵션에서 변경할 수 있는 색상 부분에는 제약이 있습니다. 옵션에서 제공하지 않는 부분의 색을 변경해보도록 하겠습니다.

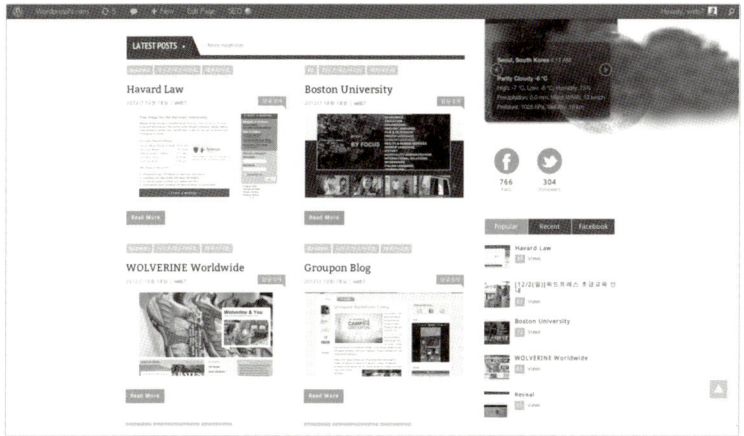

■ 분홍색 적용 화면

05 Extra News 테마는 제목 위쪽에 카테고리가 박스 형태로 출력됩니다. 해당 박스의 색상을 변경해보겠습니다. 구글 크롬 개발자 도구 기능을 활용해보겠습니다. F12 키를 눌러 개발자 도구를 활성화시킨 후 카테고리 박스를 클릭하면 해당 소스 코드와 CSS가 우측에 나타납니다. 우측의 'Background: #C1C1C1' 부분이 현재 박스에 지정된 색입니다.

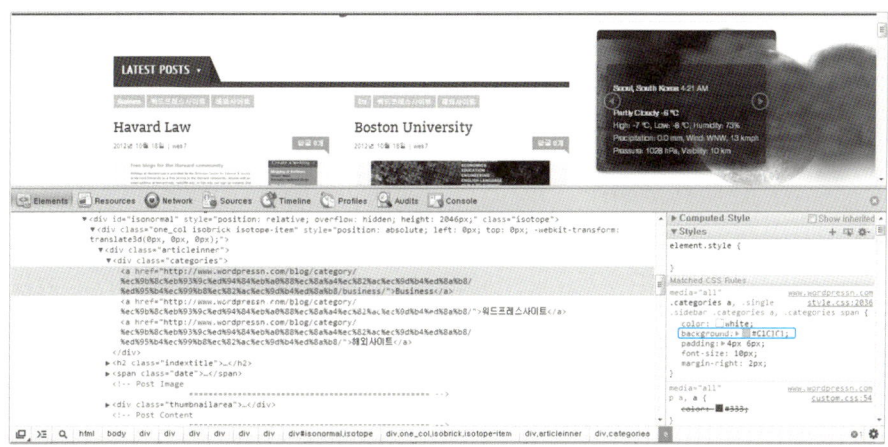

■ 카테고리 박스의 CSS 코드 찾기

06 '#C1C1C1' 영역을 더블 클릭한 후 원하는 색상으로 변경합니다. 여기서는 '#f594cc' 색상값을 지정한 후 Enter 키를 누르면 다음 그림과 같이 색이 적용됩니다. 하지만 색상값이 적용되더라도 CSS가 수정이

된 것은 아닙니다. 크롬 개발자 도구는 HTML이나 CSS를 현재 페이지 상태를 유지하면서 조금씩 수정할 때 유용한 툴이기 때문이며 소스를 직접적으로 바꿔주지는 않습니다.

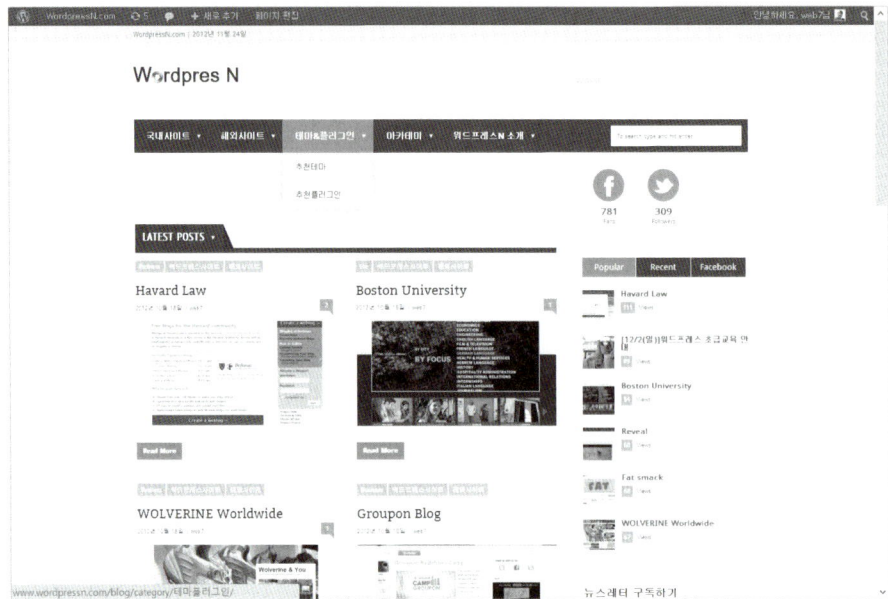

■ 카테고리 박스의 색상 변경

07 마우스가 위치한 style.css을 클릭합니다. style.css를 클릭하면 현재 변경된 CSS 파일을 볼 수 있습니다.

■ 변경된 CSS 파일을 보기 위해 style.css를 클릭

08 클릭 후 이동되는 화면에서 현재 수정된 CSS 코드를 확인 할 수 있습니다. 그 부분을 마우스로 드래그한 후 'Ctrl + C' 키를 눌러 복사합니다.

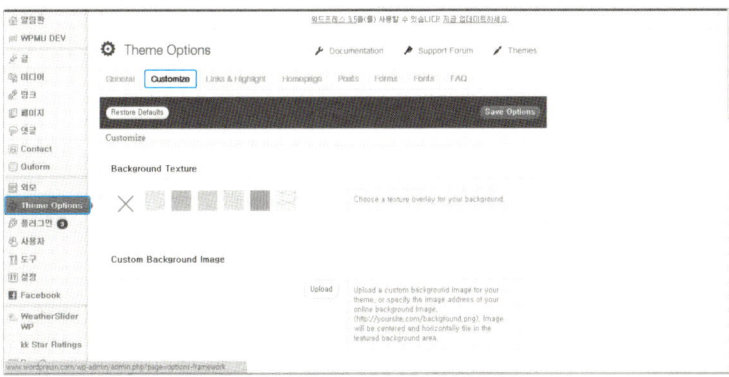

■ 변경된 CSS 코드 복사    ■ 파일명 : 2장-153

09 관리자 모드에서 테마 옵션(Theme Options) 메뉴를 선택한 후 Extra News 테마를 편집해보겠습니다.

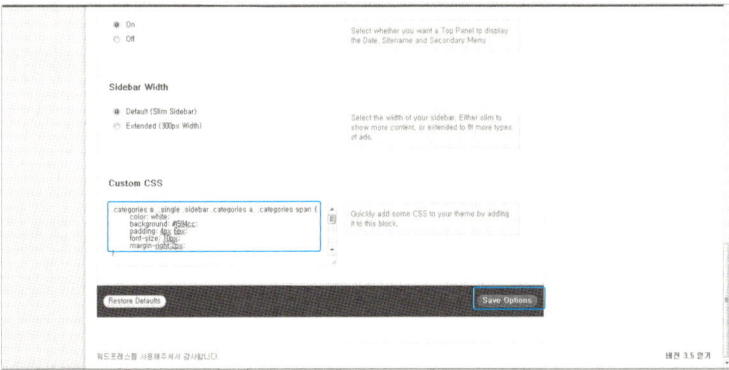

■ 관리자 모드에서 테마 옵션을 클릭

10 테마 옵션의 Customize를 클릭 후 하단의 'Custom CSS' 영역에 바로 전에 복사해둔 코드를 붙여 넣고 저장합니다. 이 영역에 붙여넣은 코드는 기본적으로 테마에서 셋팅된 style.css 파일보다 CSS 설정을 먼저 불러오게 됩니다.

■ Custom CSS의 추가

11 다음 그림과 같이 웹사이트의 색상 및 CSS 수정이 완료되었습니다. CSS 수정은 코드만 보면서 수정하기란 매우 어려운 일입니다. 이처럼 구글의 크롬 개발자 도구를 활용하여 CSS 수정을 한다면 손쉽게 모든 작업을 완료할 수 있습니다.

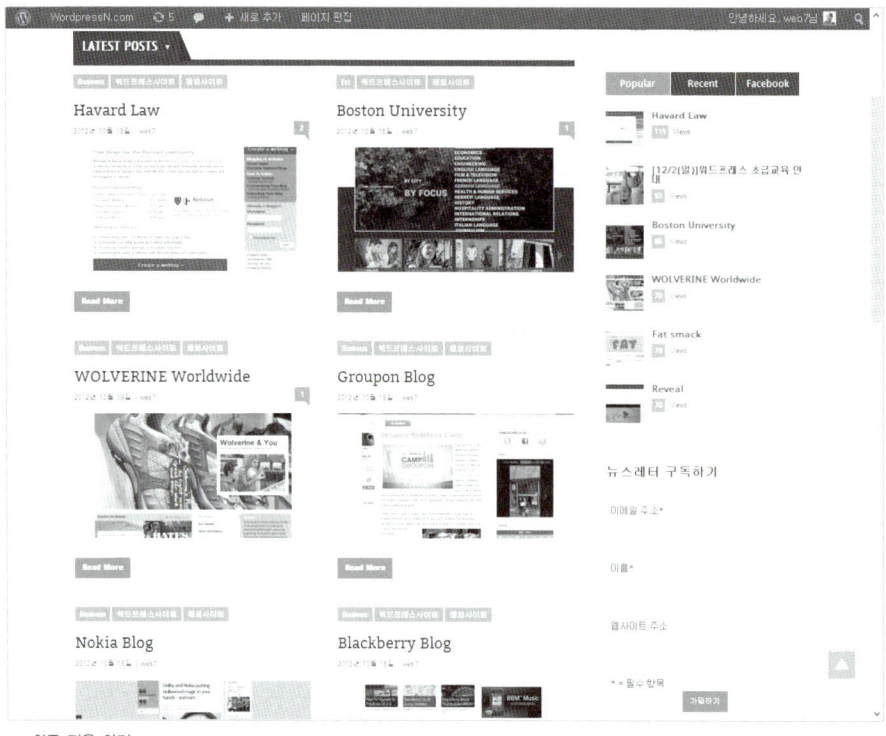

■ 최종 적용 화면

## 로고 & 파비콘 삽입하기

워드프레스에서 로고를 삽입하기 위해서는 로고 파일을 준비해 두어야 합니다. 대부분의 워드프레스 유료테마들의 특징 중 한 가지는 배경색을 여러 가지 색상으로 변경할 수 있는 기능을 제공한다는 점입니다.

일반적으로 홈페이지 로고는 일러스트나 포토샵에서 제작되기 때문에 jpg, gif 형식의 파일을 사용하지만, 워드프레스는 대부분 png 형식의 파일만을 지원합니다. 그렇기 때문에 로고를 제작 할 때는 반드시 png 형식의 파일로 만들어야 합니다.

이 섹션에서는 png 형식으로 만든 로고 파일을 워드프레스의 테마옵션을 이용하여 삽입하는 방법을 배워보도록 하겠습니다. 우선, 포토샵을 이용하여 다음 그림과 같이 나만의 로고

파일을 만듭니다. 웹사이트의 로고는 방문자들이 웹사이트를 잘 이해하고 인식할 수 있게 디자인하는 것이 좋습니다.

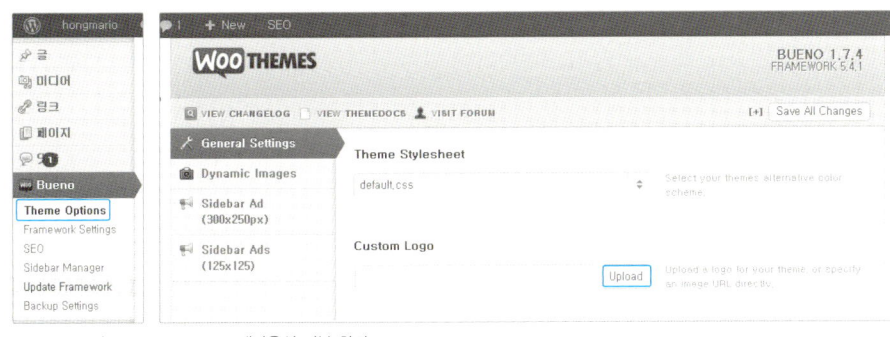

■ png 형식의 wordpressn.com 로고 파일

01 알림판에서 'Bueno'를 선택하고 'Theme Options'를 클릭하면 테마옵션 기본화면이 보입니다. 대부분의 테마에서는 테마옵션에서 로고를 삽입할 수 있게 설정해 놓았습니다. Bueno 테마에서도 그림처럼 Custom Logo에서 로고를 삽입할 수 있습니다. 로고 삽입 방법은 다음과 같습니다. 단, 각 테마마다 테마옵션 화면은 차이가 있을 수 있습니다.

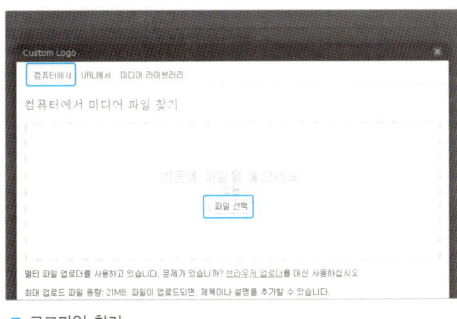

■ Bueno 메뉴    ■ Bueno 테마옵션 기본 화면

02 'Bueno 〉 Theme Options'을 선택한 후 'Custome Logo'에서 'Upload'를 선택하면 그림과 같이 파일찾기 팝업 화면이 나타납니다. '파일선택' 버튼을 클릭한 후 로고가 위치한 경로를 '열기' 창에서 선택합니다.

■ 로고파일 찾기    ■ Custom Logo에서 파일찾기 화면

**03** 로고를 선택하면 다음 그림과 같은 화면이 나옵니다. 파일명과 대체 텍스트 등을 작성한 후 가장 아래에서 'Use this Image' 버튼을 클릭합니다. 마지막으로 가장 아래에 있는 '모든 변경사항 저장'을 클릭하면 로고 삽입이 완성됩니다.

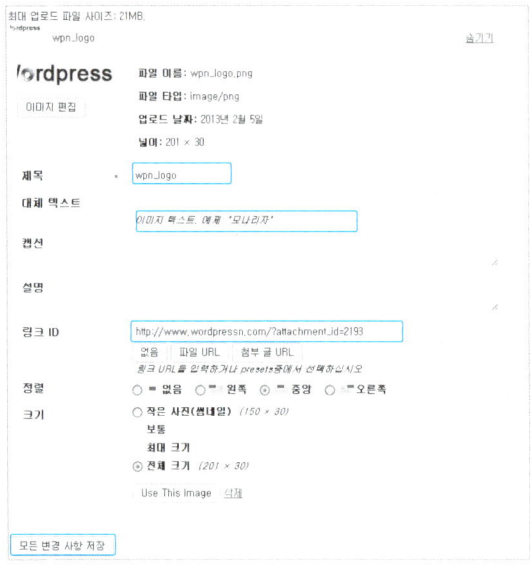

■ 로고 이미지 선택

**04** 다음 그림과 같이 테마옵션 기본 화면에 삽입한 로고가 나타나게 됩니다. 만약 썸네일 이미지가 보이지 않는다면 다시 위 과정을 반복해서 체크해야 합니다. 이제 마지막으로 테마옵션 화면 우측 상단에 있는 'Save Options' 버튼을 클릭하면 로고를 삽입하는 모든 과정이 끝나게 됩니다.

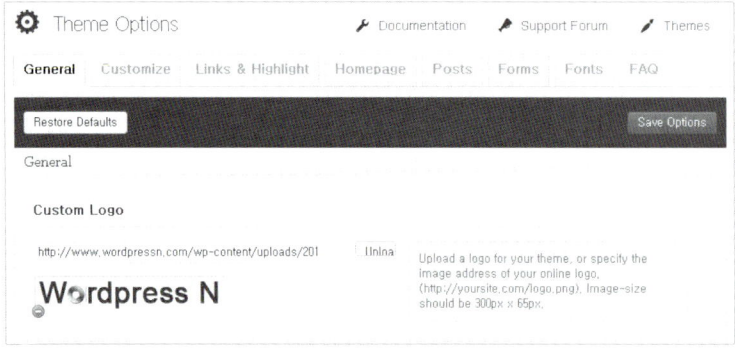

■ 로고가 테마옵션에서 삽입된 화면

**05** 이제 사이트에서 로고가 적용된 것을 확인해보겠습니다. 다음 그림처럼 로고가 적용된 것을 알 수 있습니다.

■ 워드프레스 사이트에서 로고 적용된 화면

06 다음은 파비콘을 적용시켜보도록 하겠습니다. 파비콘 삽입 위치는 대부문 테마 로고 삽입 바로 아래쪽에 위치하고 있습니다. 'Upload' 버튼을 클릭합니다.

■ 파비콘 삽입 위치

07 위 그림하단의 'Custom Favicon'에 파비콘의 사이즈를 작성합니다. 파비콘(favicon)은 웹사이트 주소 앞에 놓이는 아이콘으로 favorites icon의 약자입니다. 일반적으로 파비콘은 가로, 세로 16px로 포토샵에서 디자인합니다. 다음 그림과 같은 파비콘 등록 설정 화면이 나타납니다.

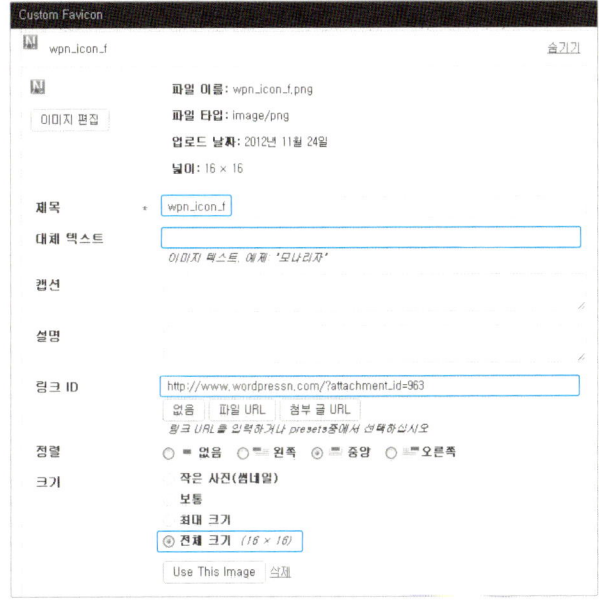

■ 파비콘 등록 설정 화면

08 로고 등록 시 미리 만들어놓은 파비콘 파일(png파일, 16×16 pixel)을 업로드한 후 'Save All Changes' 을 클릭하면 로고를 삽입하는 모든 과정이 완료됩니다.

■ 로고와 파비콘 삽입 완료 후 테마옵션 화면

## 푸터 최적화

이 섹션에서는 일반적으로 워드프레스에서 제공하는 푸터 영역(위젯 영역 및 블로그롤 추가)을 국내 웹사이트에서 가장 선호하는 방식인 '텍스트+옵션' 방식으로 변경하는 작업을 진행하도록 하겠습니다.

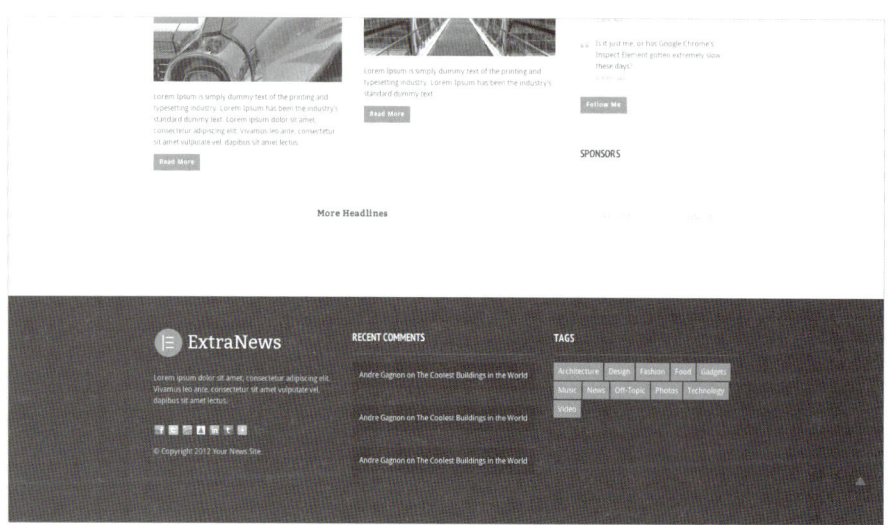

■ ExtraNews 테마에서 제공하는 기본적인 푸터 화면

현재 WordPressN.com에서 사용중인 Extra News 테마를 비롯하여 대부분의 워드프레스 테마들은 위 그림과 같은 3단 칼럼식으로 구성되어 있습니다.

만약, 사이트 하단에 Copyright를 넣고 싶거나 기타 위젯을 설치하고 싶은 경우에는 기존의 위젯 영역에 추가적으로 새로운 위젯 영역을 만들어서 푸터 부분에 배치하면 해결됩니다.

여기서는 가장 왼쪽에는 웹사이트의 저작권인 Copyright가 표시될 부분이며, 나머지 20%에는 링크, 30%에는 블로그롤을 표시하려고 합니다. 다음 그림과 같이 푸터 부분을 3개로 나눠보도록 하겠습니다.

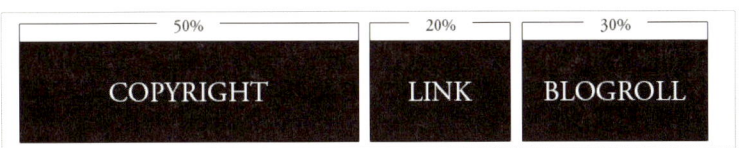

■ 푸터 영역 수정을 위한 대략적인 구조

## footer.php에 새로운 위젯 영역 만들기

01 '알림판 〉 외모 〉 편집기' 메뉴를 선택한 후 편집기 우측에서 footer.php를 클릭하면 다음 화면이 나타납니다. 편집기 화면을 보면 세 개의 위젯으로 구성된 것을 확인할 수 있습니다. 각각의 위젯은 '〈div class="footerwidgetwrap"〉'으로 시작해 '〈/div〉'로 끝이 납니다. 이를 통해 각 위젯의 이름이 'Footer Left, Footer Center, Footer Right'인 것을 알 수 있습니다.

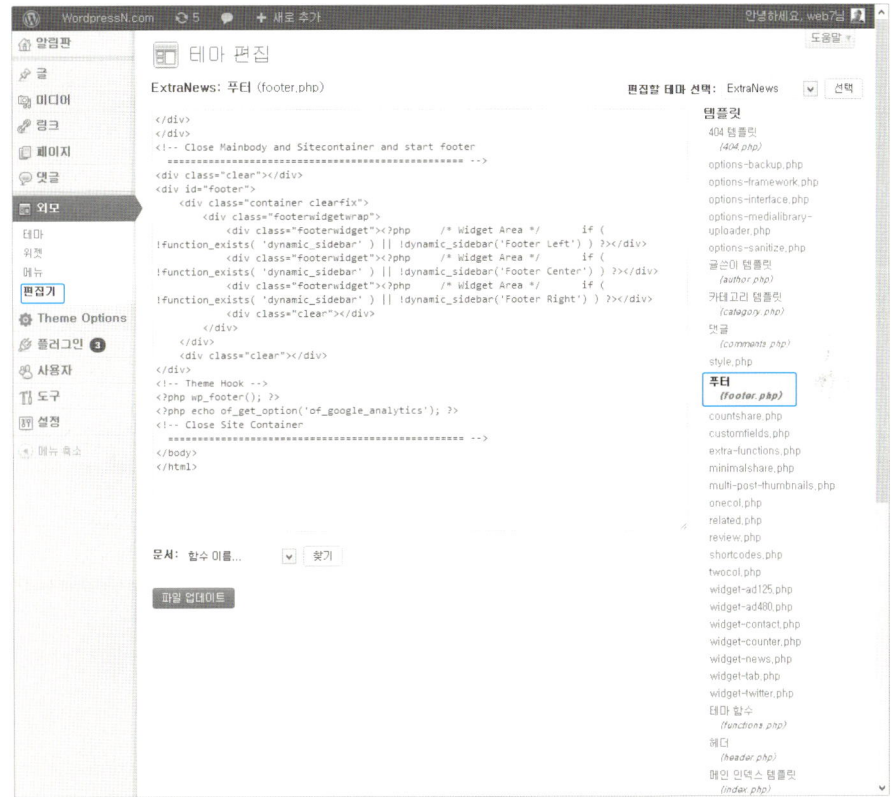

■ footer.php 초기화면

```
<div id="footer">
    <div class="container clearfix">
        <div class="footerwidgetwrap">
            <div class="footerwidget"><?php    /* Widget Area */        if (
!function_exists( 'dynamic_sidebar' ) || !dynamic_sidebar('Footer Left') ) ?></div>
            <div class="footerwidget"><?php    /* Widget Area */        if (
!function_exists( 'dynamic_sidebar' ) || !dynamic_sidebar('Footer Center') ) ?></div>
            <div class="footerwidget"><?php    /* Widget Area */        if (
!function_exists( 'dynamic_sidebar' ) || !dynamic_sidebar('Footer Right') ) ?></div>
            <div class="clear"></div>
        </div>
    </div>
```

■ 3개의 위젯 영역 확대 화면

**02** 기존 코드를 약간 수정하여 새로운 위젯 영역을 만들어 보겠습니다. 세 개의 위젯 코드 중 하나를 복사한 후 그 하단 부분에 새로운 위젯 부분을 추가해 보겠습니다. 일단 다음 단계의 작업을 위해 '〈div class="footerwidget"〉'부터 '〈/div〉'가 끝나는 부분까지 복사합니다.

다음 그림과 같이 코드를 그대로 입력하면 됩니다. 글자가 진하게 표시된 부분이 새롭게 추가된 코드입니다. 이탤릭 처리된 부분은 앞서 복사해둔 코드를 붙여넣고 '〈div class="footerwidget"〉'를 'copyright20'과 'copyright30'으로 변경했습니다.

위젯 이름은 밑줄 친 부분과 같이 'Footer Copyright Left'와 'Footer Copyright Right'라고 임의의 이름을 정했습니다. 이 이름은 여러분들께서 임의로 지정해도 되지만 추후 'functions.php' 파일을 수정할 때 사용될 이름이므로 기억하기 쉽게 지정하는 것이 좋습니다.

```
<div id="footer">
<div class="container clearfix">
<div class="footerwidgetwrap">
<div class="footerwidget"><?php /* Widget Area */ if    (    !function_exists(
'dynamic_sidebar' ) || !dynamic_sidebar('Footer Left') ) ?></div>
<div class="footerwidget"><?php /* Widget Area */ if    (    !function_exists(
'dynamic_sidebar' ) || !dynamic_sidebar('Footer Center') ) ?></div>
<div class="footerwidget"><?php /* Widget Area */ if    (    !function_exists(
'dynamic_sidebar' ) || !dynamic_sidebar('Footer Right') ) ?></div>
<div class="clear"></div>
</div>
    <div class="copyrightwrap">
<div class="copyright50">Copyright &copy; <?php $the_year = date("Y"); echo
$the_year; ?><a href="<?phpbloginfo('url');?>"><?phpbloginfo('url'); ?></a> All
Rights Reserved.</div>
<div class="copyright20"><?php /* Widget Area */ if    (    !function_exists(
'dynamic_sidebar' ) || !dynamic_sidebar('Footer Copyright Left') ) ?></div>
<div class="copyright30"><?php /* Widget Area */ if    (    !function_exists(
'dynamic_sidebar' ) || !dynamic_sidebar('Footer Copyright Right') ) ?></div>
<div class="clear"></div>
    </div>
</div>
<div class="clear"></div>
</div>
```

■ 파일명 : 2장-160

**03** '$the_year = date("Y"); echo $the_year;'는 올해 년도를 나타내며 'bloginfo('url')'은 워드프레스 관리자 등록 시 입력한 웹사이트 URL을 불러오는 역할을 합니다.

'copyrightwrap'과 'copyright50', 'copyright30', 'copyright20'은 스타일시트에 추가하기 위해 임의로 지정한 클래스 이름입니다. 즉, 'copyrightwrap'은 하단에 추가될 'copyright' 부분의 너비 사이즈를 지정할 코드이며, 'copyright50'과 'copyright30', 'copyright20'은 각각 너비를 50%, 30%, 20%로 지정할 예정입니다. 단, 이 클래스를 추가했다고 너비 사이즈가 지정되는 것이 아니며, 스타일시트에 추가를 해야만 합니다. 보다 자세한 내용은 스타일시트 수정 시 자세히 설명 드리겠습니다.

위에서 새롭게 추가한 내용을 footer.php에 삽입하고 '파일 업데이트' 버튼을 클릭합니다.

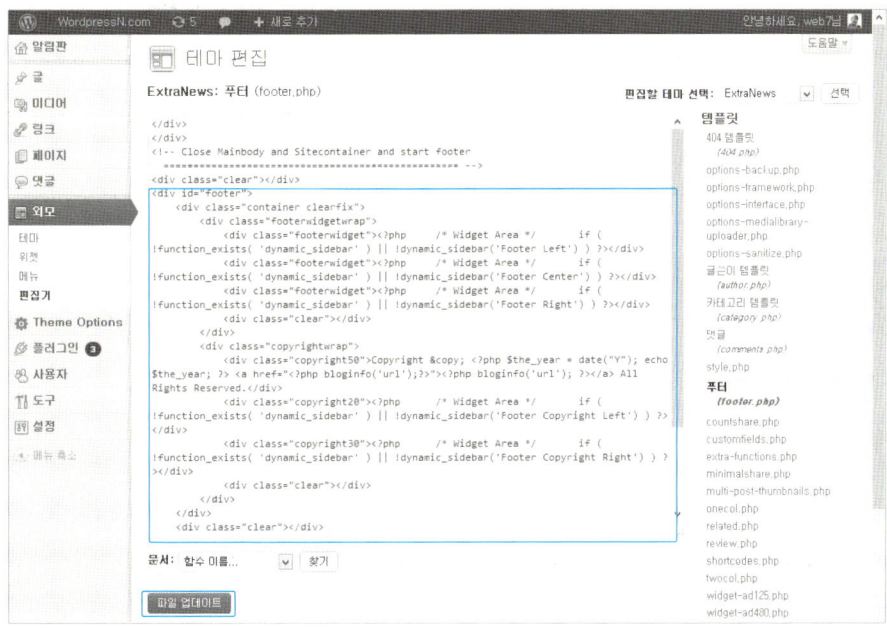

■ 수정된 footer.php

## 테마함수에 위젯 영역 등록하기

다음 진행할 내용은 추가된 위젯 영역을 실제로 등록하는 것입니다. 이 작업을 완료하지 않을 경우 '알림판 > 외모 > 위젯' 부분에 위젯 영역이 보이지 않아 새로운 위젯을 넣을 수 없게 됩니다. 이 작업을 위해 테마 함수(functions.php) 파일을 편집해 보겠습니다. 테마 함수(functions.php) 파일은 워드프레스 내 기능에 대한 설정을 담당하는 파일로 추가적인 기능을 제공하는 파일의 위치를 지정하거나 위젯의 등록, 메뉴의 등록 및 위치 등에 관한 정보가 들어 있습니다.

**01** 다음과 같이 '알림판 > 외모 > 편집기'에서 '테마함수(function.php)'를 편집하겠습니다.

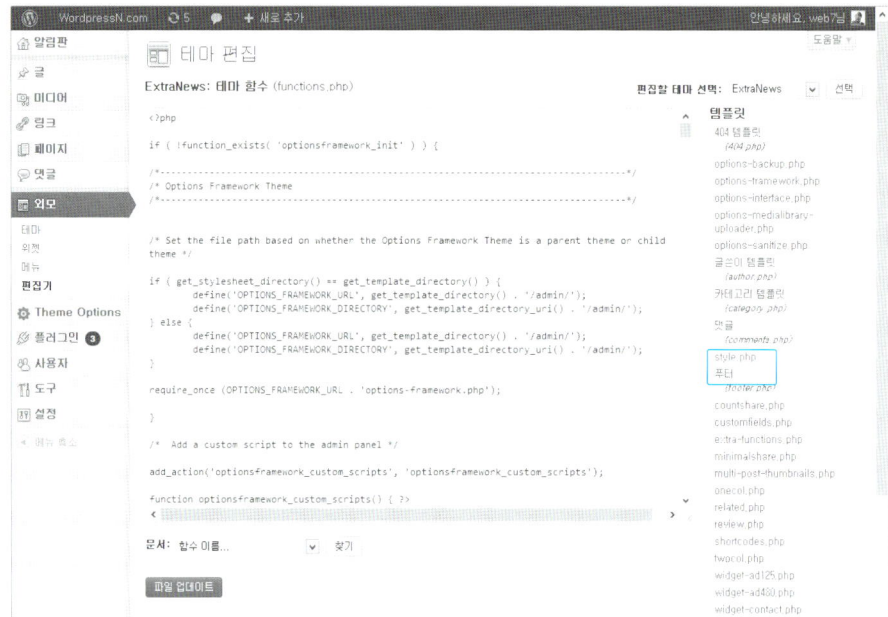

■ 테마함수 초기화면

**02** 위젯 등록을 위한 코드가 들어 있는 위치를 찾기 위해 'Register Widget Sidebars'를 검색(Ctrl+F)합니다.

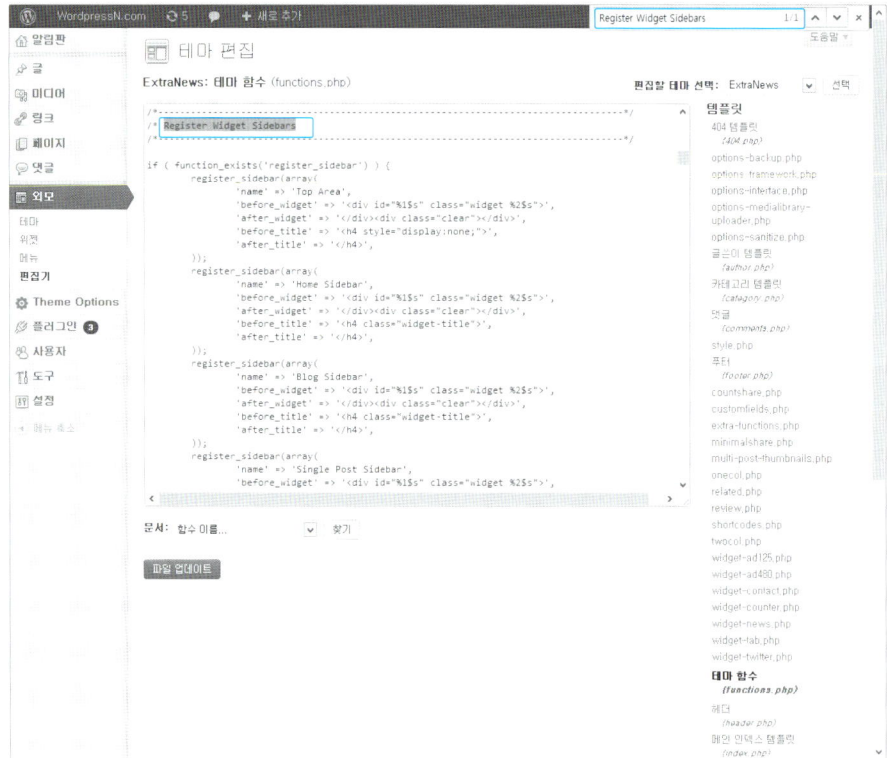

■ 새로운 위젯 영역 등록을위한 'Register widget Sidebars' 검색

**03** 다음 그림과 같이 코드 중에서 'register_sidebar(array(' 부터 '));' 까지 복사합니다. 여기서는 'Top Area' 부분의 코드를 복사하겠습니다.

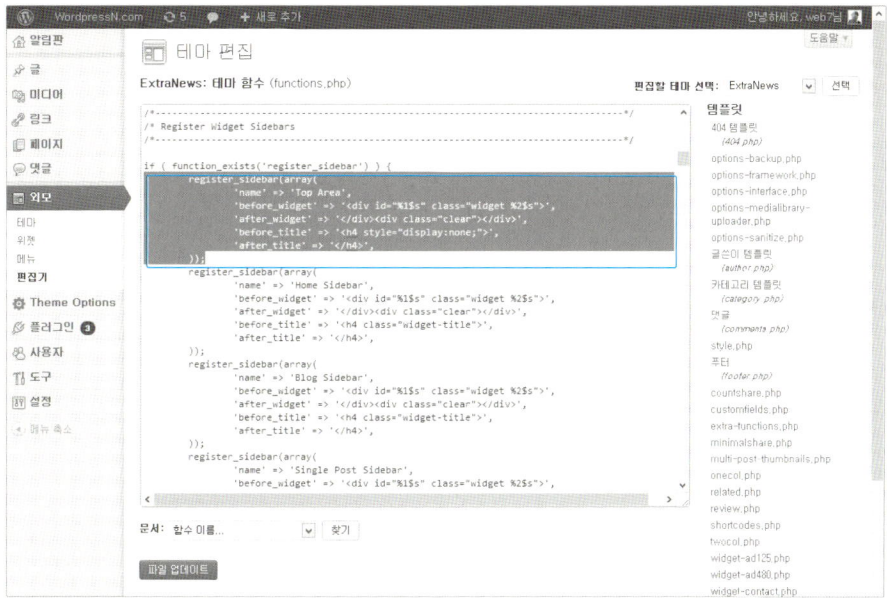

■ 위젯 영역 등록을 위한 코드 복사하기

```
register_sidebar(array(
        'name' => 'Top Area',
        'before_widget' => '<div id="%1$s" class="widget %2$s">',
        'after_widget' => '</div><div class="clear"></div>',
        'before_title' => '<h4 style="display:none;">',
        'after_title' => '</h4>',
));
```

■ 복사한 코드 자세히 보기

**04** 다음과 같이 동일한 코드를 위아래 두 번 붙여 넣고 각각의 'name' 부분을 'Footer Copyright Left'와 'Footer Copyright Right'로 수정합니다. 참고로 여기서 지정한 'Footer Copyright Left'와 'Footer Copyright Right'는 footer.php를 수정할 때 지정했던 이름입니다.

```
register_sidebar(array(
        'name' => 'Footer Copyright Left',
        'before_widget' => '<div id="%1$s" class="widget %2$s">',
        'after_widget' => '</div><div class="clear"></div>',
        'before_title' => '<h3 class="widget-title">',
        'after_title' => '</h3>',
));

register_sidebar(array(
        'name' => 'Footer Copyright Right',
        'before_widget' => '<div id="%1$s" class="widget %2$s">',
        'after_widget' => '</div><div class="clear"></div>',
        'before_title' => '<h3 class="widget-title">',
        'after_title' => '</h3>',
));
```

■ 파일명 : 2장-163

**05** 위의 코드를 테마함수의 'Register Widget Sidebars' 섹션 가장 마지막에 붙여 넣은 후 '파일 업데이트' 버튼을 클릭합니다.

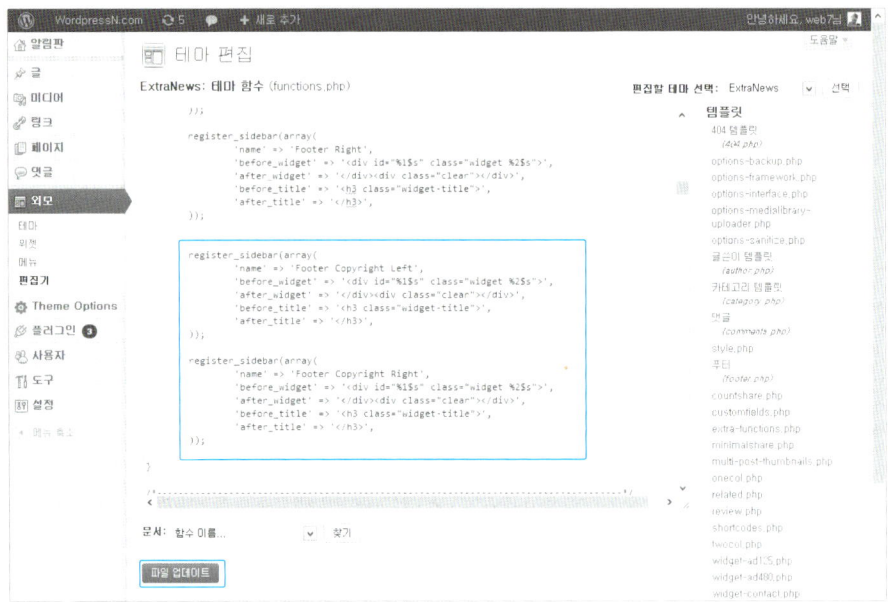

■ 새롭게 추가된 위젯 영역 코드

**06** '알림판 > 외모 > 위젯'으로 이동하면 새로운 위젯 영역이 추가 된 것을 확인할 수 있습니다.

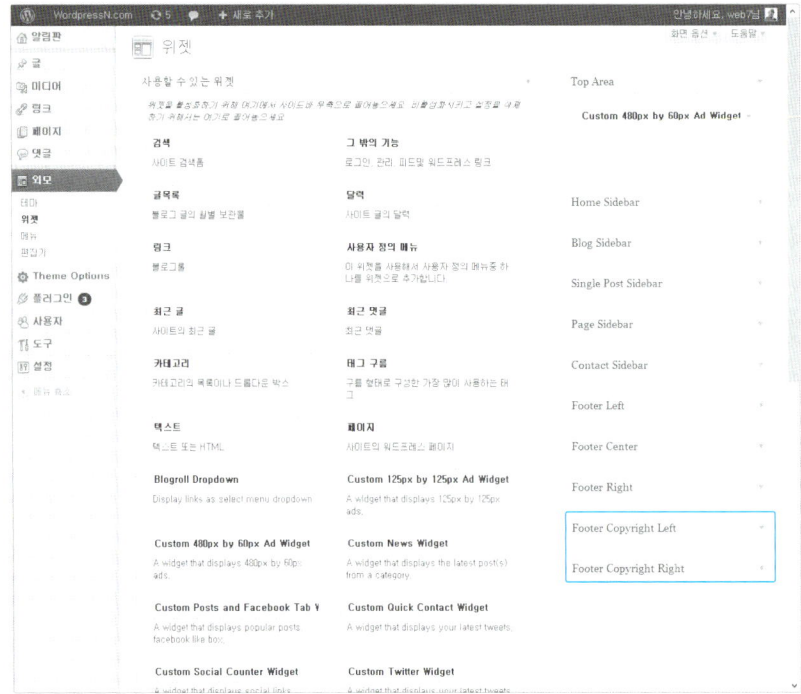

■ 새롭게 추가된 'Footer Copyright Left'와 'Right'

## 스타일 지정을 위한 코드 style.css 삽입하기

copyright50, copyright20, copyright30에 대한 스타일을 지정하기 위해 style.css 파일을 편집해 보겠습니다. 여기서 스타일을 지정하지 않을 경우 제대로 된 모습의 위젯 레이아웃을 확인할 수 없게 됩니다.

01 앞에서와 마찬가지로 '알림판 〉외모 〉편집기'에서 초기 화면에 보이는 스타일시트(style.css)로 이동합니다.

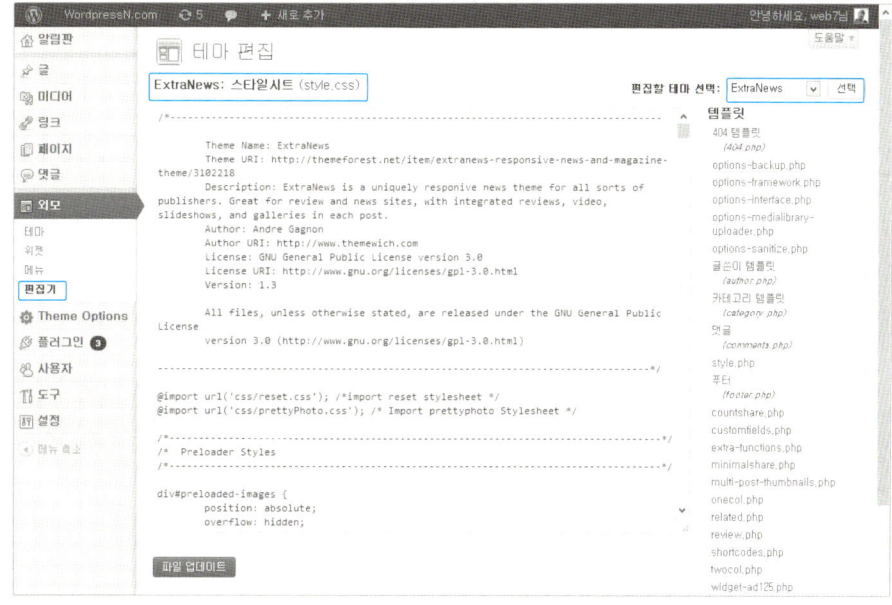

■ style.css 편집

02 다음 박스를 보면 전 단계에서 입력했던 'copyrightwrap'와 같은 클래스를 확인할 수 있습니다. 여기서 'copyrightwrap'은 하단 카피라이트 부분의 전체 사이즈를 993px로 지정한다는 뜻입니다. 'copyright50'에서는 전체 너비를 50%, 왼쪽 정렬, 위와 아래의 여백을 30px로 지정했습니다. 여기서 지정한 너비의 50%는 'copyrightwrap'에서 지정한 너비 993px의 50%인 약 496px을 의미합니다. 마찬가지로 'copyright20'은 너비를 20%로, 'copyright30'은 너비를 30%로 지정했습니다.

```
#footer .copyrightwrap {
    width:993px;
}
#footer .copyright50 {
    width: 50%;
    float: left;
    padding: 30px 0 30px 0;
}
```

```
#footer .copyright20 {
    width: 20%;
    float: left;
    padding: 30px 0 30px 0;
}
#footer .copyright30 {
    width: 30%;
    float: left;
    padding: 30px 0 30px 0;
}
```

■ 파일명 : 2장-166

03 이제 스타일시트에서 찾기(Ctrl+F)에서 '.footerwidgetwrap'을 찾은 후 'width:993px;}'의 아래에 다음과 같이 코드를 삽입합니다.

```
#footer .footerwidgetwrap {
    width:993px;
}

#footer .copyrightwrap {
    width:993px;
}
#footer .copyright50 {
    width: 50%;
    float: left;
    padding: 30px 0 30px 0;
}
#footer .copyright20 {
    width: 20%;
    float: left;
    padding: 30px 0 30px 0;
}
#footer .copyright30 {
    width: 30%;
    float: left;
    padding: 30px 0 30px 0;
}

#footer .footerwidget {
    width: 301px;
    float: left;
    margin: 0 30px 30px 0;
}
```

■ style.css 파일 수정

04 코드 삽입을 완료한 후 편집기 하단에 있는 '파일 업데이트' 버튼을 클릭합니다. 여기까지 진행했다면 다음 그림과 같이 copyright가 표시되는 것을 확인할 수 있습니다.

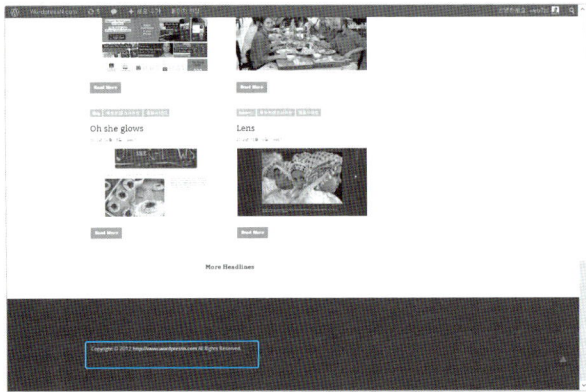

■ 푸터 부분에 새롭게 추가된 Copyright

## Blogroll Dropdown 적용하기

이제 푸터 부분에 Copyright가 추가 되었습니다. 추가적으로 워드프레스에서 기본적으로 제공하는 블로그롤 기능을 활용해 패밀리사이트(관련 사이트) 링크를 추가해 보도록 하겠습니다. 워드프레스에서 기본적으로 제공하는 블로그롤은 드롭다운 방식이 아닌 리스트 방식이기 때문에 리스트가 길어 질수록 푸터 부분 역시 길어지는 문제가 생길 수 있습니다. 그렇기 때문에 블로그롤을 드롭다운 방식으로 출력해 주는 플러그인을 활용하도록 하겠습니다.

**01** 다음 그림과 같이 'Blogroll Dropdown' 플러그인을 설치합니다.

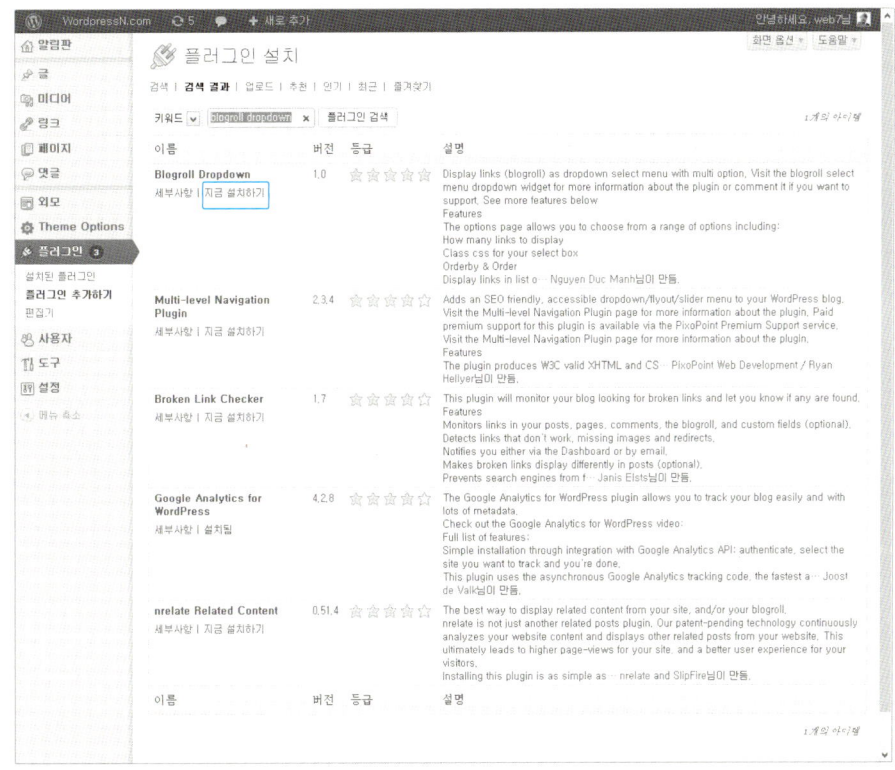

■ 'Blogroll Dropdown' 플러그인 설치

**02** 'Blogroll Dropdown' 플러그인 설치가 완료된 후 좌측 메뉴 링크, 링크 분류에서 새로운 링크 분류를 추가 후 사이트를 추가합니다. '알림판 > 링크 > 링크 카테고리'에서 이름을 'Family Site'라고 입력한 후 '링크 만들기'를 통해 'WPHOME 네이버 카페, WPHOME 페이스북' 등을 추가하고 각각의 URL값을 입력합니다.

■ 새로운 링크 카테고리의 추가

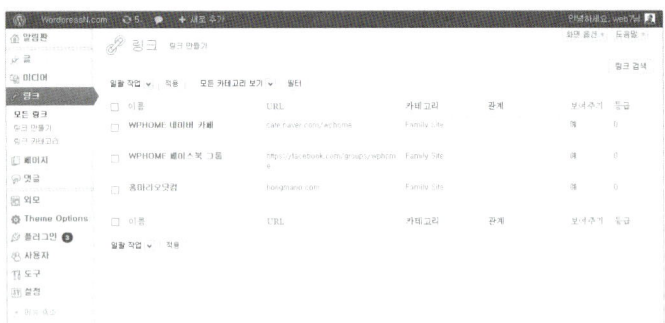

■ 새롭게 추가된 사이트 링크

03 'Family Site'에 대한 블로그롤 작성이 완료 되었다면 '알림판 > 외모 > 위젯'으로 이동하여 새로운 위젯인 'Blogroll Dropdown'을 'Footer Copyright Right'로 드래그하여 이동시킵니다.

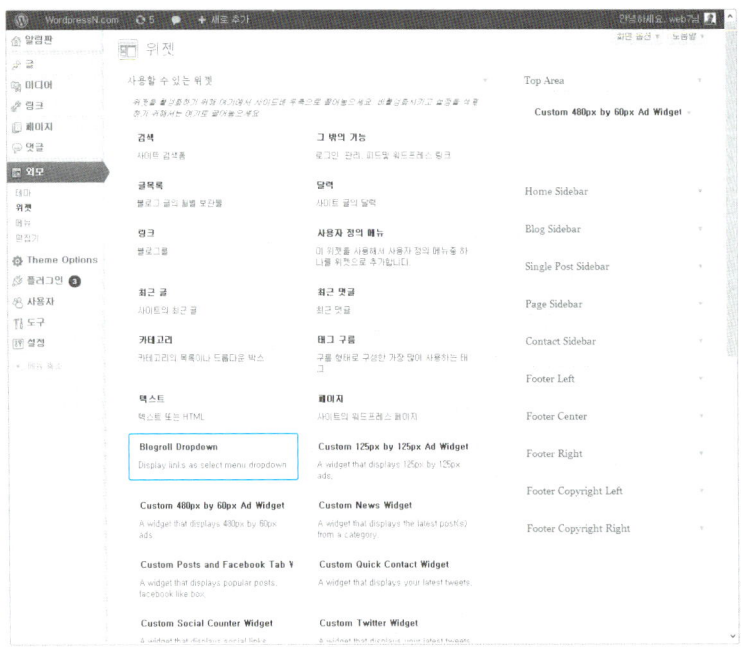

■ 새롭게 추가된 'Blogroll Dropdown' 위젯

04 'Footer Copyright Right'로 드래그하여 이동하면 아래와 같은 화면이 보입니다. 이 옵션의 제목 및 불러올 페이지 개수 등을 설정합니다.

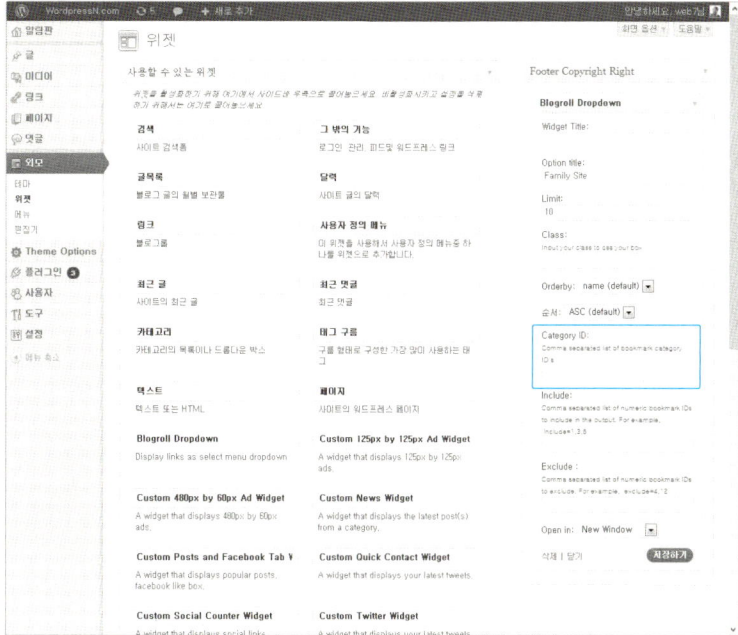

■ 'Blogroll Dropdown'의 옵션

05 'Blogroll Dropdown' 위젯에서 불러오고자 하는 카테고리 ID(Category ID)를 입력하는 부분은 기존에 새로 만든 링크 카테고리에서 확인할 수 있습니다. '알림판 > 링크 > 링크 카테고리' 메뉴를 선택한 후 기존에 만든 'Family Site'를 클릭합니다.

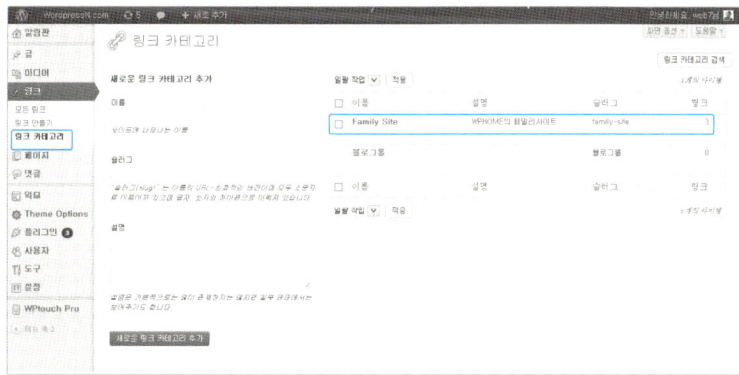

■ 링크 카테고리로 이동 후 추가된 'Family Site' 클릭

06 웹브라우저의 사이트 URL을 확인합니다. 다음 그림과 같이 URL의 'tag_ID' 뒷부분에 표시되는 숫자가 바로 카테고리 ID입니다.

`n/edit-tags.php?action=edit&taxonomy=link_category&tag_ID=107&post_type=post`

■ 카테고리 ID의 확인

07 '외모 > 위젯'을 선택한 후 위 카테고리 ID를 Category ID 부분에 입력합니다.

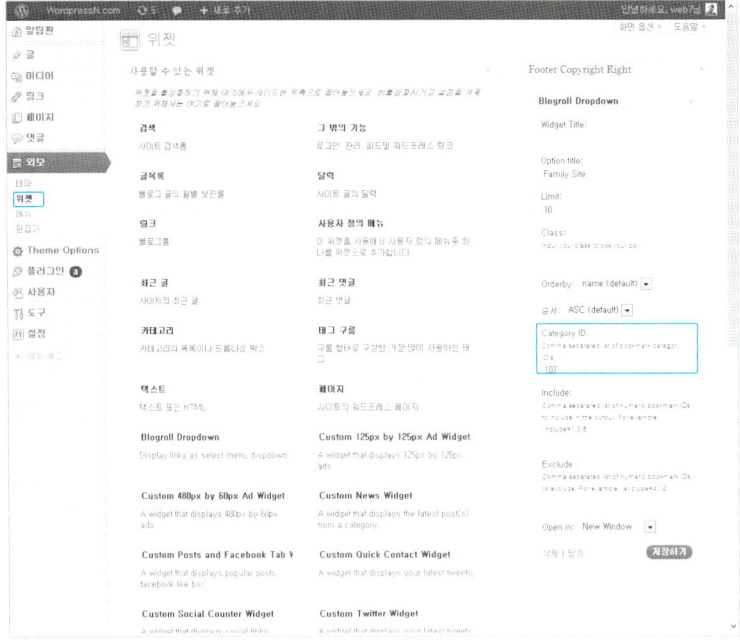

■ 카테고리 ID의 입력

## 텍스트 위젯을 활용하여 바로가기 링크 추가하기

마지막으로 텍스트 위젯을 활용하여 '워드프레스N 소개' 및 '운영진 소개' 부분을 추가하도록 하겠습니다.

01 간단한 텍스트와 링크로 HTML 코딩을 아래와 같이 입력한 후 [저장하기] 버튼을 클릭합니다.

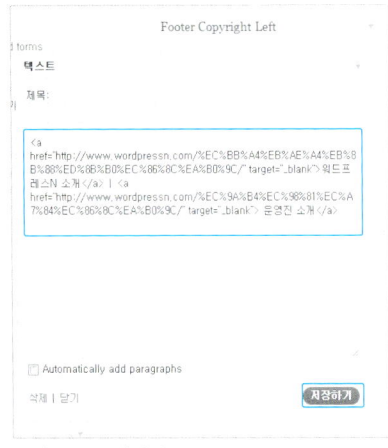

■ '텍스트 위젯' 추가

**02** 최종 적용된 화면입니다. 좌측에는 Copyright, 우측에는 새로운 두 개의 위젯 영역이 추가되었습니다. 지금까지 푸터 부분에 Copyright 추가 및 새로운 위젯 영역을 추가했습니다. 이 섹션을 통해 다른 테마에서도 마찬가지로 여러분들이 원하는 위치에 위젯을 적용할 수 있습니다.

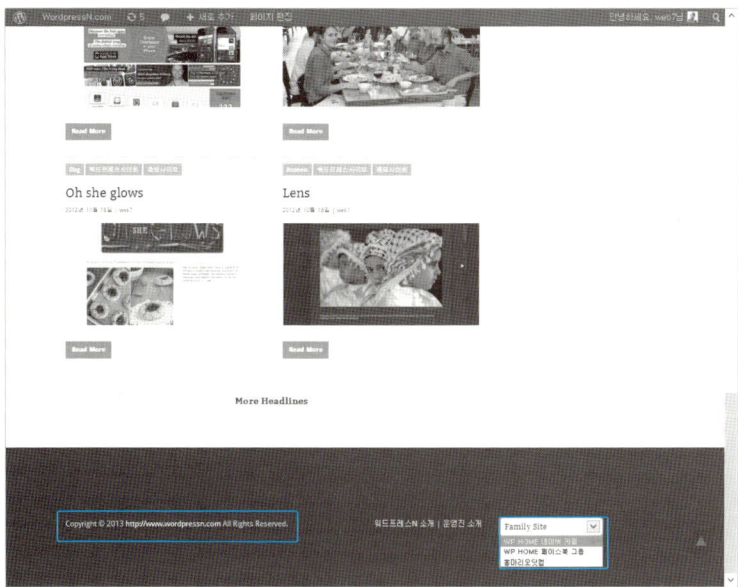

■ 설정 완료 화면

Chapter 02　　Lesson 03

# 코드캐논 활용하기

코드캐논은 전세계에서 가장 많이 이용하는 유료테마 오픈마켓 사이트인 테마포레스트(themeforest)와 연결된 사이트로 워드프레스에서 활용할 수 있는 다양한 유료플러그인들을 모아둔 오픈마켓 사이트입니다. 이 사이트의 유료플러그인들의 가격은 약 $1에서 약 $20까지 비용을 지불하면 이용할 수 있으며, 필수 플러그인부터 독특한 기능의 플러그인들까지 다양한 종류의 플러그인들이 있습니다. 적은 비용으로 여러분들의 웹사이트를 빛낼 수 있는 매우 유용한 방법이며 웹사이트 제작 시 활용하면 좋을 것입니다.

## 코드캐논 마스터 & 플러그인 구매하기

워드프레스 사이트를 좀 더 세련되게, 다양한 기능을 편리하게 구현해 주는 것이 플러그인입니다. 이 섹션에서는 가장 대중적인 유료 플러그인 마켓인 codecanyon.net(이하 코드캐논)에 대해서 알아보겠습니다.

### 코드캐논 사이트 둘러보기

다음 그림은 코드캐논 사이트의 메인 화면입니다.

■ 코드캐논 사이트 메인 화면

주요 메뉴의 기능들은 다음과 같습니다.

- **Menu** : 소스코드(PHP, Javascript, CSS, HTML 등) 및 플러그인 관련 메인 메뉴와 사이트 이용 관련 서브 메뉴로 구성되어 있습니다.
- **Weekly Features** : 매주 추천 아이템(파일, 플러그인)을 소개합니다.
- **Free File!** : 매달 무료로 받을 수 있는 유료 파일(플러그인)을 소개합니다. 단, 로그인을 해야 다운로드 할 수 있습니다.

- **New Items** : 카테고리 별 새롭게 등록된 파일(플러그인) 목록입니다.
- **Featured Author** : 매주 추천 저자와 그가 만든 아이템을 소개합니다.

01 워드프레스는 다음 그림 처럼 메뉴가 별도로 구성되어 있으며, 인기도 및 용도에 따라서 다양하게 분류 되어있습니다. 'WordPress 〉 Popular Items' 메뉴를 클릭합니다.

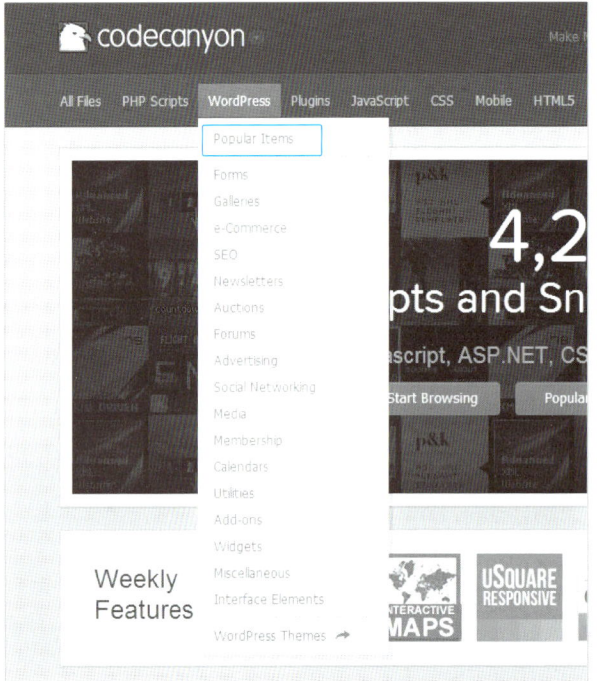

■ 워드프레스 플러그인 카테고리 화면

02 인기 아이템 화면에서는 지난 주 가장 많이 판매된 플러그인과 지난 달 가장 인기있는 저자의 목록을 보여줍니다.

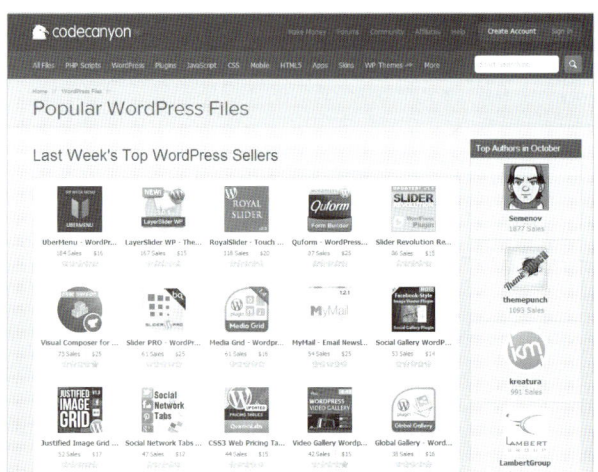

■ 워드프레스 인기 있는 플러그인 화면

03 마우스를 플러그인에 위치시키면 다음 그림과 같이 해당 플러그인의 간략한 정보를 미리 볼 수 있습니다.

■ 플러그인 미리보기 화면

04 자신이 원하는 플러그인을 클릭하면 상세 정보를 확인할 수 있습니다. Live Preview, Screenshots, FAQs, Comments, Support Guide, Support Forum, 플러그인 소개, 플러그인 특징, 최근 업데이트 일자, 플러그인 요구사항, 업데이트 로그, 가격, 구매건수, 코멘트건수, 평가지수, 공유항목, 저자 정보, 호환 브라우저, 플러그인 파일 등을 확인할 수 있습니다.

■ 플러그인 상세보기 화면

## 회원가입하기

01 코드캐논을 이용하기 위해서는 사이트 오른쪽 위의 'Create Account' 버튼을 클릭한 후 회원가입을 해야 합니다.

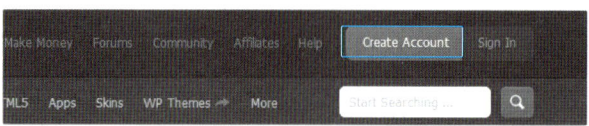

■ 회원가입 버튼 화면

02 다음 그림과 같이 회원가입 폼이 나타납니다.

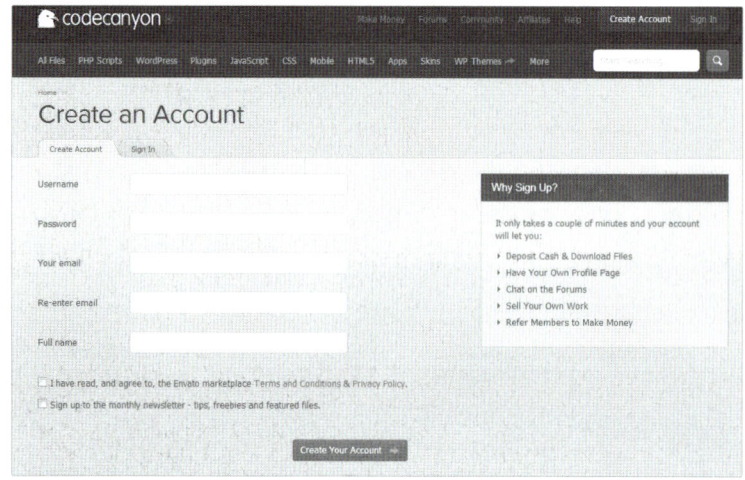

■ 회원가입 폼 화면

회원가입 폼에서는 아래의 내용을 해당항목에 내용을 입력하면 됩니다.

- **Username** : 사용자 아이디(아이디명은 사용자명이 아닙니다. 웹사이트 회원가입 시 입력하는 회원 아이디입니다.)
- **Password** : 비밀번호 안전도(Weak, Acceptable, Good, Great! 단계별로 확인할 수 있습니다.)
- **Your email** : 사용할 이메일(입력한 이메일로 회원가입인증을 합니다.)
- **Re-enter email** : 이메일 재확인
- **Full name** : 사용자 이름(공백 ' '으로 구분하여 사용자 이름을 입력합니다.)
- **체크1** : 이용약관 동의(사이트 이용약관 동의는 필수입니다.)
- **체크2** : 뉴스레터 동의

**03** 다음 항목을 모두 입력한 후 'Create Your Account' 버튼을 클릭합니다.

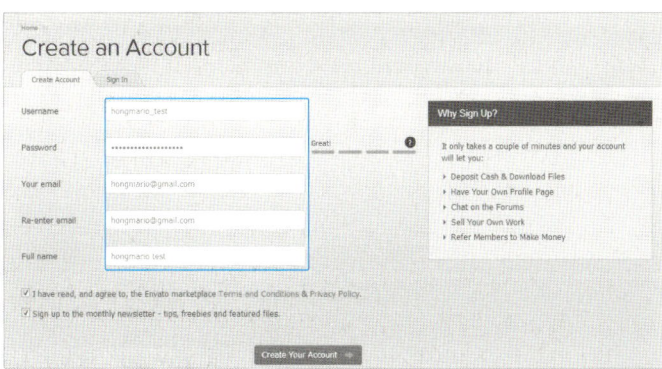
■ 회회원가입 입력항목 유효성 검사 화면

**04** 입력이 완료되었으면 아래 화면과 같이 스팸 가입을 방지하기 위해 보호문자입력(Captcha) 화면이 나타납니다. 입력할 글씨가 잘 안보일 경우 'Try a different one' 링크를 클릭하여 연속으로 글씨를 입력하고 'Submit' 버튼을 클릭합니다.

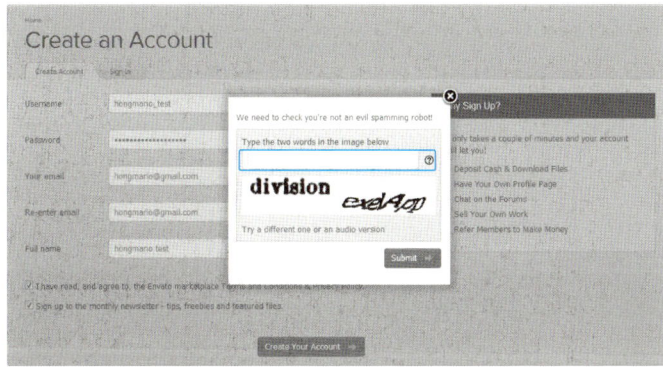
■ 회원가입 보호문자입력(Captcha) 화면

**05** 입력을 마치면 이메일 인증 안내문과 이메일 재발송 버튼을 클릭합니다.

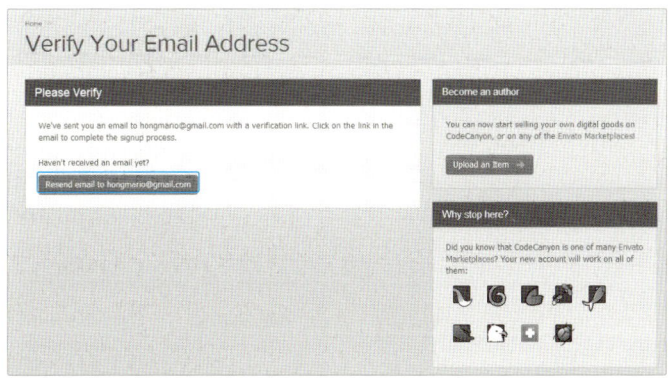
■ 이메일 인증 안내 화면

06 자신이 등록한 이메일을 통해서 코드캐논에서 전달된 이메일의 링크를 클릭해야 회원가입이 완료됩니다.

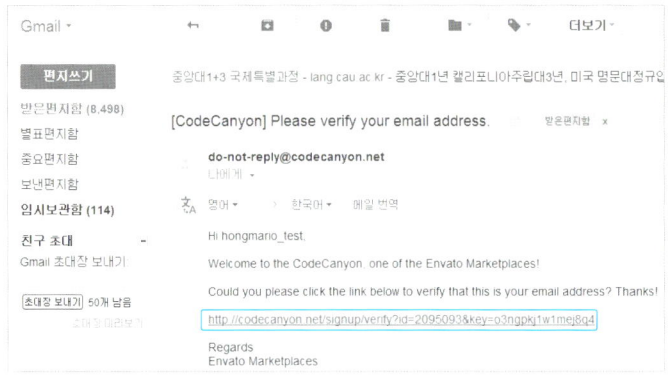

■ 이메일 확인 화면

07 이메일 인증을 확인하면 다음 그림과 같이 로그인이 가능하게 됩니다.

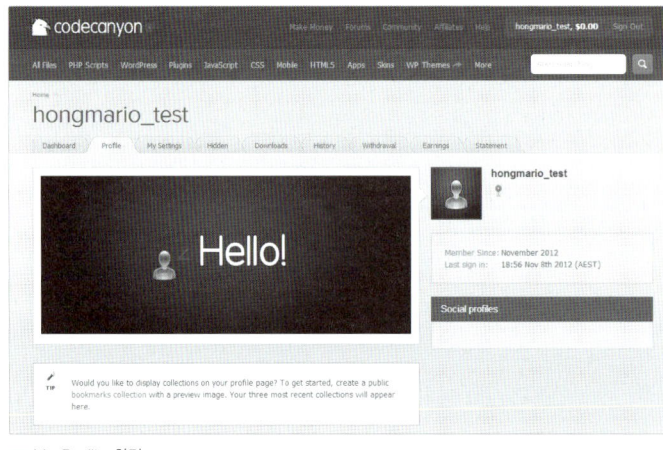

■ My Profile 화면

## 카테고리 & 보기 옵션 설정하기

코드캐논에서 워드프레스 메뉴는 하위 카테고리가 별도로 구성되어 있으며, 플러그인은 인기도 및 용도에 따라서 분류되어 있습니다.

01 코드캐논 메인화면 상단의 'WordPress-Utilities' 카테고리 메뉴를 클릭하면 Utilities 카테고리의 플러그인 목록을 확인할 수 있습니다.

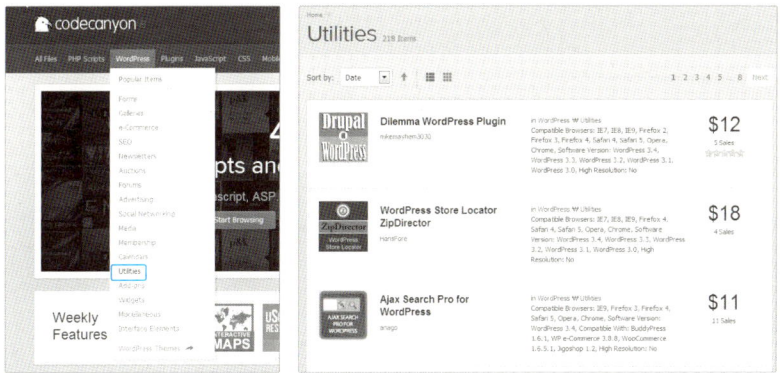

■ 워드프레스 카테고리별 메뉴 화면    ■ Utilities 카테고리 플러그인 목록 화면

02 화면 왼쪽 상단의 'sort by' 옆의 라디오박스에 Date(날짜), Author(저자), Category(카테고리), Rating(구매자 평가), Sales(판매금액), Price(플러그인 가격)의 정렬 기준 옵션이 있습니다. 정렬 기준 옵션을 선택하고, Ascending(오름차순)/Descending(내림차순)과 같이 정렬할 수 있습니다.

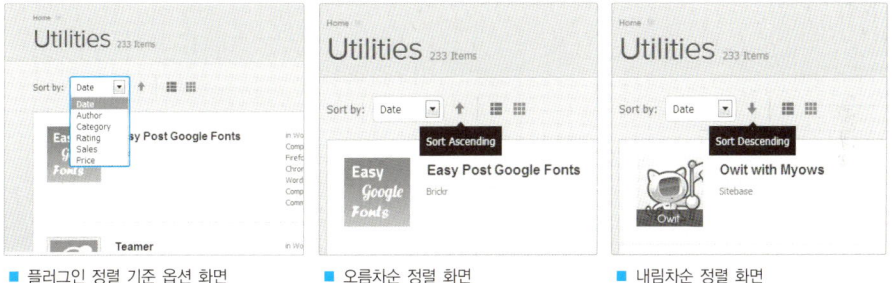

■ 플러그인 정렬 기준 옵션 화면    ■ 오름차순 정렬 화면    ■ 내림차순 정렬 화면

03 다음 그림과 같이 아이콘을 이용하여 플러그인 보기 모드(List/Grid)를 변경할 수 있습니다.

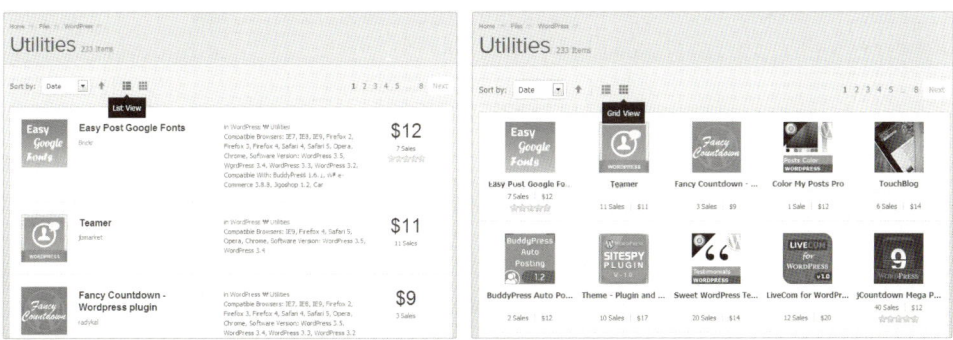

■ 플러그인 List View 옵션 화면    ■ 플러그인 Grid View 옵션 화면

## 검색으로 원하는 플러그인 빠르게 찾기

코드캐논은 검색을 통해서 원하는 플러그인을 빠르게 찾을 수 있습니다.

01 검색폼에 'menu'를 검색하면 코드캐논에 등록된 전체 아이템에서 'menu'와 관련 있는 아이템이 검색됩니다. 워드프레스뿐만 아니라 다른 카테고리도 검색됩니다. 워드프레스와 관련 있는 플러그인을 찾기 위해서 다음 그림의 오른쪽 카테고리 목록에서 워드프레스를 클릭합니다.

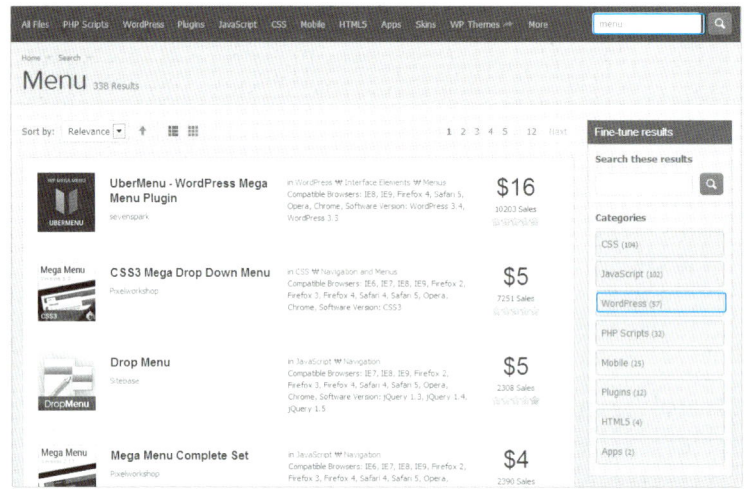

■ 'menu'로 검색된 아이템과 카테고리 화면

02 다음 화면과 같이 워드프레스 카테고리에서 'menu'와 관련 있는 플러그인 목록을 확인할 수 있습니다. 또한, 워드프레스내의 플러그인 카테고리도 확인할 수 있습니다.

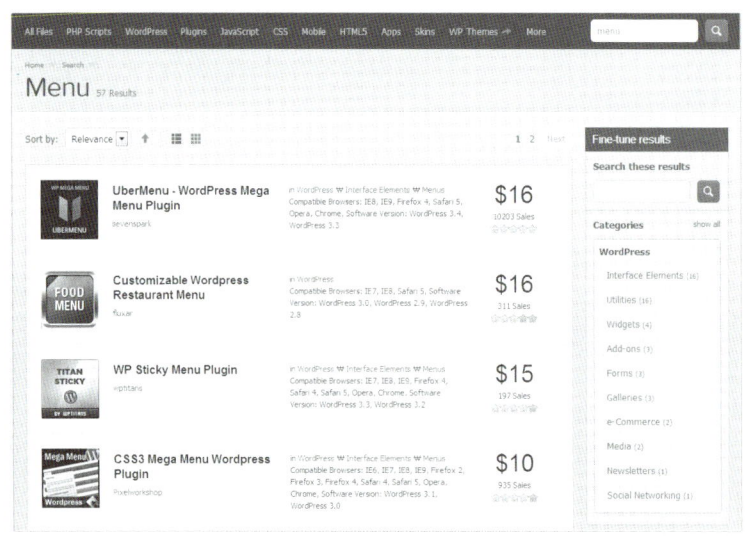

■ 워드프레스 카테고리에서 'menu'로 검색된 플러그인 목록 화면

## 플러그인 구매하기

이제 플러그인을 실제로 구입해보도록 하겠습니다.

### ▷ 플러그인 구매하기

본 장에서 예제로 사용할 플러그인은 'WeatherSlider WP-jQuery anim. WordPress widget' 으로 다음과 같은 날씨 위젯 플러그인입니다.

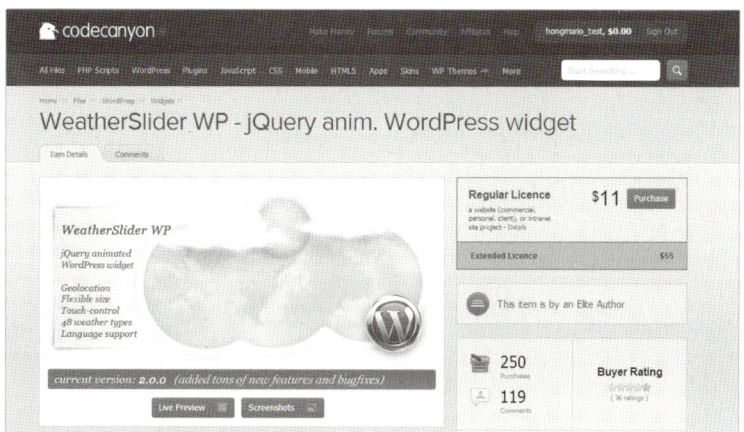

■ WeatherSlider WP-jQuery anim. WordPress widget 플러그인 상세정보 화면

### ▷ 구매 전 유의사항

만약 코드캐논에서 유료 플러그인을 구매했는데 워드프레스 플러그인이 아니면 난감할 것입니다. 코드캐논은 워드프레스뿐만 아니라 다양한 플러그인 및 스크립트를 판매하는 마켓플레이스입니다. 그렇기 때문에 구매 전에 반드시 알아두어야 할 사항들이 있습니다.

• 브라우저(IE, Chrome, Safari, Firefox 등) 호환이 되는가?
• 내가 사용하는 워드프레스 버전에 호환되는가?

■ 플러그인 지원 사항 화면

다음 그림과 같이 두 플러그인의 이름은 'WeatherSlider'로 동일합니다. 그림1은 11달러, 그림2는 7달러로 자세히 살펴보지 않은 상태에서 가격이 저렴하다는 이유만으로 일반 자바스크립트용으로 구매하는 실수를 범할 수도 있습니다.

동일한 이름의 플러그인을 구별하는 방법은 명칭으로도 확인할 수 있지만 현재 아이템의 위치(Breadcrumb Navigation)를 확인하면 알 수 있습니다. 플러그인명 위에 현재 아이템의 위치가 'Home > Files > WordPress> Widgets' 워드프레스 플러그인 것을 확인할 수 있습니다.

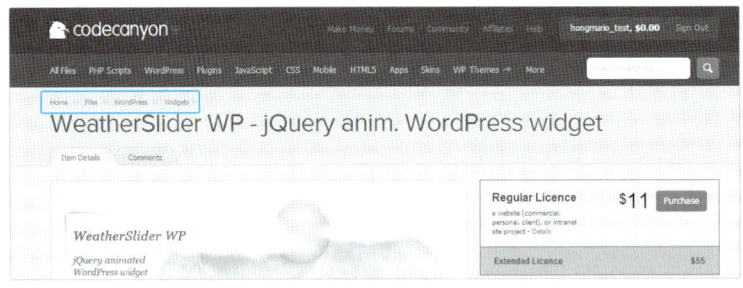

■ 그림 1. 워드프레스용 WeatherSlider WP 화면

플러그인 명 위에 현재 아이템의 위치가 'Home> Files > JavaScript> Sliders' 워드프레스 플러그인가 아닌 것을 확인할 수 있습니다.

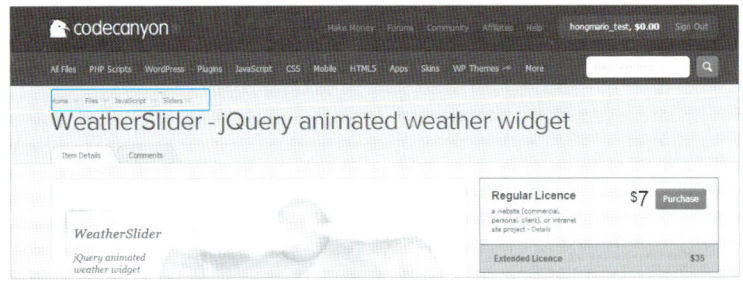

■ 그림 2. 일반 자바스크립트용 WeatherSlider 화면

▷ 확장(Extension) 플러그인 확인하기

확장 플러그인 같은 경우 메인 플러그인이 없으면 동작을 하지 않습니다. 다음은 UberMenu 플러그인의 확장 플러그인입니다.

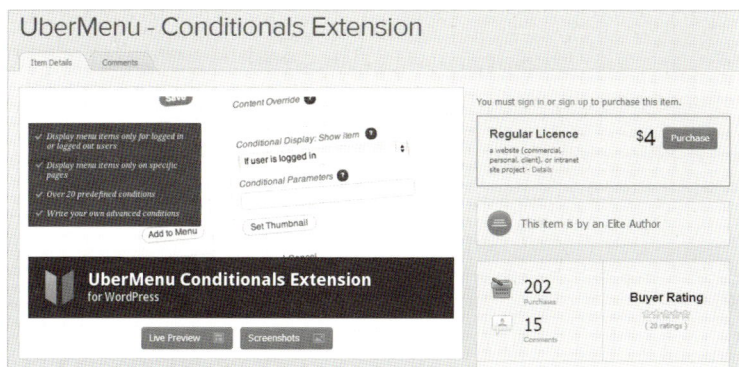

■ 확장 플러그인 화면

다음과 같은 요구사항(Requirements)에는 UberMenu 2.1+ 플러그인이 있어야 하며, UberMenu는 별도로 구매해야 한다고 명시되어 있습니다.

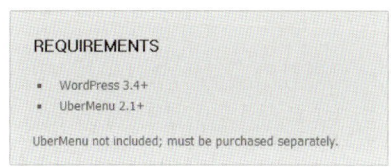

■ 확장 플러그인 요구사항 화면

▷ **Paypal(페이팔)로 결제하기**

페이팔 결제 수단을 이용하여 구매해보겠습니다.

**01** 앞에서 언급한 유의사항에 문제가 없다면 'Purchase' 버튼을 클릭합니다. Buy with Prepaid Credit / Buy Now 등 두 가지 구매 방법이 있는데 여기서는 'Buy Now'를 클릭합니다.

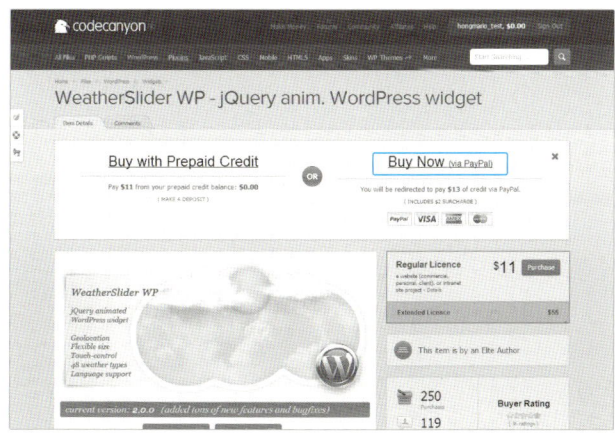

■ 플러그인 구매 화면

02 페이팔 결제화면으로 이동합니다. 페이팔 결제 품에서 국가(Country)는 'South Korea'을 선택하고 카드 번호, 카드 유효기간, CSC, 성명, 주소, 연락처, 이메일 등 플러그인 구매에 필요한 정보를 입력 후 'Review and Continue' 버튼을 클릭합니다.

■ 페이팔 국가 선택 시 바뀐 결제 폼 화면

03 구매 전에 결제 내용을 다시 한 번 확인 후 'Pay Now' 버튼을 클릭합니다.

■ 구매 전 최종 확인 화면

## 구매한 플러그인 확인하기

**01** 구매가 완료되면 다시 코드캐논 사이트로 이동되고, 내 정보의 다운로드 탭 화면이 나타납니다.

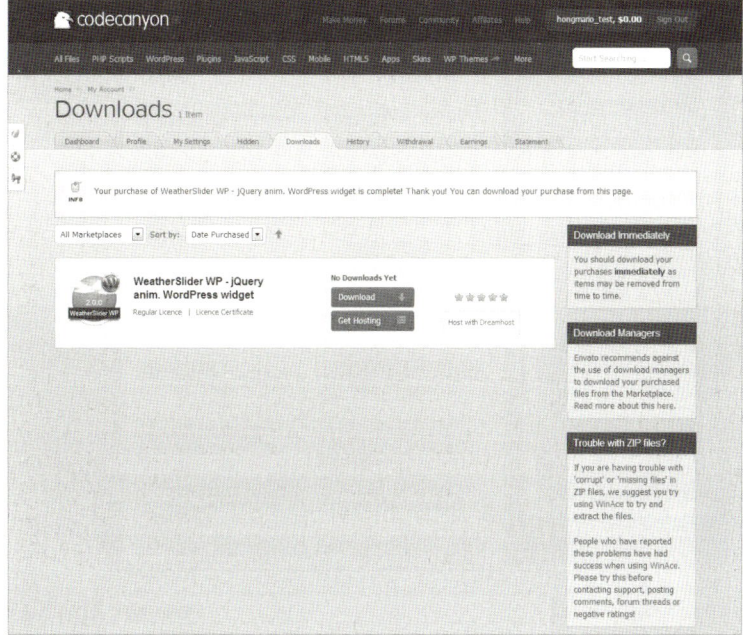

■ 내 정보 다운로드 탭 화면

**02** 'Download' 버튼을 클릭하여 'codecanyon-1250593-weatherslider-wp-jquery-anim-wordpress-widget.zip' 플러그인을 다운로드 받습니다.

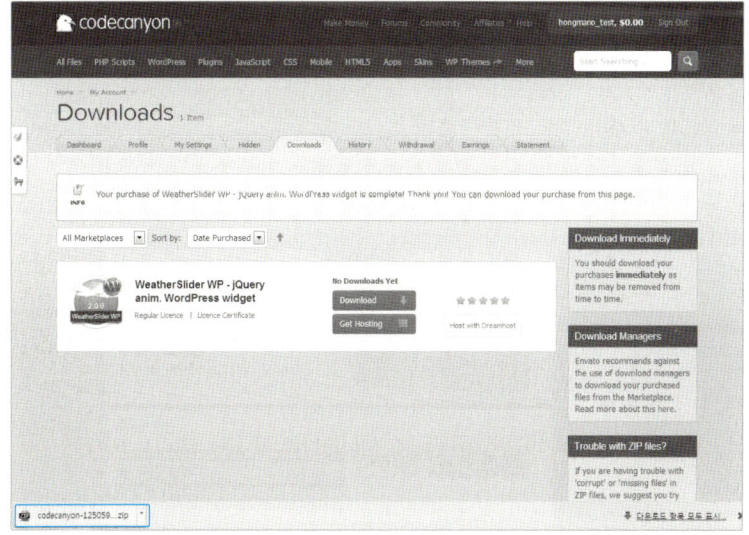

■ 플러그인 다운로드 화면

## 플러그인 즐겨찾기 & 즐겨찾기 메뉴 추가하기

코드캐논은 플러그인 상세보기 화면에서 해당 플러그인을 즐겨찾기로 설정할 수 있습니다.

01 'My Private Bookmarks' 컬렉션으로 선택되어 지며, 다음 그림에서 'Bookmark this!' 버튼을 클릭합니다.

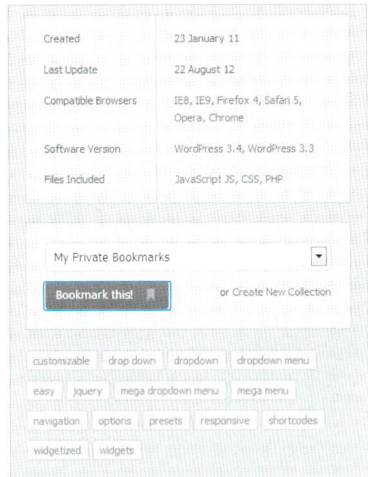

■ 플러그인 즐겨찾기 화면

02 다음 그림처럼 즐겨찾기 설정된 플러그인이 어느 컬렉션에 저장되어있는지 안내 메시지가 나타납니다.

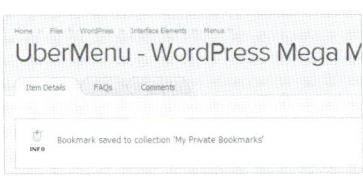

■ 'My Private Bookmarks' 컬렉션에 저장되었다는 안내 화면

03 이제, 즐겨찾기한 플러그인을 확인해보도록 하겠습니다. 코드캐논에서 로그인한 상태에서 자신의 계정의 'Bookmarks' 메뉴를 클릭합니다.

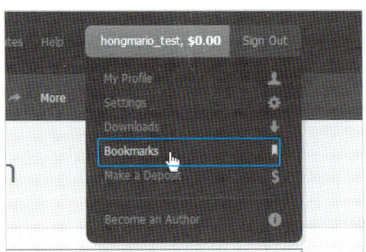

■ 나의 즐겨찾기 바로가기 화면

**04** 즐겨찾기 화면입니다. 컬렉션은 'public/private'으로 나뉘어 있으며, 컬렉션 추가 기능이 있습니다. 'My Private Bookmarks' 컬렉션을 클릭합니다.

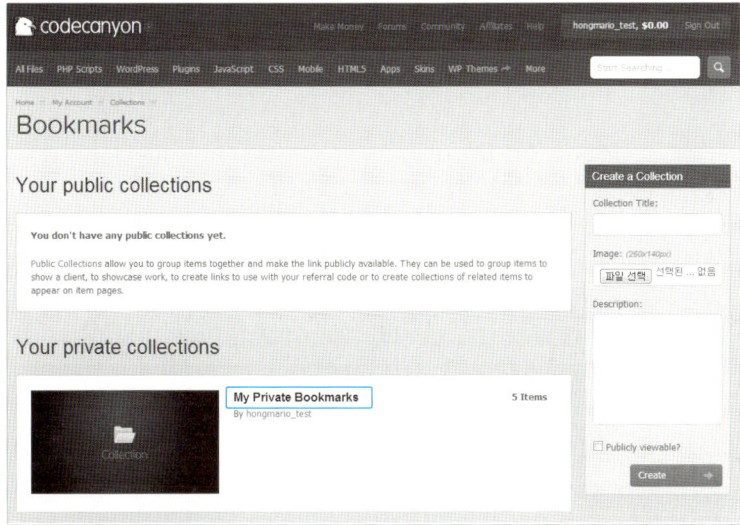

■ 즐겨찾기 화면

**05** 즐겨찾기한 플러그인 목록을 보여줍니다.

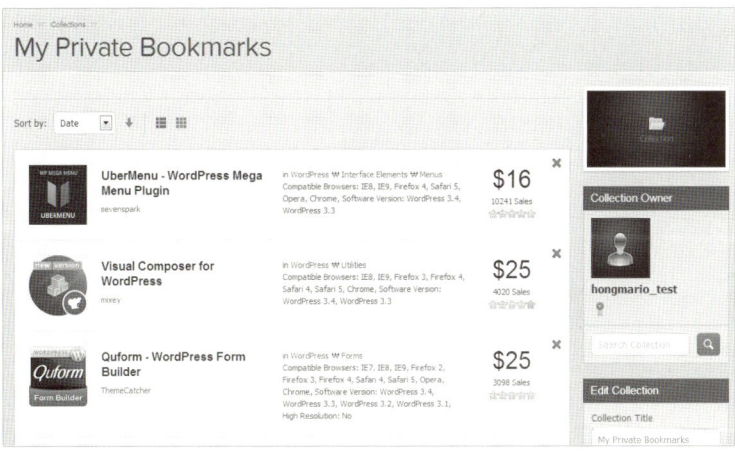

■ 'My Private Bookmarks' 컬렉션에 등록된 플러그인 목록 화면

## themeforest.net으로 바로가기

코드캐논 사이트에서는 현재 국내에서 가장 많은 워드프레스 유저들이 이용하는 유료테마 themeforest.net 사이트로 '바로가기' 가 가능합니다.

01 코드캐논 메인화면 상단 왼쪽 로고 옆의 화살표를 클릭하면 ENVATO의 마켓플레이스사이트 목록이 나타납니다. 여기서 원하는 마켓플레이스를 클릭하면 해당 사이트로 이동하게 됩니다. 또한 메뉴에서도 다음 화면처럼 바로가기를 할 수 있습니다.

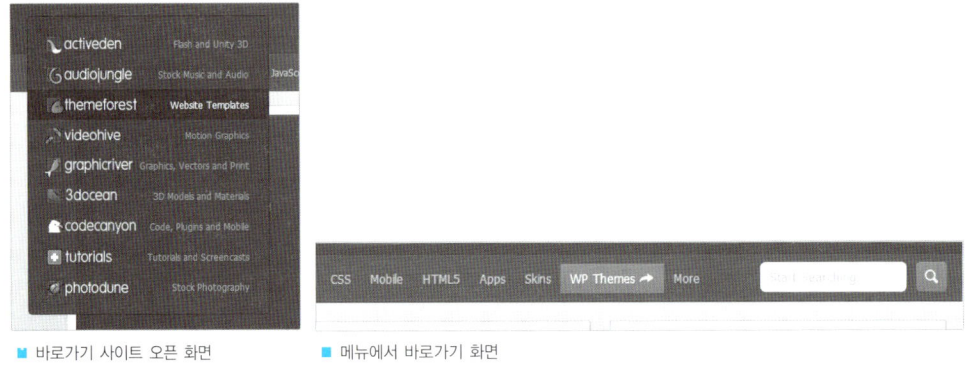

■ 바로가기 사이트 오픈 화면    ■ 메뉴에서 바로가기 화면

02 코드캐논 footer 영역에도 마찬가지로 ENVATO의 마켓플레이스 목록이 있기 때문에 원하는 마켓플레이스로 이동할 수 있습니다.

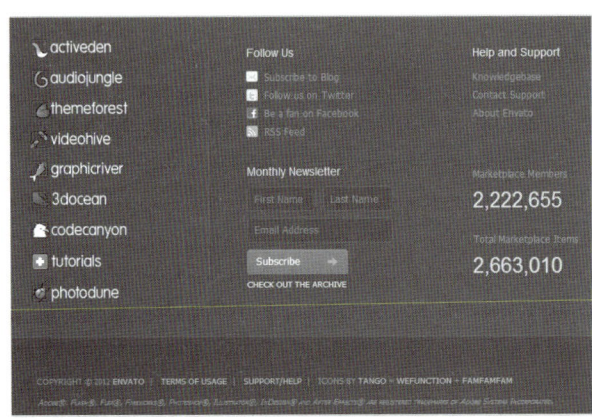

■ 코드캐논 footer에서 바로가기 사이트 화면

## WeatherSlider WP를 이용한 날씨정보 삽입하기

코드캐논이나 다른 마켓플레이스에서 유료로 구매한 플러그인을 살펴보면 플러그인 이외의 여러 가지 파일 및 디렉터리가 있습니다. 이 중 어떤 것이 플러그인이며, 워드프레스에 어떻게 적용하는지 등의 정보를 코드캐논 마스터에서 구매한 WeatherSlider WP 플러그인으로 알아보겠습니다.

## 유료 플러그인 압축 파일 구조 확인하기

**01** 유료 플러그인은 압축 파일을 압축 상태로 워드프레스에 올리면 플러그인 추가가 되지 않습니다. 'codecanyon-1250593-weatherslider-wp-jquery-anim-wordpress-widget.zip' 파일을 반디집이라는 압축 프로그램을 이용해서 압축을 풀면 3개의 디렉터리와 zip 파일이 있습니다.

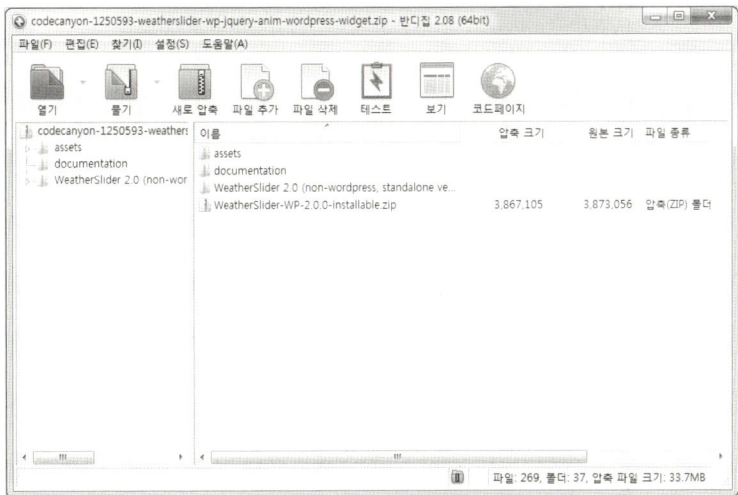

■ codecanyon-1250593-weatherslider-wp-jquery-anim-wordpress-widget.zip 화면

'codecanyon-1250593-weatherslider-wp-jquery-anim-wordpress-widget.zip' 파일의 압축을 풉니다.

- **디렉터리** : _MACOSX , assets, documentation, WeatherSlider 2.0 (non-wordpress, standalone version)
- **압축파일** : WeatherSlider-WP-2.0.0-installable.zip

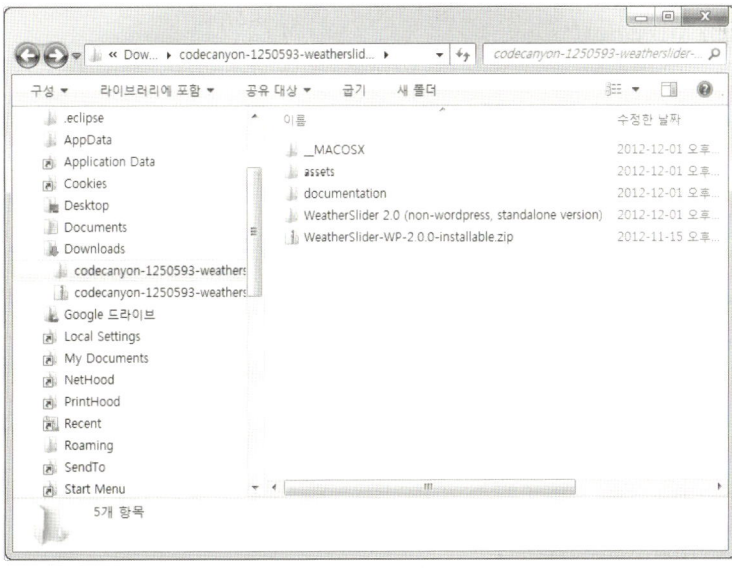

■ codecanyon-1250593-weatherslider-wp-jquery-anim-wordpress-widget 디렉터리 화면

02 'WeatherSlider-WP-2.0.0-installable.zip' 파일을 반디집으로 다시 열면 WeatherSlider 디렉터리에 플러그인과 관련된 php파일, css, js 디렉터리 등이 있습니다.

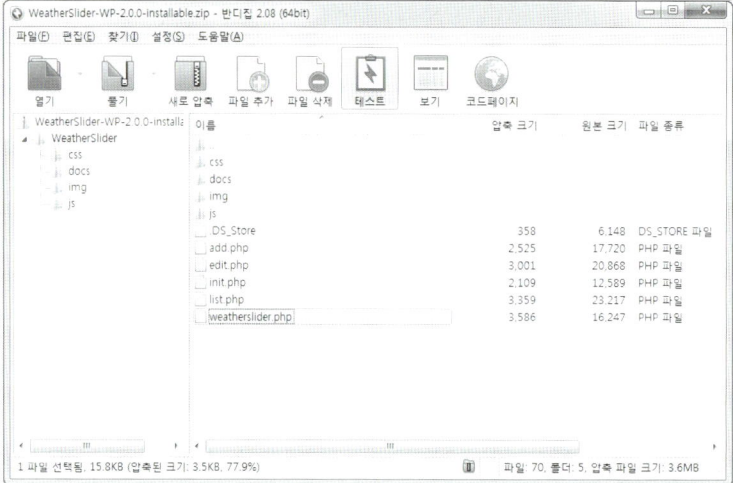

■ WeatherSlider-WP-2.0.0-installable.zip 화면

03 'WeatherSlider-WP-2.0.0-installable.zip' 파일의 압축을 풉니다.

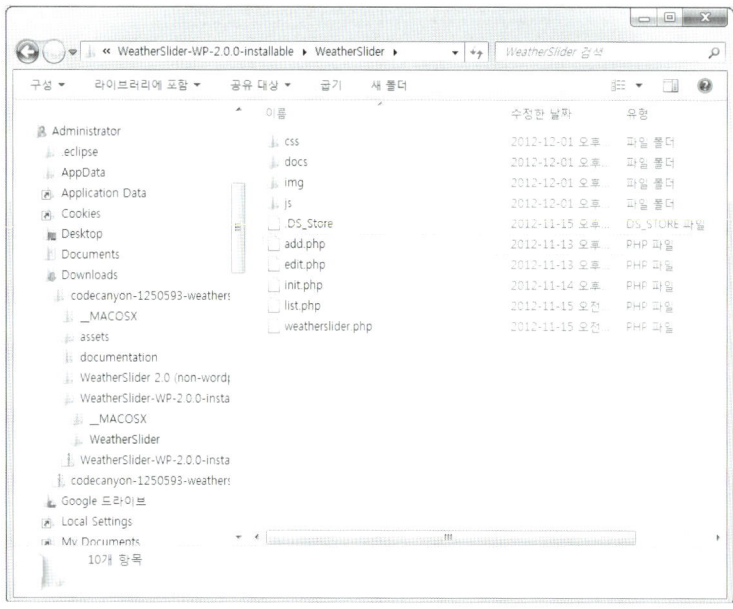

■ WeatherSlider-WP-2.0.0-installable 디렉터리 화면

# FTP 업로드하기

**01** 압축을 모두 풀어서 플러그인과 관련된 디렉터리(WeatherSlider)를 FTP에 업로드합니다.

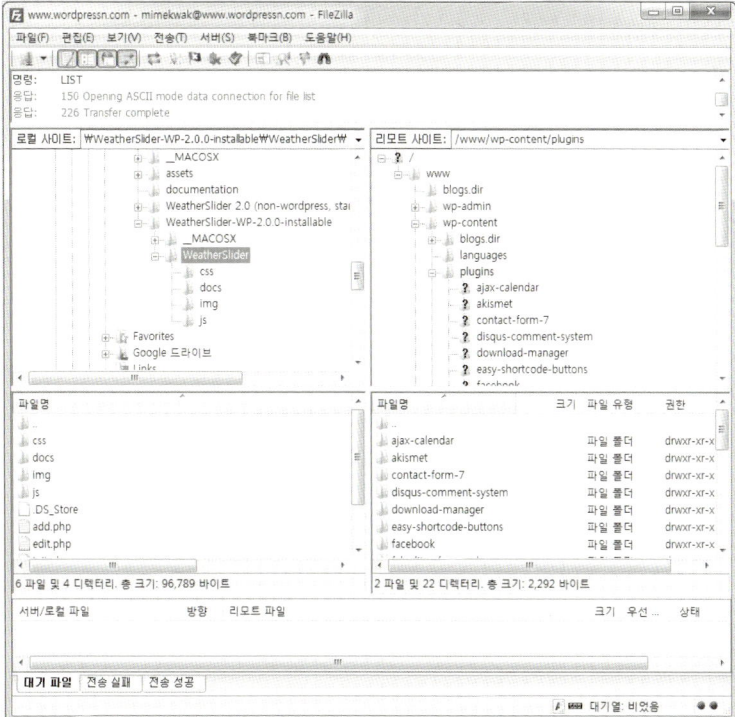

■ FTP 업로드 위치 확인 화면

**02** 업로드될 WeatherSlider 플러그인은 워드프레스 플러그인들이 있는 '/www/wp-content/plugins' 디렉터리입니다.

■ 플러그인이 업로드 될 디렉터리 화면

03 업로드할 WeatherSlider 플러그인은 로컬사이트(내 PC)에서 압축을 푼 WeatherSlider 디렉터리입니다.

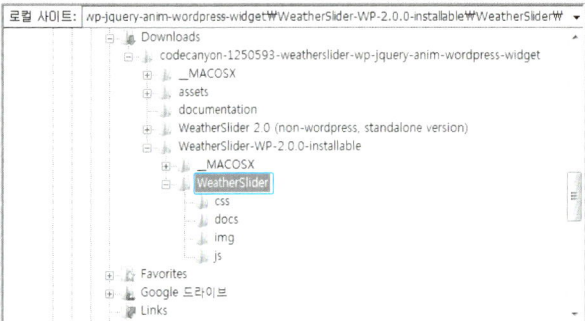

■ 업로드할 플러그인 디렉터리 화면

04 WeatherSlider 디렉터리를 리모트사이트의 plugins 디렉터리로 업로드합니다.

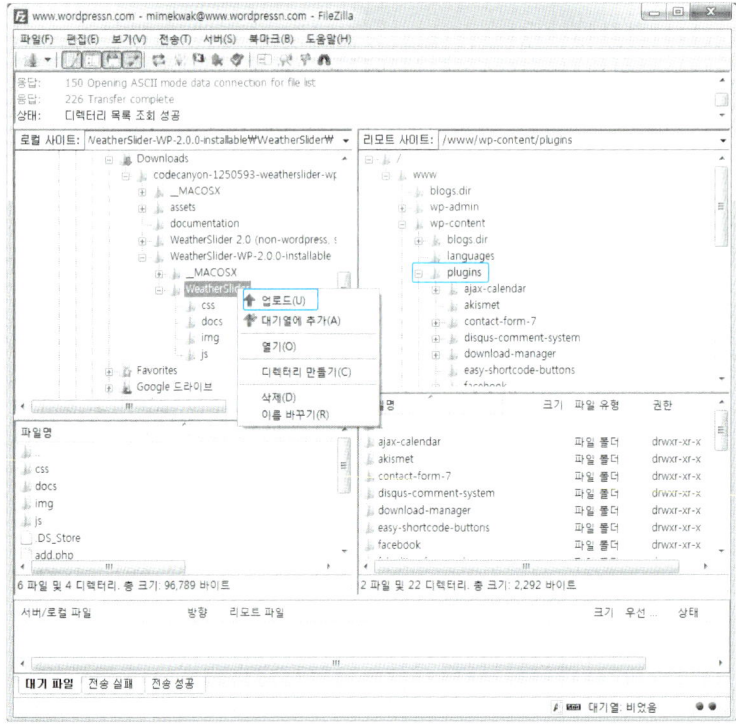

■ WeatherSlider 디렉터리 업로드 화면

## 플러그인 활성화 및 사용방법

01 플러그인이 등록되었는지 확인하기 위해서 워드프레스 관리자 페이지로 들어갑니다. '플러그인(Plugins) 〉 설치된 플러그인(Installed Plugins)' 메뉴를 클릭합니다. WeatherSlider WP 플러그인이 등록되었습니다. 이제 '활성화(Activate)' 링크를 클릭합니다. WeatherSlider WP 플러그인을 활성화 시키면 왼쪽 메뉴 목록에 WeatherSliderWP 메뉴가 추가됩니다. 또한, WeatherSlider WP를 사용하기 위해선 Online API key를 등록해야 한다는 안내문이 나타납니다.

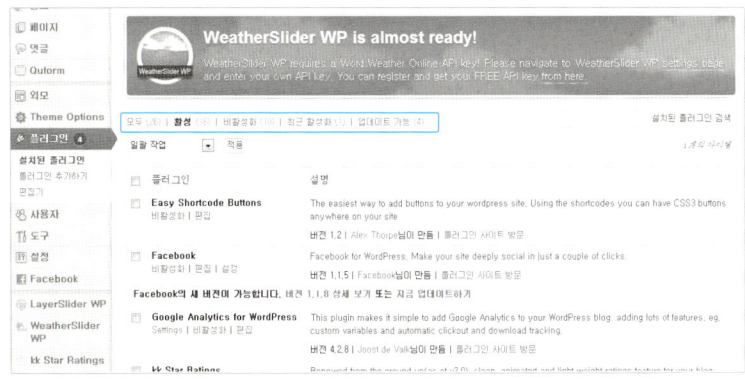

■ WeatherSlider WP 플러그인 활성화 화면

02 'WeatherSlider WP' 메뉴를 클릭합니다. 설정 화면에는 Your sliders, Global Settings, Language Setting, Save changes 등 네 영역으로 구분됩니다.
- **Your sliders** : WeatherSlider를 설정합니다.
- **Global Settings** : WWO(World Weather Online) 사이트에서 API Key를 발급하여 설정합니다.
- **Language Setting** : qTranslate 플러그인을 추가하여 WeatherSlider WP 번역 설정합니다.

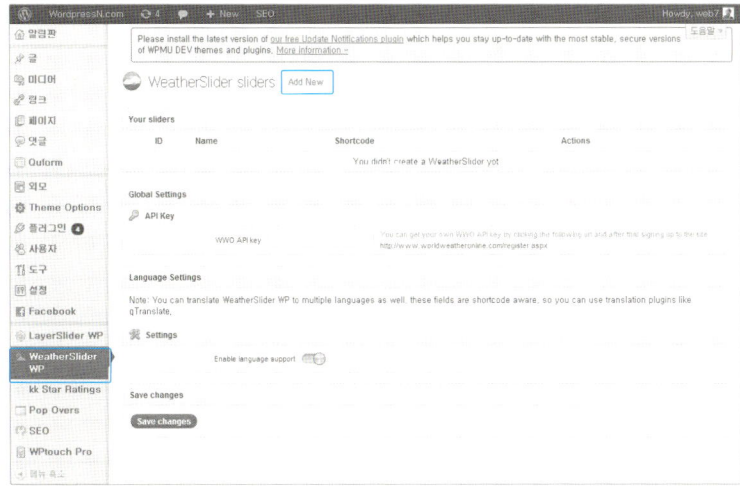

■ WeatherSlider WP 플러그인 설정 화면

03 이전 단계 화면 상단의 'Add New' 버튼을 클릭하여 새로운 WeatherSlider를 등록합니다. 새로운 WeatherSlider의 설정 화면에서 슬라이더 레이아웃, 위치(지역)설정 정보, 날씨/시간 설정, 애니메이션 설정 등 날씨 관련 정보를 쉽게 설정할 수 있습니다.

■ WeatherSlider 등록 화면

04 슬라이더 명은 자신이 결정할 수 있으며, 여기서는 'Home Slider'라고 입력하겠습니다. 날씨를 보여줄 Locations 위치정보를 입력합니다. 다음과 같이 도시(여기서는 'Seoul')를 입력하면 하단으로 관련 지역 정보를 보여줍니다.

■ Locations 설정 화면

05 서울, 부산의 위치정보를 설정하고, 화면 아래 'Save changes' 버튼을 클릭하여 저장합니다.

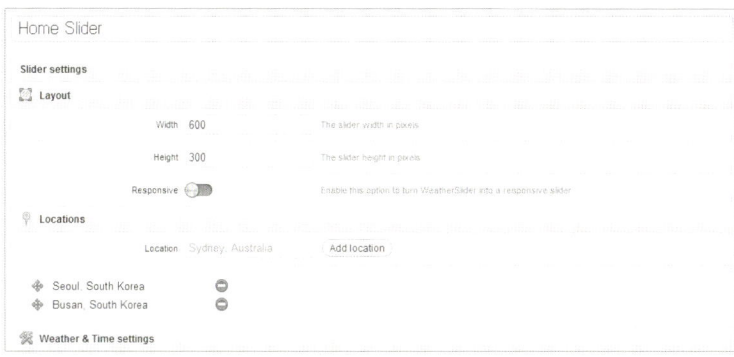

■ 서울, 부산 설정 화면

**06** 이제 'WeatherSlider silders' 목록으로 돌아가면 'Your sliders' 영역에 'Home Slider'가 등록되었습니다. WeatherSlider WP는 위젯영역 뿐만 아니라 숏코드를 이용하여 '포스트/페이지'에도 연결할 수 있습니다.

■ Home Slider 등록 화면

**07** 다음은 등록한 Home Slider를 위젯으로 연결하기 위해서 '알림판 > 외모 > 위젯' 메뉴를 클릭합니다. 다음과 같이 오른쪽 위젯 등록 영역은 사용하는 테마에 따라서 다를 수 있습니다. WeatherSlider WP 플러그인이 활성화되면 사용할 수 있는 위젯영역에서 'WeatherSlider Widget'이 만들어집니다.

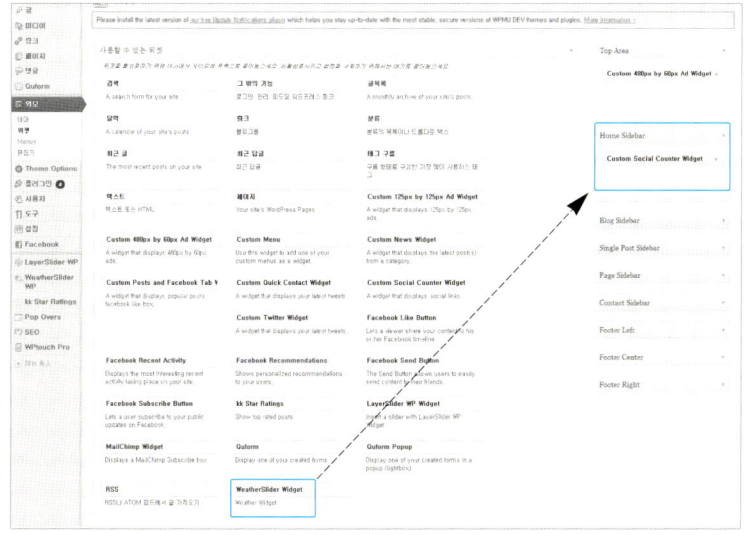

■ 위젯 등록 화면

08 위 화면의 'WeatherSlider Widget'을 드래그하여 'Home Sidebar'로 이동시킵니다. 다음 그림과 같이 Title을 오늘의 날씨로 입력하고 '저장하기' 버튼을 클릭합니다.

■ Home Sidebar에 WeatherSlider Widget 등록 화면

09 사이트 홈화면(여기서는 Wordpressn.com)으로 이동하여 'WeatherSlider Widget'이 등록되었는지 확인합니다. 그런데, 다음과 같이 'Location not found : Seoul, South Korea'이라는 메시지와 함께 날씨 정보 표시가 나타나지 않습니다.

■ 홈 화면에서 'WeatherSlider Widget' 등록 확인

10 WeatherSlider WP' 메뉴에서 API Key 정보를 입력해야 날씨 정보가 표시됩니다. API Key는 WWO 사이트에서 무료로 발급받을 수 있습니다.

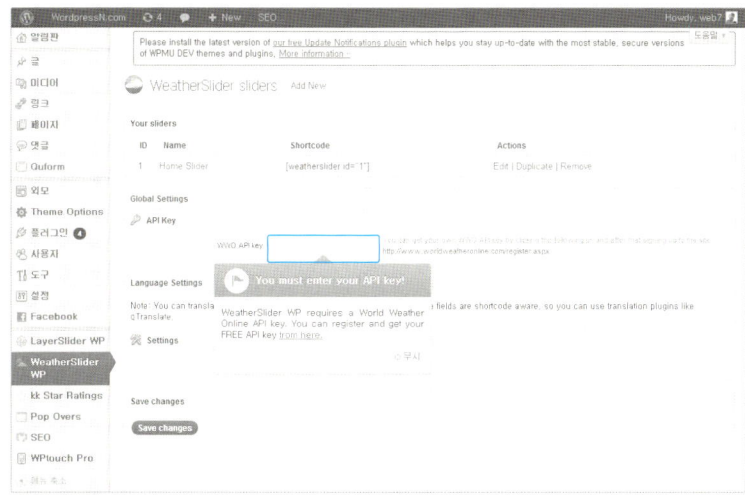

■ WeatherSlider WP 설정 및 WWO API Key 설정 화면

## WWO 사이트 API Key 받기

01 WWO(World Weather Online) 사이트의 API Key 발급 주소(http://www.worldweatheronline.com/register.aspx)에 접속합니다.

■ API Key 발급 폼 화면

**_tip_**

• API(Application Program Interface)란
프로그램에 어떤 처리를 위해서 호출할 수 있는 서브루틴 또는 함수들의 집합입니다.

**02** API Key 발급에 필요한 정보를 입력하고, 아래 화면의 밑에 있는 'Generate API Key' 버튼을 클릭합니다.

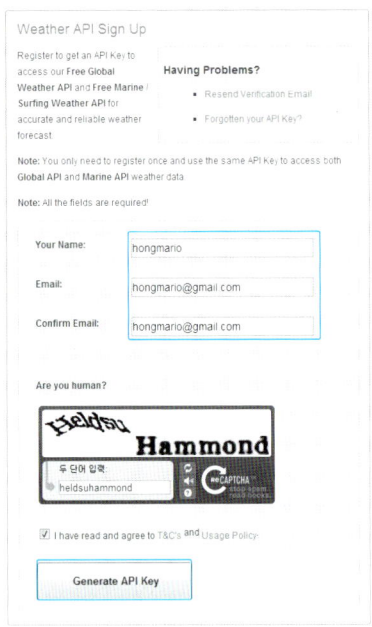

■ 정보 입력 화면

**03** API Key 발급이 완료되면, 입력한 이메일로 계정 확인 메일이 발송됩니다.

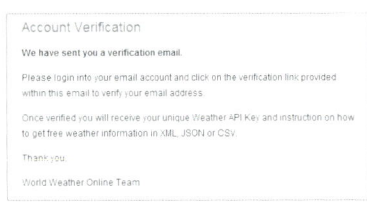

■ 계정 확인 메일 발송 화면

**04** 이메일을 확인하고, 계정 확인 완료 URL 링크를 클릭하면 계정 등록이 완료됩니다.

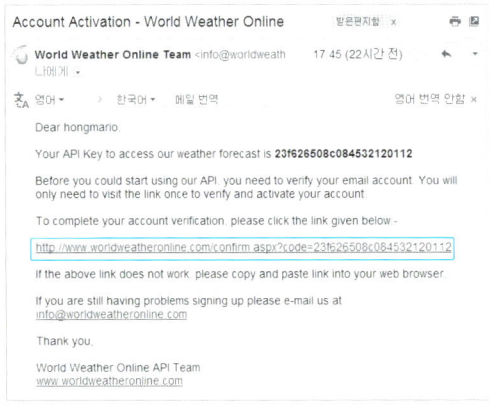

■ 이메일 계정 확인 화면

05 이메일에서 받은 API Key를 'WeatherSlider WP' 설정화면의 API Key 입력 박스에 입력하고 'Save changes' 버튼을 클릭하여 저장합니다.

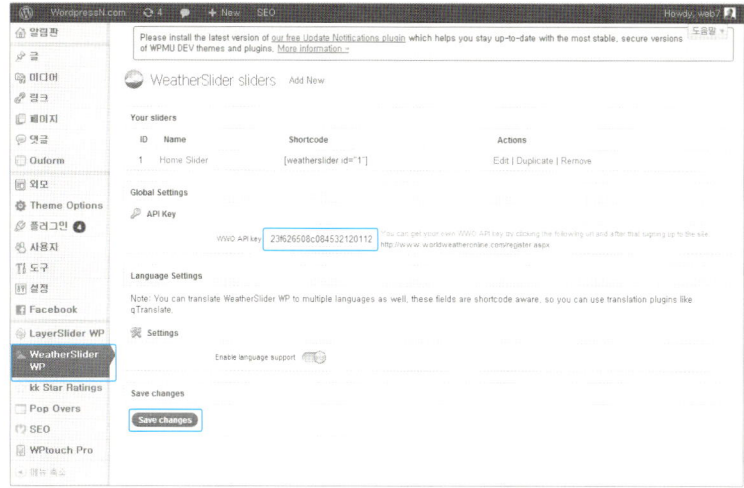

■ WWO API Key 설정 화면

06 제대로 구현되었는지 확인하기 위해 다시 사이트 홈 화면으로 이동한 후 'WeatherSlider Widget'의 날씨정보가 제대로 나타나는지 확인합니다. 사이트의 우측에 오늘의 날씨정보와 구름 이미지가 보이는 것을 확인할 수 있습니다.

■ 날씨정보 확인

## Visual Composer를 이용한 회사소개 페이지 만들기

Visual Composer는 다양한 기능을 구사할 수 있는 편집기로 드림위버나 나모웹에디터와 다소 유사한 개념의 프로그램과 같은 플러그인이라 할 수 있습니다.

Visual Composer에서 제공하는 유튜브 동영상들을 보면 웹사이트를 Visual Composer 한 가지로 웹사이트를 손쉽고 빠르게 만들 수 있을 정도로 막강한 기능을 가지고 있습니다. 하지만, 유료 플러그인이기 때문에 꼭 필요하다고 판단되면 구입해서 사용하면 좋을 거 같습니다.

01 코드캐논의 Visual Composer 사이트(http://goo.gl/LmrnF)에 접속합니다.

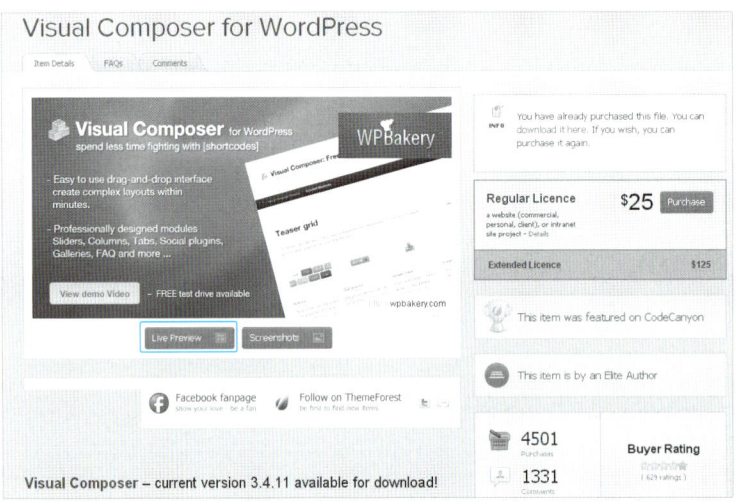

■ Visual Composer 홈페이지

02 위 그림에서 'Live Preview' 버튼을 클릭하면 Visual Composer에 관한 유튜브 동영상 (http://goo.gl/Y1Vod)을 볼 수 있습니다. 유튜브 동영상을 보면 어떠한 기능을 가지고 있는지 어떻게 만드는지를 자세히 보여줍니다. 이제 Visual Composer($25) 구입을 했다고 가정하고 실제로 워드프레스에서 어떻게 적용되는지 살펴보도록 하겠습니다. Visual Composer를 다운받은 후 'codecanyon-242431-visual-composer-for-wordpress.zip' 파일을 그대로 플러그인에 설치합니다. 단, Visual Composer는 반드시 페이지에서만 작동이 가능합니다. 여기서는 샘플로 wordpressn.com의 운영진들을 소개하는 코너로 페이지를 만들어 보도록 하겠습니다. 페이지 추가를 하면 다음 그림처럼 제목 박스 바로 아래 'Visual Composer' 버튼이 생긴 것을 알 수 있습니다. 제목을 입력하고 'Visual Composer'를 클릭합니다.

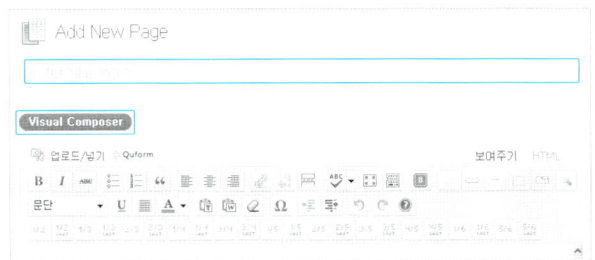

■ 페이지 추가 시 나타나는 Visual Composer

**03** 'Add element' 버튼을 클릭합니다.

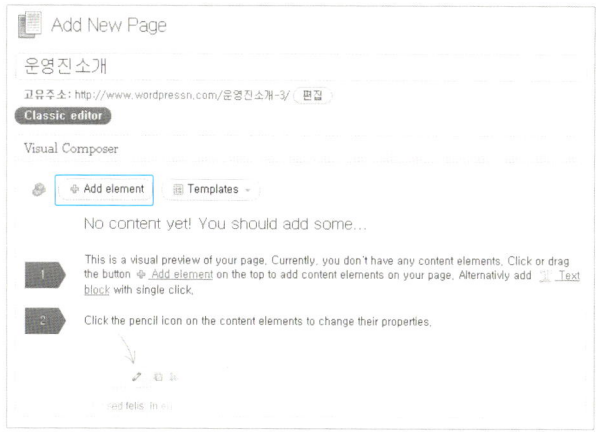

■ Visual Composer 클릭 시 페이지에 나타나는 화면

**04** 다음과 같은 요소 유형(Element type)을 선택할 수 있습니다.

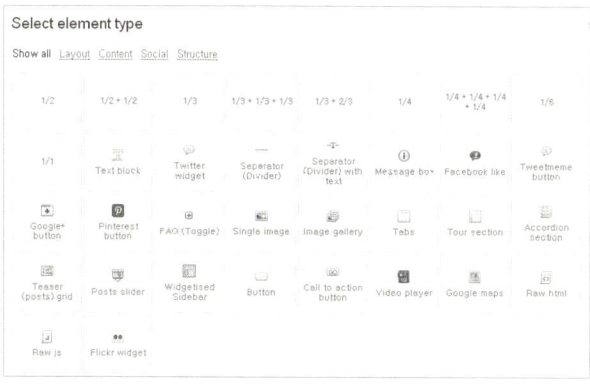

■ Select element type 종류들

이제, 요소 유형 아이콘들, 즉 Visual Composer 주요기능은 다음과 같습니다.

- **1/2~1/1** : 칼럼의 사이즈를 의미합니다. 가로 폭의 최대 폭에서 어느 정도(몇 분의 몇)의 사이즈로 칼럼을 보여줄 것인지 정할 수 있습니다.
- **Text block** : 칼럼 내 텍스트 블락을 넣을 수 있으며, 가장 기본적인 텍스트 삽입이라 할 수 있습니다.
- **Twitter widget** : 트위터 최근글 등을 썸네일 형태로 보여주는 위젯입니다.
- **Seperator** : 문단을 분리하는 바입니다.
- **Seperator with Text** : 문단을 분리할 때 텍스트를 삽입할 수 있습니다.

- **Message box** : 알림 또는 공지 등의 메시지를 삽입하는 기능을 포함하고 있습니다.
- **Facebook Like button** : 페이스북 라이크 버튼 삽입(트위터, 구글 등 모두 유사)
- **FAQ** : FAQ 기능 삽입
- **Single Image** : 하나의 이미지 삽입
- **Image gallery** : 여러 장의 이미지 삽입 및 다양한 슬라이드 효과 적용
- **Tabs** : 여러 개의 탭을 추가할 수 있는 기능
- **Tour Section / According section** : Tabs와 유사한 기능으로 세로방식으로 구분
- **Teaser(posts)grid** : 특정 카테고리 포스트 글과 이미지를 썸네일 형태로 보여주는 기능
- **Posts slider** : 포스트 이미지를 메인화면 슬라이드처럼 보여주는 기능

여기서는 몇 가지 기본적인 방법을 익혀보도록 하겠습니다.

**01** Visual Composer를 실행한 후 다양한 아이콘 실행하면 다음과 같은 그림이 나옵니다.

■ Visual Composer 편집 화면

모든 Element type에 공통적으로 적용되는 아이콘이며, 각 아이콘의 기능에 대해서 알아보겠습니다.

- ◀ 1/4 ▶ : 전체 영역에서 위의 [Taps]의 공간을 어디까지 차지할 것인지를 정해주는 기능의 아이콘입니다. 가로라인 즉, 동일한 행에서 전체 페이지 넓이 영역에서 얼마나 차지할 것인지 정하는 것입니다. 가령, 전체 페이지 영역의 가로가 600픽셀이라면 1/2일 경우 300픽셀의 공간을 차지한다는 것을 의미하며, 위 그림과 같이 탭의 사이즈를 3/4로 정했으면 450픽셀의 공간을 차지하게 됩니다. 이는 이미 왼쪽의 이미지가 150픽셀로 정해져있는 상태에서 순차적으로 적용이 되며, 만약 탭 사이즈가 3/4보다 더 큰 사이즈가 되면, 자동으로 탭이 밑으로 밀려가게 됩니다.
- ✎ : 수정/편집할 수 있는 아이콘입니다.
- 📋 ✖ : 복사와 해당 Element를 삭제하는 기능입니다.

**02** 다음과 같이 Visual Composer를 이용해서 운영진 소개 페이지를 만들었습니다. 이미지는 3개를 넣어서 슬라이드 형식으로 보여주고 프로필을 탭 기능을 이용해서 표현했습니다. 이처럼 Visual Composer는 페이지를 다양하게 개성 있게 표현할 수 있습니다.

■ Visual Composer를 이용한 운영진 소개페이지

## Quform을 이용한 입력폼 만들기

일반적으로 워드프레스의 입력폼(Contact form) 플러그인은 'Contact form7'을 가장 많이 이용하지만, 기본 기능 이외 다양하게 응용하려면 다소 어려움이 따를 수 있습니다. 여기서는 다양한 기능을 구현하기 위해 'Quform'이라는 유료 플러그인($25)을 사이트에 적용시켜보도록 하겠습니다.

Quform은 워드프레스 사이트를 쉽고 빠르게 여러 양식을 구축할 수 있는 플러그인으로 복잡한 양식도 소스를 수정하지 않고 매우 쉽고 간단하게 자신이 원하는 폼으로 구현할 수 있습니다. 즉, 접수 및 예약 시스템을 가장 쉽게 체계화 할 수 있는 플러그인이라 생각할 수 있습니다.

01 Quform의 홈페이지(http://goo.gl/EUOCG)에 접속합니다.

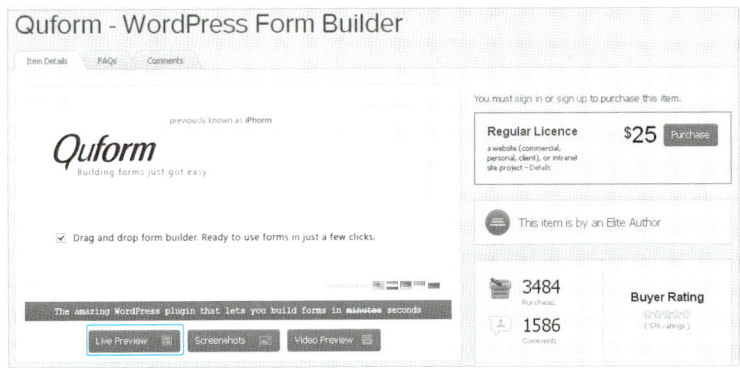
■ Quform 홈페이지 메인 화면

02 Quform 홈페이지 메인 화면에서 'Live Preview' 버튼을 클릭하면 다음 그림과 같이 밝은 배경, 어두운 배경, 고객설문조사, 웨딩 청첩장, 예약 서비스, 멀티파일 업로드, 팝업폼 등 다양한 형태의 폼 제작이 가능하다는 것을 알 수 있습니다.

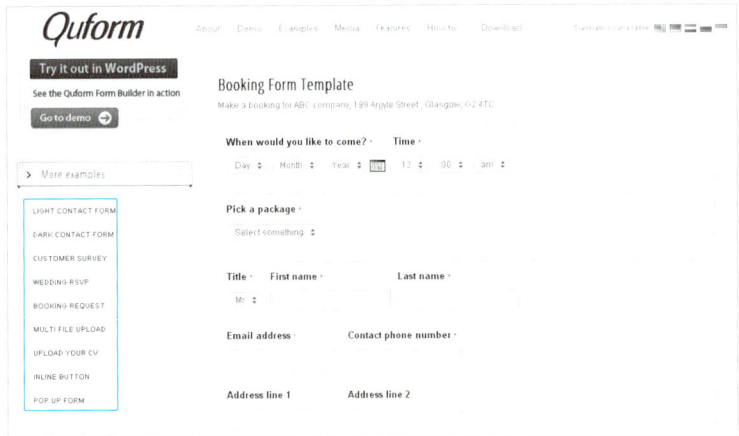
■ Quform의 다양한 기능 예시 화면

03 결제와 설치 후 간단한 신청품을 실제로 만들어 보도록 하겠습니다. Quform을 결제한 후 파일을 다운받고 자신의 '알림판 〉 플러그인설치'에서 플러그인을 설치하면 다음 그림과 같이 알림판에 Quform 메뉴가 생긴 것을 확인할 수 있습니다.

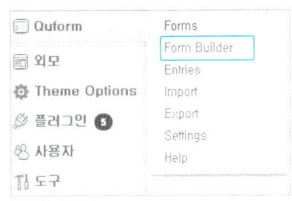
■ Quform 메뉴 생성

**04** 다음 그림과 같이 'Quform 〉 Form Builder' 메뉴를 클릭하면 새로운 창이 나타납니다. 그 다음에 빈 공란에 새로운 폼의 제목을 입력한 후 'OK' 버튼을 클릭합니다.

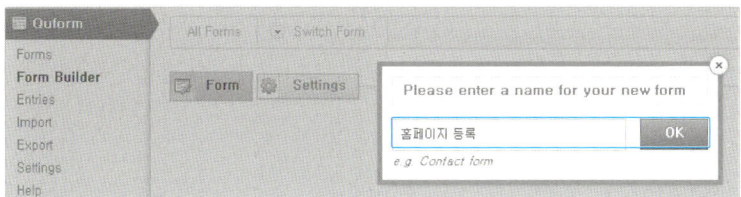

■ Quform 폼 제목 입력하기

**05** 다음 그림과 같이 우측 메뉴에 'Popular' 탭과 'More' 탭이 보입니다. 다음 그림 우측 메뉴 중 'Single Lines Text'를 클릭하면 기본적으로 'Settings' 항목을 보여줍니다. 여기서 Label은 원하는 박스의 제목을 입력하는 곳이고, Description은 설명이 필요할 경우에 작성합니다. 그리고 Required는 필수입력 항목일 경우 체크를 해주어야 합니다. Tooltip은 제목에 마우스를 위치시키면 간단하게 요약한 텍스트 설명 문구를 말합니다. 그 외 메뉴들도 거의 비슷한 형태로 구성되어 있습니다.

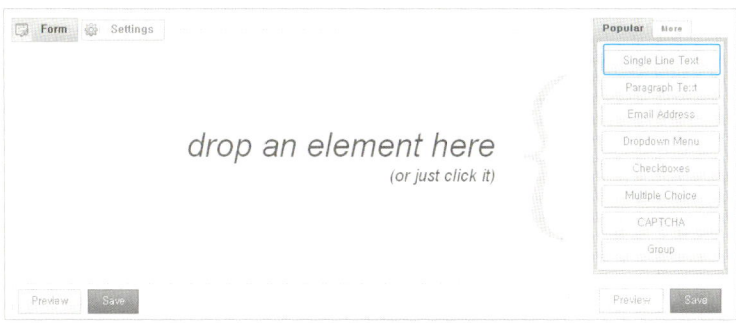

■ Quform 기본 화면구성

Quform 메뉴의 기능은 다음과 같습니다.
- Single Line Text : 한 칸 크기의 박스
- Paragraph Text : 많은 글을 적을 수 있는 박스
- Email Address : 이메일 주소 입력 박스
- Dropdown Menu : 드롭다운 메뉴
- Checkboxes : 여러 개중 한 개만 체크해야 하는 체크 박스
- Mutiple Choice : 여러 개를 동시에 선택할 수 있는 박스
- CAPTCHA : 스팸방지를 위해 '숫자+단어'를 입력시켜 스팸을 방지하기 위한 옵션
- Group : 여러폼을 묶어서 그룹으로 설정이 가능한 기능
- Preview : 작업 중간에 미리보기를 할 수 있는 기능

■ Quform의 주요메뉴

06 다음은 그룹 설정에 대해서 알아보도록 하겠습니다. 먼저, 다음 그림과 같이 그룹을 클릭하면 그룹의 시작 라인과 종료라인이 나타납니다.

■ 그룹 라인 생성 화면

07 마우스를 그림과 같이 원하는 곳에 위치시키면 다음 그림과 같이 설명 박스가 표시됩니다.

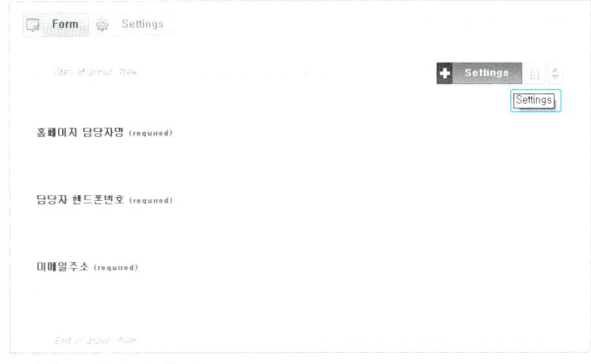

■ Quform 그룹 위치 정하기

08 그룹에서는 위 화면에서 보이는 3개의 박스를 하나의 행에 표시가 가능하게 설정할 수 있습니다. 다음 그림과 같이 'Setting' 탭에서 'Optional'을 선택합니다.

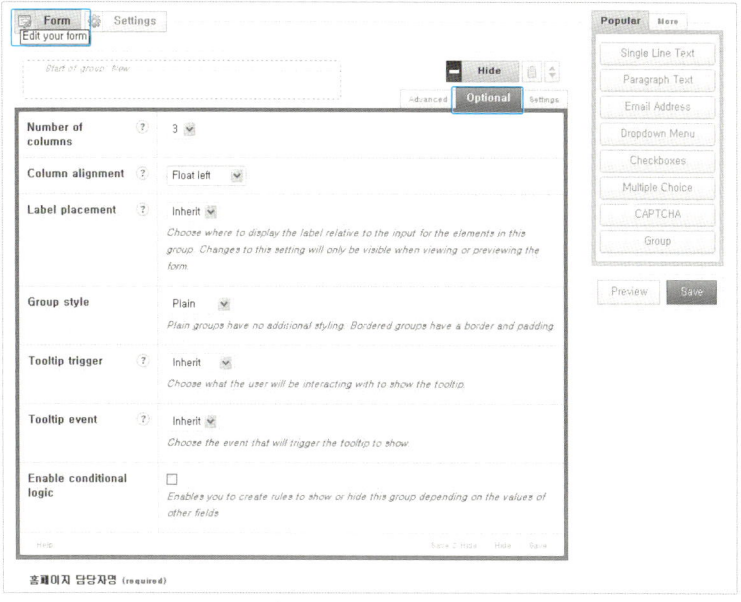

■ 그룹 옵션 설정하기

09 'Number of columns'는 '3', 'Column alignment'는 'Float left'를 선택합니다. 이는 3개의 박스를 왼쪽 정렬로 설정하겠다는 의미입니다. 이제 다음 그림처럼 3개의 칼럼이 왼쪽 정렬로 나열되어 있음을 볼 수 있습니다. 이는 주로 각각의 박스가 짧은 단어로 구성될 경우 적용하면 편리합니다.

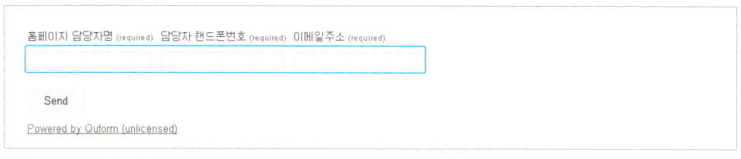

■ 그룹설정에서 3개의 박스가 왼쪽정렬된 결과 화면

10 체크박스 설정을 살펴보도록 하겠습니다. 체크박스를 선택하고 'Settings'을 선택하면 디폴트(초기값)으로 보여줄 항목을 선택하게 되어 있습! 다. 만약 다음 그림처럼 3가지 항목 중 'themeforest(유료테마)'가 가장 많이 선택할 것으로 예상된다면, 이를 디폴트값으로 지정합니다.

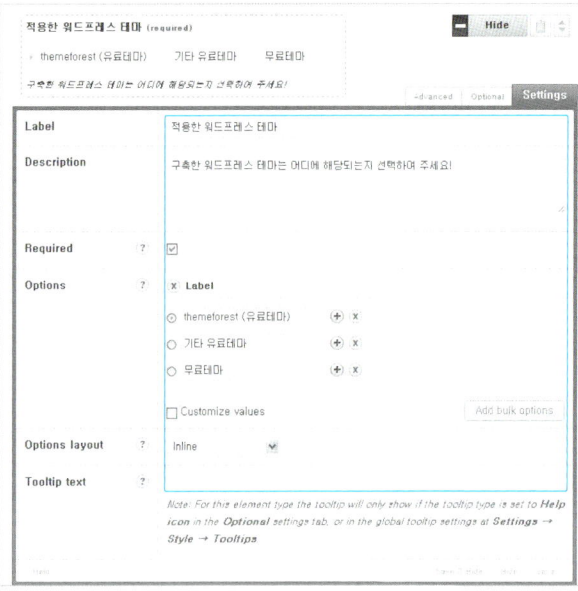

■ Quform 체크박스 세팅화면

11 이제 대부분의 세팅이 끝났습니다. 다음 그림처럼 Quform 기본화면 왼쪽 상단에 있는 'Settings' 탭을 클릭합니다. 아래와 같이 기본설정을 할 수 있는 화면이 나옵니다. 여기서의 설정값은 생성할 폼에 대한 설명하는 부분과 'Successful submit options'는 폼 양식에 맞게 입력했을 때 알려주는 메시지 내용을 작성하는 공간입니다.

■ 생성할 폼의 기본설정

208 □ 워드프레스 실전활용 블로그형 홈페이지 · 웹사이트 만들기

12 이제 모든 설정이 완료되었습니다. 마지막으로 페이지에서 새로운 페이지를 생성한 후 '업로드/넣기' 우측에 있는 'Quform' 버튼을 클릭하고 자신이 만든 폼 명을 선택해줍니다.

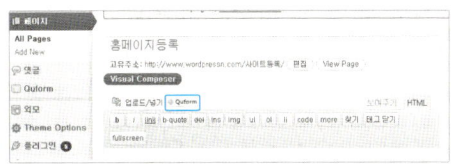 

■ Quform 페이지에 등록

13 이제 사이트에서 다음과 같이 완료된 것을 확인할 수 있습니다.

■ Quform으로 만든 폼 사이트에서 구현된 화면

14 실제로 사이트에서 입력하면 입력된 결과를 다음 그림과 같이 '알림판 > Quform > Entries'에서 확인할 수 있습니다.

■ Quform Entries에서 등록한 결과 확인

Chapter 01과 Chapter 02에서 블로그형 홈페이지와 웹사이트의 커스터마이징을 하기 위한 여러 작업을 했다면, Chapter 03에서는 워드프레스 중급 수준에서 반드시 습득해야 될 필수 기술만을 모아서 정리하였습니다. 많은 워드프레스 사용자들이 어려워하고 고민하는 여러 부분 중 특히, 네이버 또는 티스토리로 만든 블로그를 워드프레스로 변경하고자 하는 사용자, 워드프레스 사이트들 좀 더 막강한 기능과 디자인을 원하는 사용자들이 반드시 알아야 할 중요한 기술들만을 정리하였습니다.

**워드프레스 실전활용**
블로그형 홈페이지·웹사이트 만들기

# Chapter 03

## 중급자가 반드시 알아야할 22가지 기술

**Lesson 01** 설치/사용법 관련 기술
**Lesson 02** 테마옵션 & 플러그램 관련 기술
**Lesson 03** 소스 수정하기

Chapter 03    Lesson 01

# 설치/사용법 관련 기술

워드프레스를 처음 접하는 경우 테스트 목적 또는 비용 절감 목적 등으로 무료 호스팅을 이용하는 경우가 많습니다. 특히 무료 호스팅 서비스를 이용하여 워드프레스 사이트를 운영하는 도중 어느 날 갑자기 운영자도 모르는 에러가 발생해 사이트가 접속되지 않는 사태가 발생하는 경우가 있습니다. 이런 경우 워드프레스를 초기화 하거나 FTP를 활용해서 해결해야 합니다. 이 섹션에서는 워드프레스에서 가장 중요하고 기본이 되는 초기화 방법과 FTP 활용법에 대해서 설명하겠습니다.

## 워드프레스 초기화

워드프레스를 초기화하기 위해서는 파일 삭제와 함께 데이터베이스의 테이블도 삭제해 주어야 됩니다.

- **파일 삭제** : FTP를 이용하여 삭제합니다.
- **데이터베이스의 테이블 삭제** : MYSQL에서 삭제해주면 되는데 MYSQL을 관리할 수 있는 웹 프로그램인 PHPMYADMIN을 이용하여 삭제할 수 있습니다.

### FTP를 이용하여 삭제하는 방법

FTP에 접속을 하기 위해서는 URL과 비밀번호, 그리고 포트가 필요합니다. FTP에 필요한 URL을 알지 못하는 경우에는 가입한 호스팅서비스(여기서는 CAFE24 호스팅 서비스)에 로그인하면 확인 가능합니다.

■ cafe24 사이트

**01** CAFE24 사이트(www.cafe24.com)에 로그인한 후 '호스팅 관련서비스'에서 웹FTP 메뉴를 클릭합니다.

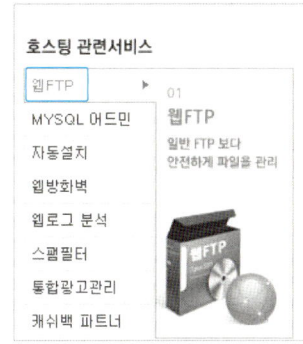

■ CAFE24 메인화면 왼쪽 중간에 위치한 웹FTP 메뉴

**02** '카페24 웹FTP 접속하기' 버튼을 클릭하면 도메인 아이디와 포트를 확인할 수 있습니다.

■ 웹FTP 메뉴 클릭 후

■ 카페24 웹FTP 접속하기 버튼 클릭 후

**03** FTP접속에 필요한 도메인(URL)과 접속포트를 확인했다면 파일질라를 이용하여 접속을 합니다.

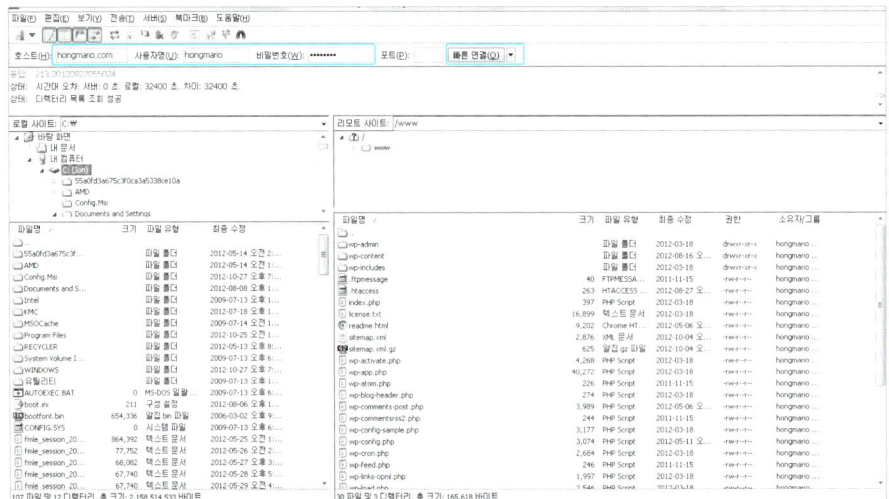

■ 파일질라 FTP 접속화면

**04** 파일질라 FTP 리모트 사이트 창에서 'www' 폴더를 클릭한 후 모든 파일을 선택(Ctrl+A)한 후 Delete 키를 누르면 파일 삭제 안내 메시지 창이 나타납니다. 여기에서 '[예(Y)]' 버튼을 클릭하여 삭제합니다.

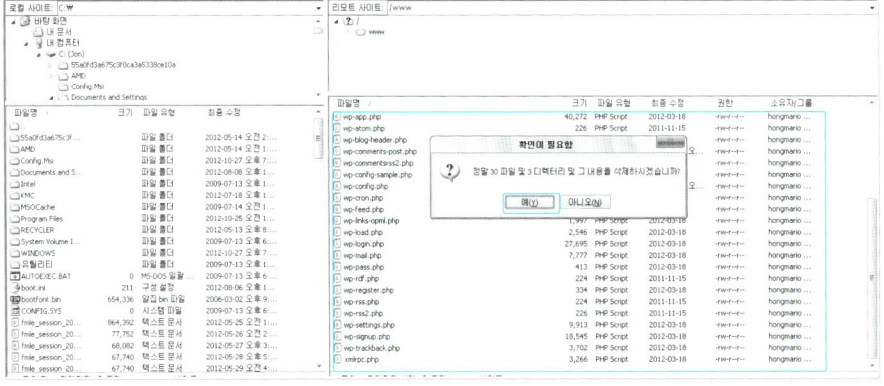

■ 파일질라 FTP 파일삭제 화면

## PHPMYADMIN을 이용하여 데이터베이스 삭제하기

01 모든 워드프레스 관련 파일을 모두 삭제한 후 PHPMYADMIN을 접속합니다. 웹FTP를 확인하는 페이지에서 왼쪽 서브메뉴 하단에서 '서비스 접속관리 〉 MySQL 웹어드민' 메뉴를 선택한 후 '접속하기' 버튼을 클릭합니다.

■ 카페24 웹FTP 화면

■ MySQL 웹어드민 화면

02 이제 위 화면에서 '접속 URL'을 클릭하거나 복사해서 주소 창에 넣고 이동하면 아래와 같이 PHPMYADMIN 로그인 페이지가 나타납니다. CAFE24에서 사용하는 아이디와 패스워드를 입력한 후 '실행' 버튼을 클릭하여 로그인합니다.

■ PHPMYADMIN

03 PHPMYADMIN 접속화면이 나타납니다. '데이터베이스'를 클릭하면 설치된 워드프레스 테이블이 보입니다.

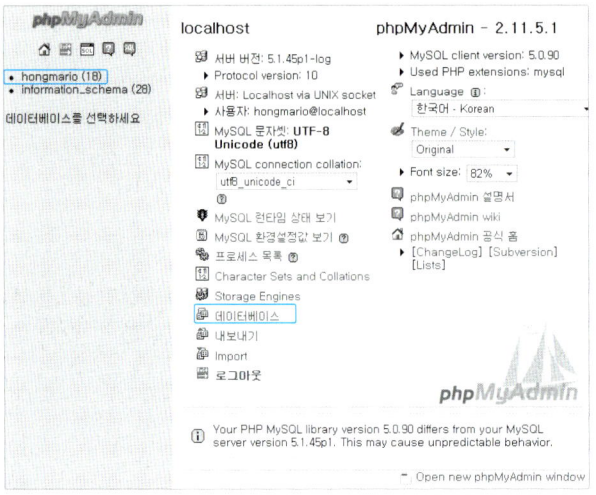

■ PHPMYADMIN 접속화면

04 '모두 체크'를 선택하여 테이블 전체를 선택한 후 드롭 버튼을 클릭하여 '삭제'를 선택하면 선택된 테이블들이 삭제됩니다. 이제 워드프레스는 완벽하게 초기화 되었습니다.

■ PHPMYADMIN의 파일 삭제 화면

# 워드프레스 FTP 활용하기

워드프레스는 자체적으로 파일 업로드 기능이 있습니다. 파일 및 디렉터리에 퍼미션 (Permission:권한)을 지정하거나 워드프레스 환경 설정 파일을 수정하려면 FTP로 접속해야 합니다. 이 섹션에서는 FTP 프로그램을 이용하여 퍼미션 설정, 파일 업로드 및 다운로드에 관해서 알아보겠습니다.

## 파일 및 디렉터리 퍼미션 설정하기

윈도우즈 운영체제를 사용하거나 개발자가 아닌 경우에는 퍼미션이란 단어가 생소할 수 있습니다. 퍼미션은 주로 멀티사용자 운영체제인 리눅스(유닉스)에서 사용했으며, 대부분의 웹 호스팅 서버는 리눅스(유닉스)를 사용합니다.

### ▷ 퍼미션이란?

사용자에게 파일이나 디렉터리의 읽기, 쓰기, 실행 등 자격(접근허가)을 부여하는 것입니다. 퍼미션은 소유자, 그룹, 일반사용자 3가지 그룹으로 이루어져 있으며, 각 그룹에 읽기, 쓰기, 실행 3가지 권한을 줄 수 있습니다.

> **_tip_**
>
> • 퍼미션이 왜 필요한가요?
> 여러 사람이 FTP 접속할 수 있고 각각 FTP접속 아이디를 부여했다고 가정해보겠습니다.
> 홍식이가 작성한 style.css 파일을 본인(홍식) 계정으로 FTP에 접속해서 특정한 디렉터리에 업로드를 했습니다. 이때 업로드 된 파일의 기본 권한은 홍식이에게 있기 때문에 파일 수정도 홍식이만 가능하며 다른 사람은 수정할 수 없습니다. 함께 작업하던 지훈이는 홍식이가 올린 style.css 파일을 수정하기 위해서 본인(지훈) 계정으로 FTP에 접속하고 다운로드합니다. style.css 파일을 수정 후 다시 FTP에 접속하여 업로드를 하려고 했으나, 업로드가 되지 않습니다. 그 이유는 처음 FTP로 업로드 된 style.css의 소유권한은 홍식이에게 있고, 홍식이만 수정할 수 있기 때문입니다.
> 지훈이가 style.css 파일을 수정할 수 있는 방법은 홍식이 계정으로 FTP에 접속해서 업로드를 하거나, 지훈이도 수정할 수 있도록 홍식이에게 style.css 파일에 권한을 부여 받는 것입니다.

### ▷ 퍼미션 읽기

파일질라로 웹호스팅 서버의 FTP에 접속합니다. 리모트 사이트의 상세 정보에는 '권한' 이라는 'drwxr-xr-x' 형식으로 표시된 부분(다음 그림 표시 참고)이 파일 또는 디렉터리의 퍼미션입니다.

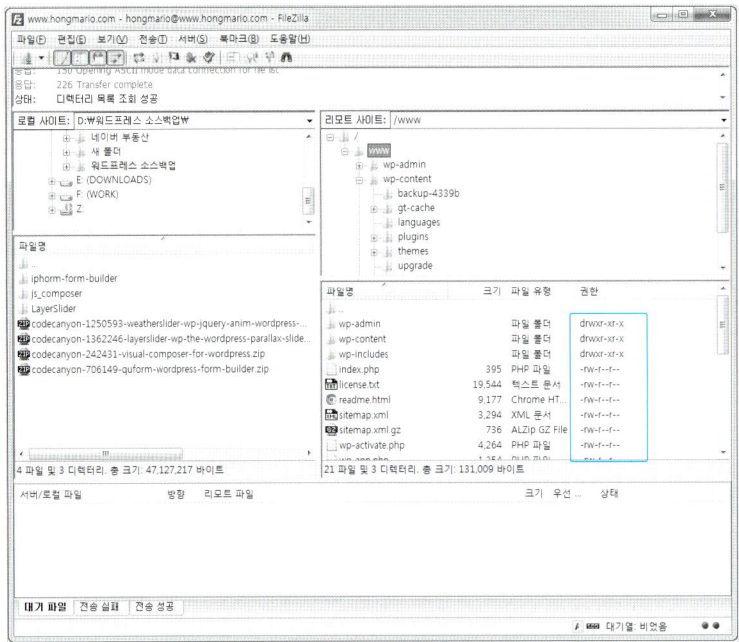

■ FTP 접속 화면

참고로, FTP 프로그램에 따라서는 퍼미션을 숫자로 표현하기도 합니다. 퍼미션은 10자리 문자이며, 각 문자에 의미를 알아보겠습니다.

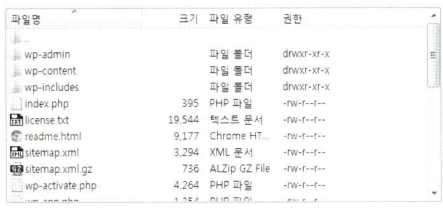

■ 파일 상세정보 화면

- 1번째 문자는 파일의 타입을 의미합니다.
  d : 디렉터리, – : 파일, l : 링크(link) 파일, b : 블록장치

- 2~10번째까지 9개의 문자는 파일의 퍼미션을 의미합니다.
  처음 3자리 : 소유자(파일, 디렉터리를 만든 사용자)
  중간 3자리 : 그룹(그룹에 속해있는 사용자)
  끝 3자리 : 일반 사용자(나머지 사용자)

- 퍼미션을 표현한 문자(숫자)와 문자를 의미합니다.
  r(4) : 읽기 권한(read)
  w(2) : 쓰기 권한(write)

x(1) : 실행권한(execution)

(0) : 권한 없음

| 소유자 | | | 그룹 | | | 일반 사용자 | | |
|---|---|---|---|---|---|---|---|---|
| 읽기 | r | 4 | 읽기 | r | 4 | 읽기 | r | 4 |
| 쓰기 | w | 2 | 쓰기 | w | 2 | 쓰기 | w | 2 |
| 실행 | x | 1 | 실행 | x | 1 | 실행 | x | 1 |

- 퍼미션 읽기

  drwxr-xr-x     d                디렉터리
  
               rwx : r(4) + w(2) + x(1) = 7   읽기, 쓰기, 실행
  
               r-x: r(4) + -(0) + x(1) = 5   읽기, 실행
  
  -rw-r--r--     -                파일
  
               rw- : r(4) + w(2) + -(0) = 6   읽기, 쓰기
  
               r-- : r(4) + -(0) + -(0) = 4   읽기

▷ **퍼미션 설정하기**

파일질라를 이용해서 파일, 디렉터리에 퍼미션을 설정할 수 있습니다. 다음 그림과 같이 'www' 디렉터리 안에 있는 index.php의 퍼미션(-rw-r--r--)을 변경해 보겠습니다.

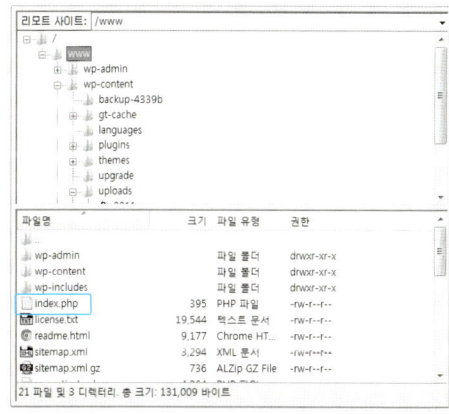

■ 퍼미션 변경 대상 파일 화면

01 index.php 파일을 선택하고, 마우스 오른쪽 버튼을 클릭합니다. 속성 정보에서 다음 그림과 같이 '파일 권한(F)…' 메뉴를 클릭합니다.

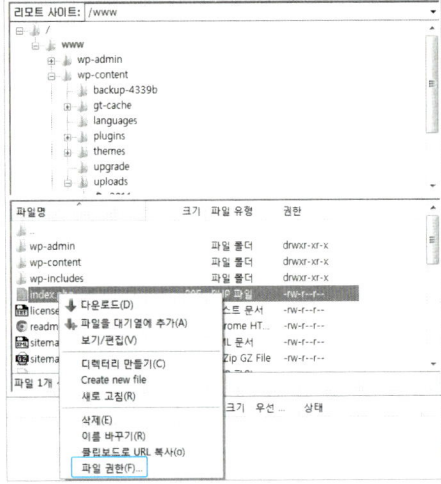

■ index.php 속성 화면

02 '파일 속성 바꾸기'라는 퍼미션 설정 팝업 화면이 나타납니다.

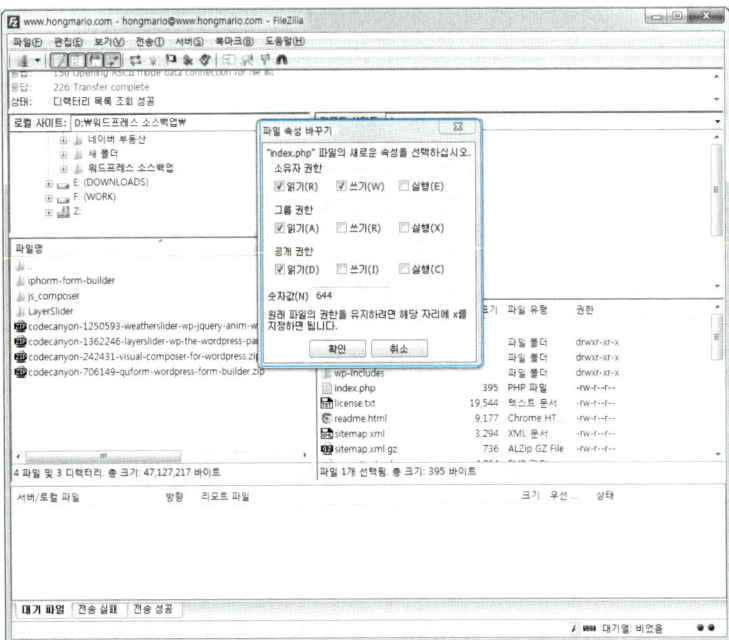

■ 퍼미션 설정(파일 속성 바꾸기) 화면

03 팝업 화면에서 퍼미션을 '644'에서 '777'로 변경하거나 각 그룹별로 읽기, 쓰기, 실행을 모두 선택하면 숫자가 자동으로 '777'로 변경됩니다.

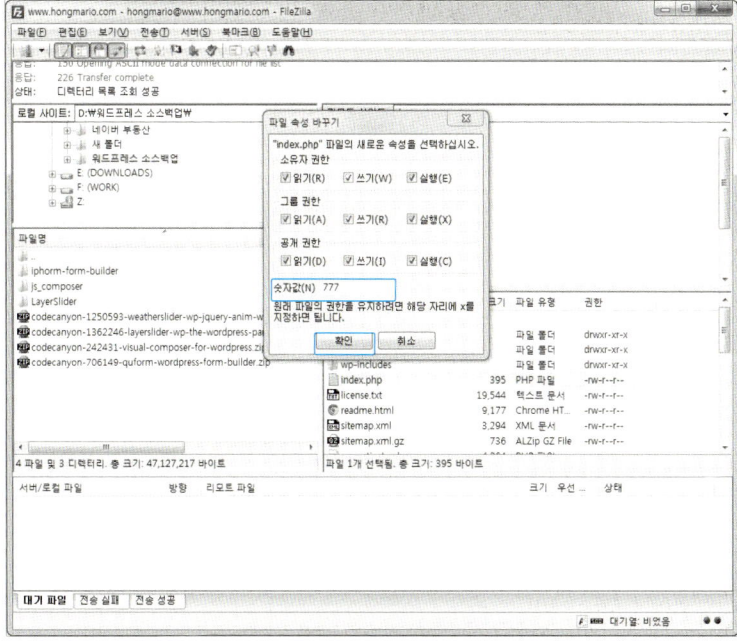

■ 퍼미션 변경 화면

04 index.php 파일의 퍼미션이 변경된 것을 다음 그림과 같이 확인할 수 있습니다.

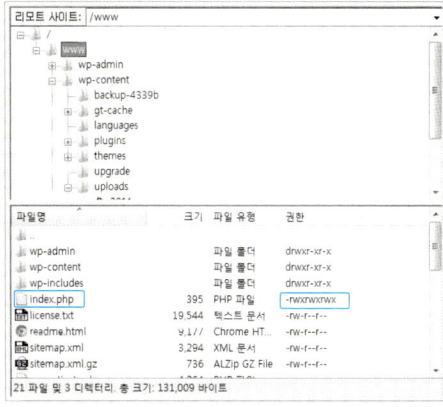

■ 변경된 퍼미션 파일 화면

➤ _tip_

• 주의사항

퍼미션 설정은 '파일, 디렉터리에 읽기, 쓰기, 실행 권한을 주는 것이다.'라고 앞에서 언급했습니다. 퍼미션을 잘못 설정할 경우 실행이 금지되어 기능이 동작하기 않거나, 일반 사용자에게 쓰기 권한이 있다면 중요한 파일이나 디렉터리를 변경/삭제할 수 있습니다.

Chapter 03_ 중급자가 반드시 알아야할 22가지 기술 □ 221

## 파일 또는 디렉터리 업로드, 다운로드 방법

### ▷ 파일 & 디렉터리 업로드하기

**01** 파일질라에 접속해서 리모트 사이트에서 업로드 대상 디렉터리를 선택합니다.

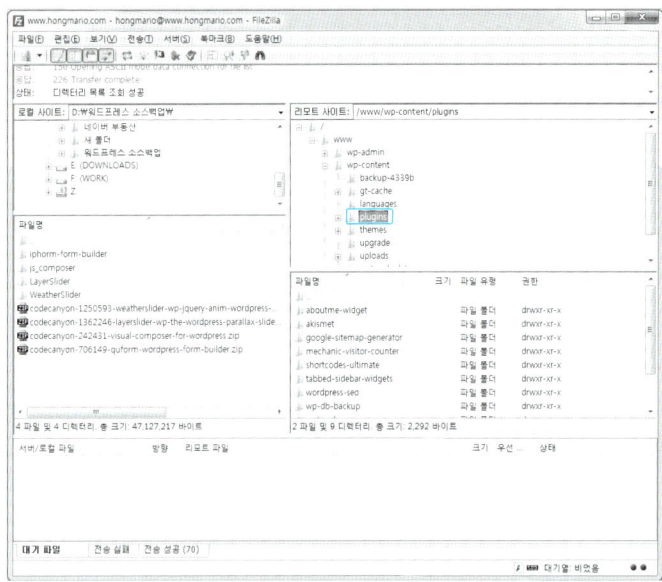

■ 업로드 위치(/www/wp-content/plugins) 선택 화면

**02** 로컬 사이트(내 PC)에서 업로드할 파일 또는 디렉터리를 선택합니다.

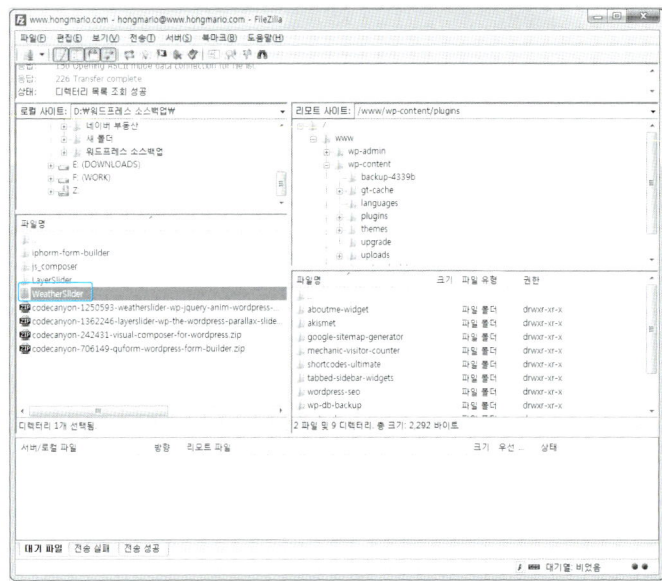

■ 업로드 대상 디렉터리 선택 화면

**03** 다음 그림과 같이 WeatherSlider 디렉터리를 선택하고, 마우스 오른쪽 버튼을 클릭합니다. 속성 정보에서 업로드(U) 메뉴를 클릭합니다.

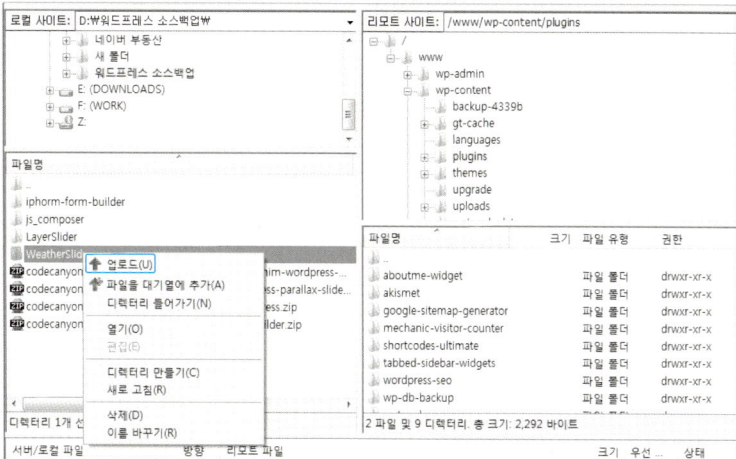

■ WeatherSlider 디렉터리 속성 화면

**04** 파일 및 디렉터리가 업로드가 되는 진행 사항을 확인할 수 있습니다.

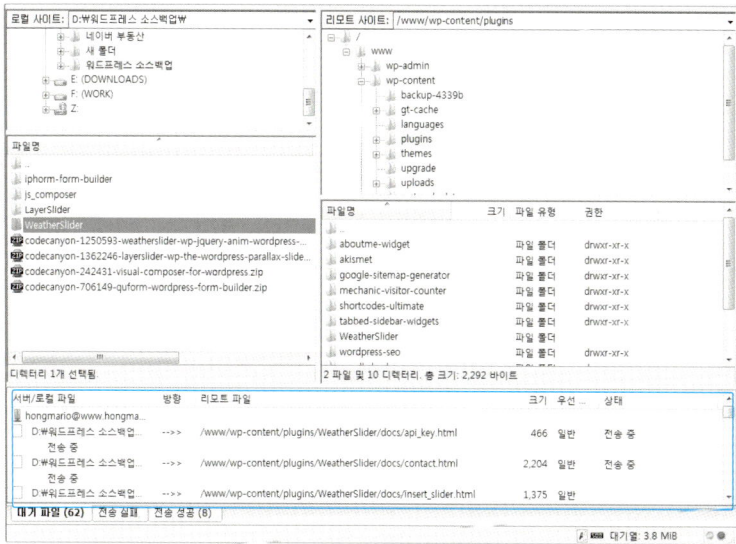

■ 업로드 진행 상황 화면

**05** 리모트 사이트에서 지정했던 디렉터리(/www/wp-content/plugins/)에 WeatherSlider 디렉터리가 업로드 됩니다.

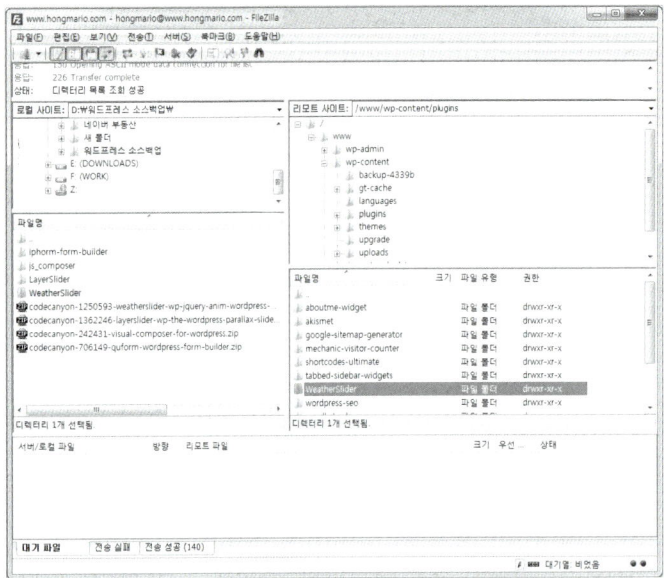

■ 업로드 완료 화면

## ▷ 디렉터리 & 파일 다운로드하기

다운로드는 업로드와 정반대 순서로 진행합니다.

**01** 다운로드 될 로컬사이트(내PC) 디렉터리를 선택합니다. 리모트사이트에서 다운로드할 디렉터리를 선택하고, 마우스 오른쪽 버튼을 클릭합니다. 속성 정보에서 '다운로드(D)' 메뉴를 클릭하면 로컬사이트로 다운로드 됩니다.

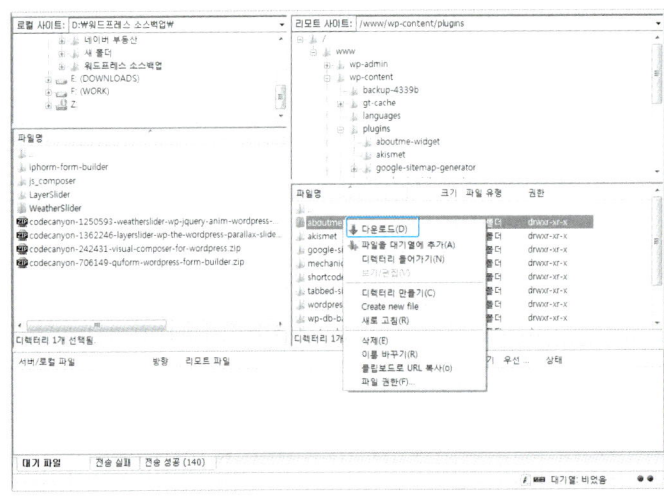

■ aboutme-widget 디렉터리 속성 화면

  Chapter 03  Lesson 02

# 테마옵션 & 플러그인

이번 장에서는 국내 워드프레스 사용자들이 사이트를 운영하면서 기본적으로 사용하는 플러그인 외 실제로 국내 사이트를 운영함에 있어서 가장 필요로 하는 플러그인들을 모아서 정리했습니다. 또한, 가장 어려움을 느끼는 테마옵션을 분석해서 정리했습니다.

## 워드프레스 테마옵션 파헤치기

워드프레스로 블로그형 홈페이지나 웹사이트를 제작하기 위해 무·유료로 제공되는 테마(디자인스타일)의 종류가 다양합니다. 자신이 제작하기 원하는 사이트의 디자인을 잘 표현할 수 있는 테마를 무료 또는 유료로 구할 수 있습니다. 특히 프리미엄(유료)으로 제공되는 테마는 웹표준화와 코딩 최적화를 최대한 준수하고 있고, 지속적인 업그레이드를 제공하고 있기 때문에 사용자가 블로그형 홈페이지 및 웹사이트 유지 보수가 쉬운 장점이 있습니다. 유료로 제공되는 대표적인 업체는 다음과 같습니다.

- Themeforest : http://themeforest.net
- Woothemes : http://www.woothemes.com
- Elegantthemes : http://www.elegantthemes.com/

사용자의 테마 선정 및 이해를 돕기 위해 대표적인 테마의 설정 방법에 대해 간략히 소개하겠습니다.

### 테마 포레스트

테마포레스트(http://themeforest.net)는 가장 많은 테마를 보유하고 있는 오픈마켓 사이트로 우리나라의 G마켓이나 11번가와 운영 방식이 유사하다고 할 수 있습니다. 현재 2,475개의 워드프레스 테마를 제공하고 있고, 그 밖에도 사이트 템플릿, e-commerce, 다양한 플러그인 등을 제공하고 있습니다. 단, 테마옵션은 테마마다 차이가 조금씩 있습니다.

▷ **ExtraNews 테마 소개**

ExtraNews 테마(http://goo.gl/kxudO)는 이전 쳅터에서 필자가 만든 워드프레스 포털(WordpressN.com) 사이트에 적용한 테마입니다. 이 테마는 뉴스를 카테고리별로 발행이 가능한 독특한 형태의 반응형 뉴스 테마입니다. 또한 각 포스트에 비디오, 슬라이드쇼, 갤러리 등을 통합해서 리뷰(review)가 가능한 블로그, 홈페이지, 웹사이트 등을 제작할 수 있습니다.

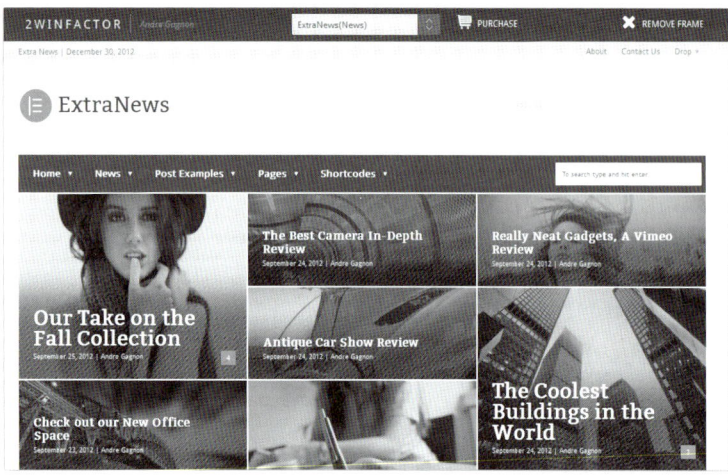

■ ExtraNews 테마 화면

▷ **ExtraNews 테마 옵션 설정하기**

ExtraNews 테마의 테마관리 도구(tool)를 통해 디자인 등 다양한 옵션을 설정할 수 있습니다.

❶ 일반 설정

일반 설정에서 로고, 파비콘, 트래킹 코드 등을 설정할 수 있습니다.

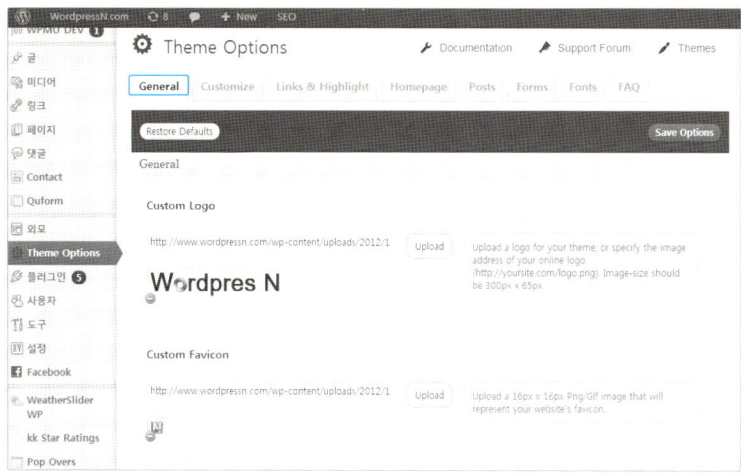

■ 일반 설정 화면

## ❷ 홈페이지 설정

홈페이지 설정에서 슬라이드 자동플레이, 슬라이드 넘김 속도 등 메인 페이지의 레이아웃 및 슬라이드 관련된 내용 등을 설정할 수 있습니다.

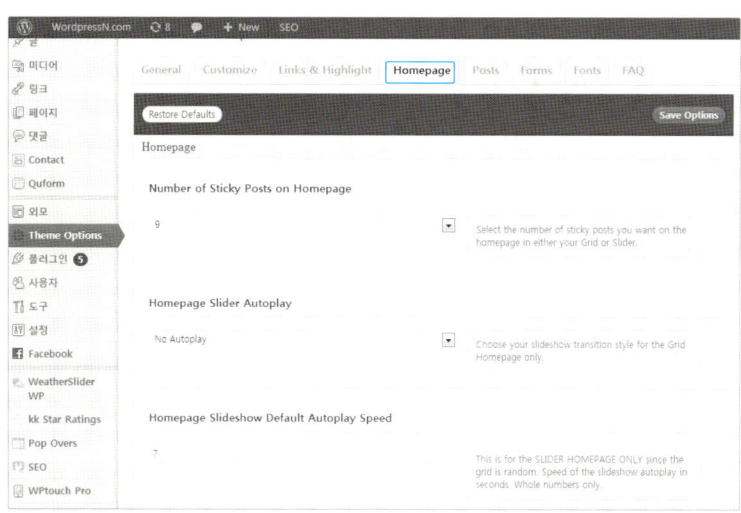

■ 홈페이지 설정 화면

홈페이지 설정에서 각각의 기능을 살펴보면 다음과 같습니다.

• Number of Sticky Posts on Homepage

그리드 영역 또는 슬라이드 영역에 고정적으로 보여주고 싶은 포스트 개수(3~9개)를 설정할 수 있습니다.

■ Number of Sticky Posts on Homepage

• Homepage Slider Autoplay

그리드 형태의 웹사이트에서 슬라이드 쇼 자동 넘김 기능을 설정할 수 있습니다.

■ Homepage Slider Autoplay

• Homepage Slideshow Transitions

이 옵션은 슬라이드 웹사이트 스타일에서만 적용이 가능합니다. 슬라이드 홈페이지에서 다양한 슬라이드 넘김 방법을 옵션으로 설정할 수 있습니다. 그리드 스타일에서는 fade 방식만 적용됩니다.

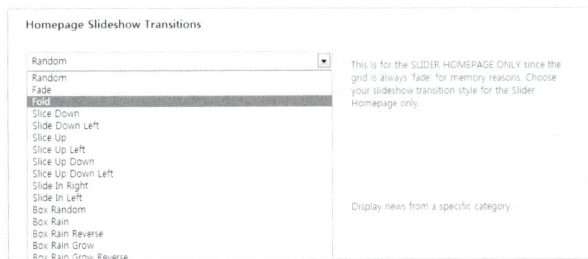

■ Homepage Slideshow Transitions

• Homepage Non-Featured Category

일반 포스트 (Non-Featured) 카테고리 내용을 뉴스에 보여줍니다.

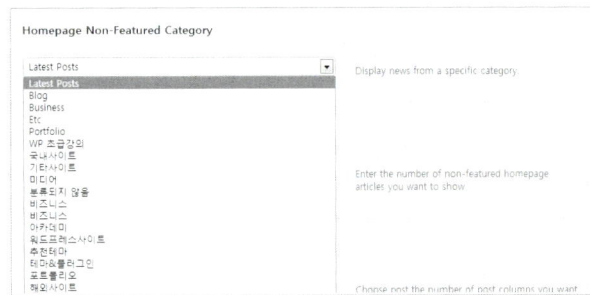

■ Homepage Non-Featured Category

• Number of Non-Featured Homepage Articles

보여주기 원하는 일반 포스트의 숫자를 설정할 수 있습니다.

■ Number of Non-Featured Homepage Articles

• Homepage Non-Featured Category Columns

일반 포스트를 보여 줄 컬럼의 숫자를 설정할 수 있습니다.

■ Homepage Non-Featured Category Columns

❸ 포스트 설정

포스트 설정에서는 포스트 컬럼 설정, 포스트 스타일 설정, 포스트 슬라이드 쇼 등 포스트와 관련된 설정을 할 수 있습니다.

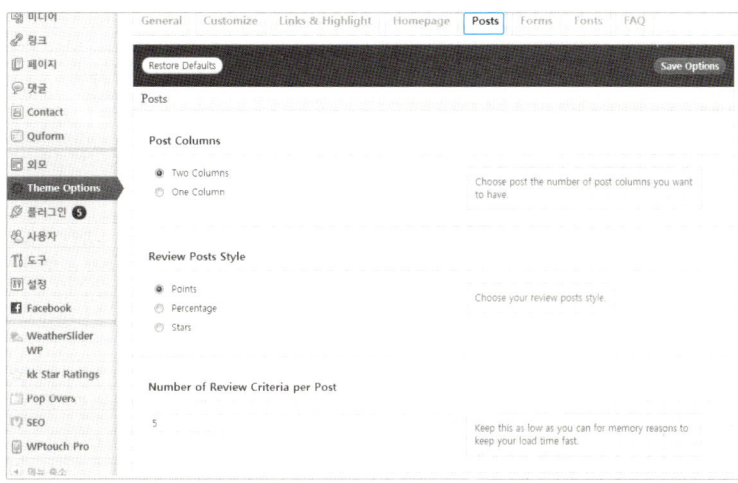

■ 포스트 설정 화면

## Woo 테마

Woo 테마는 woo-commerce 쇼핑몰 플러그인 제공 업체(http://www.woothemes.com)에서 제공됩니다. 쇼핑몰 구현을 위한 테마도 제공하고 있습니다. 현재 80여개의 테마를 제공하고 있고, 그 밖에 다양한 플러그인 등을 제공하고 있습니다.

▷ **Gazette 테마 소개**

Gazette 테마(http://goo.gl/RWy7b)는 제품 쇼케이스 혹은 커뮤니티 뉴스 디자인을 원하는 소비자를 위한 깔끔하고 고급스러운 테마입니다. JQuery 기반의 메인 슬라이드를 설정할 수 있고, 비디오 모듈을 추가할 수 있습니다.

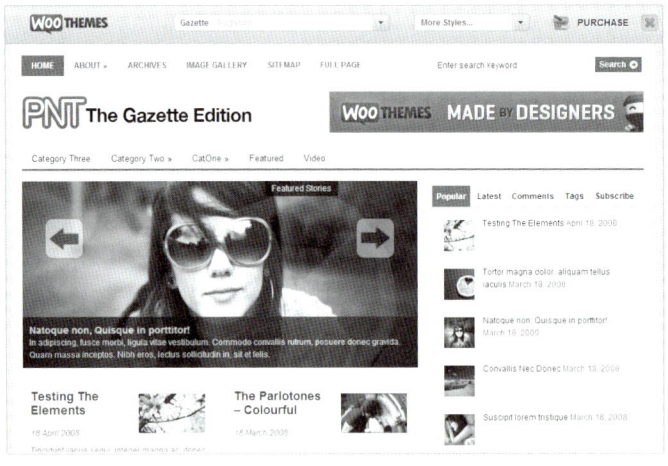

■ Gazette 테마

▷ **Gazette 테마 옵션 설정하기**

Gazette 테마의 Woo 테마에서 제공하는 WooFrameWork 테마관리 도구를 통해 디자인 등 다양한 옵션을 설정할 수 있습니다.

❶ 일반 설정

일반 설정에서는 Theme Stylesheet, 로고, 파비콘, 트래킹 코드, RSS URL, 이메일 구독, Custom CSS를 설정할 수 있습니다.

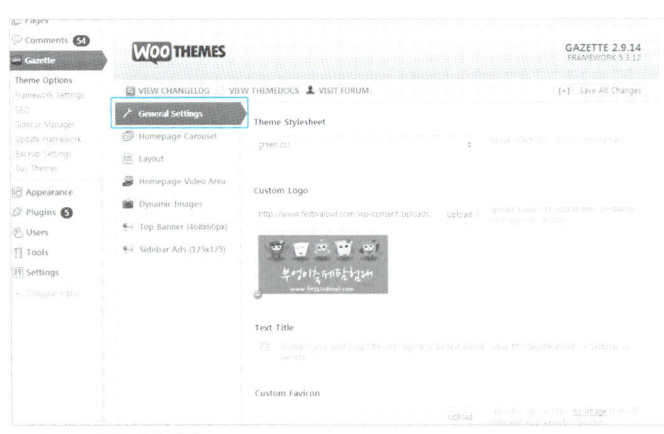

■ Gazette 일반 설정 화면

## ❷ 홈페이지 대표글 설정

홈페이지 캐로셀 항목에서는 대표글 카테고리 및 대표글 표시 숫자 등 전체적인 홈페이지 또는 블로그의 포스팅에 대한 설정을 할 수 있습니다.

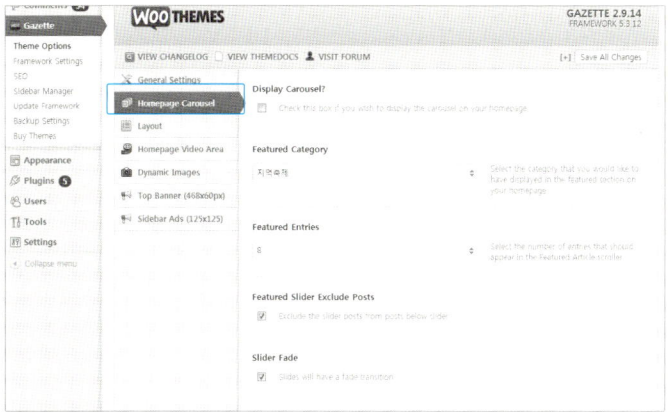

■ Gazette 홈페이지 캐로셀 화면

각각의 기능을 살펴보면 다음과 같습니다.

• Display Carousel?

캐로셀(슬라이드 영역)을 설정 유무에 대한 옵션입니다.

■ Display Carousel

• Featured Category

홈페이지의 대표글 영역에 보여 줄 카테고리를 선택할 수 있습니다.

■ Featured Category

• Featured Entries

대표글 스크롤 영역에 보여 줄 항목 수를 설정할 수 있습니다.

■ Featured Entries

• Featured Slider Exclude Posts

슬라이드 아래 보이는 포스트는 슬라이드에서 제외하고 보여 줄 수 있는 옵션입니다.

■ Featured Slider Exclude Posts

• Slider Fade&Content Fade

슬라이드와 콘텐츠의 자동 넘김 기능을 설정할 수 있습니다.

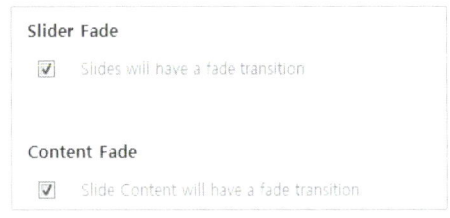

■ Slider Fade & Content Fade

❸ 레이아웃 설정

전체적인 메인페이지의 레이아웃에 대한 설정을 할 수 있습니다.

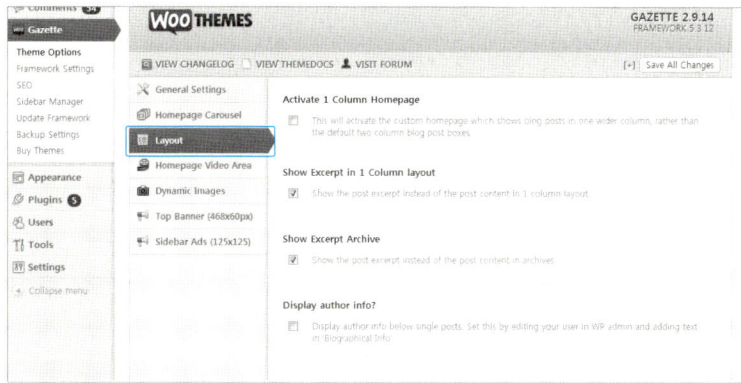

■ Gazette 레이아웃 설정 화면

### ❹ 비디오 설정

비디오 표시 및 위치 설정을 할 수 있습니다.

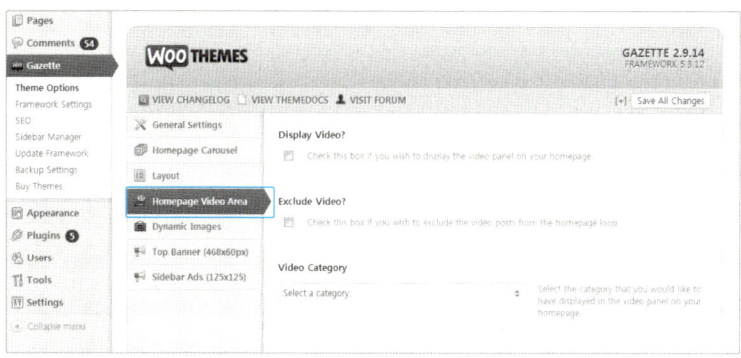

■ Gazette 비디오 설정 화면

## Elegant 테마

Elegant 테마(http://www.elegantthemes.com/)는 $39로 79가지(2013년 1월 기준)의 테마를 1년간 다운로드하고 업데이트 할 수 있습니다. 다른 테마 사이트에 비해 저렴한 가격으로 테마를 공급하고 있습니다. 또한 Elegant 테마는 전체적으로 깔끔하고 고급스러운 디자인의 테마를 제공하고 있습니다.

▷ ArtSee 테마 소개

ArtSee 테마는 포트폴리오 웹사이트 또는 비쥬얼이 강조되는 블로그 디자인을 원하는 소비자를 위한 심플하고 고급스러운 테마입니다.

■ ArtSee 테마

▷ **ArtSee 테마 옵션 설정하기**

Elegant 테마의 특징은 'e-panel'이라는 테마관리 도구(tool)를 통해 디자인 등 다양한 옵션을 쉽고 빠르게 설정할 수 있습니다.

❶ **일반 설정 & 홈페이지 설정**

일반 설정에서 로고, 파비콘, 포스트 포맷, 카테고리 표시 숫자 등 홈페이지에 표시될 포스트 및 스타일을 설정할 수 있습니다.

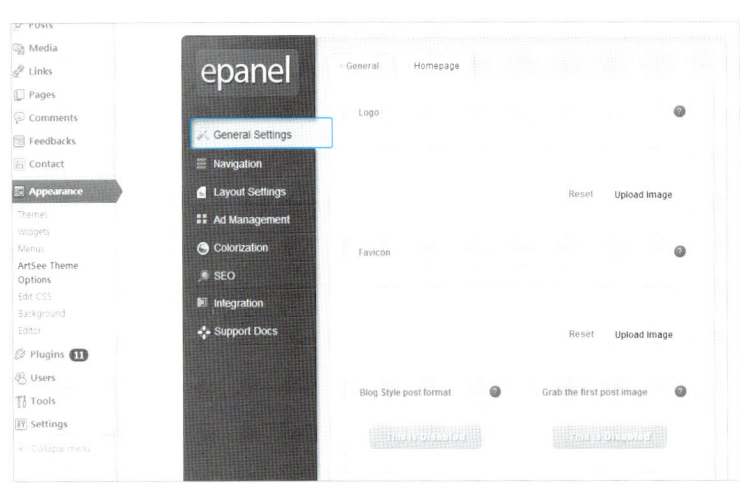

■ ArtSee 일반 설정 화면

ArtSee 테마 일반 설정의 각 항목별 주요 기능을 살펴보도록 하겠습니다.

• Number of Posts displayed on Homepage

홈페이지에 표시될 포스트의 숫자를 설정할 수 있습니다.

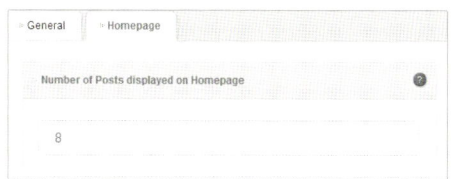

■ Number of Posts displayed on Homepage

• Exclude categories from homepage recent posts

최근에 올린 포스트는 모두 홈페이지에 표시되는 것이 기본 설정입니다. 하지만 이 옵션을 사용하면 표시되지 않기를 원하는 특정 카테고리의 포스트를 홈페이지 리스트에서 제외시킬 수 있습니다.

■ Exclude categories from homepage recent posts

테마옵션은 각 테마마다 차이가 조금씩 있기 때문에 반드시 어떤 항목을 수정했다면 메모 등으로 기록해서 자신이 변경한 항목과 그 결과 사이트에서 어떻게 반영되는지 체크해야 합니다. 만약 여러 항목을 동시에 변경한 후 반영 결과를 사이트로 확인 한다면 어떤 항목이 어떻게 적용되었는지 전혀 알 수 없기 때문입니다.

## 글쓰기 발행 예약기능

페이지나 포스트에서 글을 작성 후 특정 기간 이후에 노출하기를 원하는 경우가 있습니다. 워드프레스에서는 예약 발행 기능을 지원하고 있습니다. 이 섹션에서는 예약 발행 기능을 사용하는 방법을 알아보도록 하겠습니다.

■ 글 편집 화면

01 글 편집 화면에서 '공개하기' 탭에 있는 '즉시 공개' 메뉴를 선택한 후 작성한 글을 공개할 '연/월/일/시/분'을 설정하고 'OK' 버튼을 클릭합니다. '예약' 버튼을 누르면 작성한 글이 예약 발행 됩니다.

■ 공개하기 탭   ■ 예약 발행 설정   ■ 예약 발행

02 예약 발행 후 예약 시간이 되면 사이트에 예약된 글이 나타나는 것을 확인 할 수 있습니다.

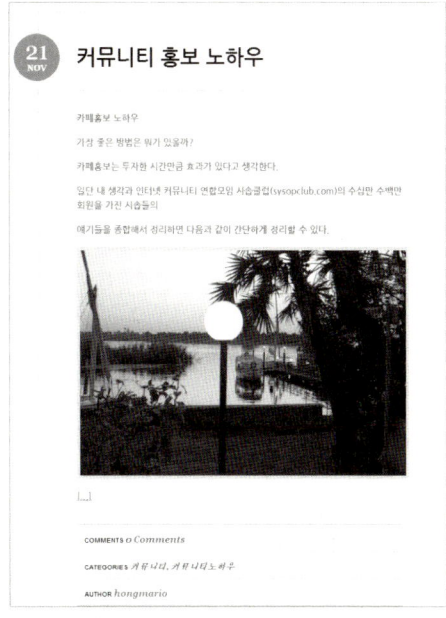

■ 예약 발행 글 화면

## 인기글 리스트 플러그인

인기글 리스트 플러그인(Wordpress Popular Posts)은 워드프레스에서 인기글 목록을 보여주는 플러그인 입니다. 워드프레스 사이트의 인기글 순위를 댓글, 뷰어 숫자, Rating 등을 보여주므로 방문객이 인기글 현황을 쉽게 파악할 수 있도록 도와줍니다.

### Wordpress Popular Posts 플러그인 적용하기

01 '알림판 〉 플러그인 〉 플러그인 추가 항목'을 선택합니다. 'Wordpress Popular Posts' 플러그인을 검색 후 설치합니다.

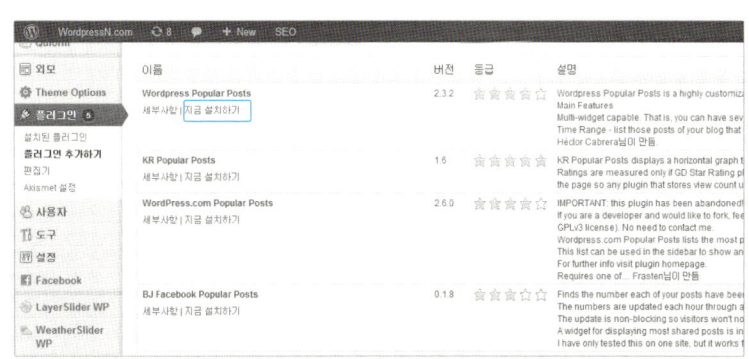

■ 플러그인 추가하기

## 위젯 옵션 설정하기

01 '알림판 > 외모 > 위젯'에서 'Wordpress Popular Posts' 항목을 선택하고 드래그하여 원하는 사이드바 위치에 배치합니다.

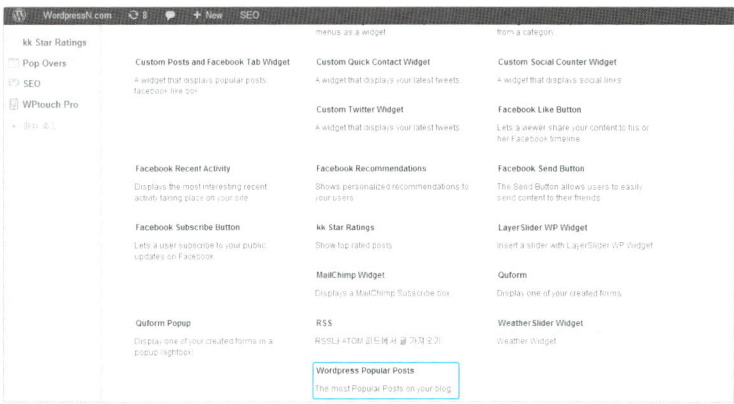

■ 위젯 선택하기

02 사이드바에 위젯을 설치하면 아래와 같은 옵션 창이 나옵니다. 다음 설정 옵션에서 세부적인 사항을 입력한 후 'Save' 버튼을 클릭합니다.

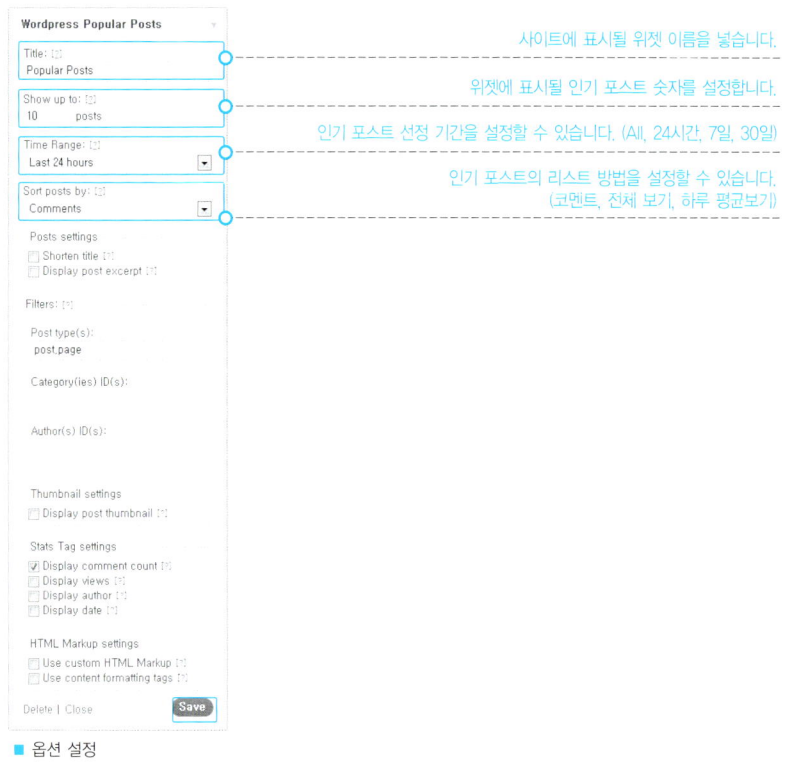

■ 옵션 설정

## 설정에서 글목록 확인하기

**01** '알림판 〉 설정 〉 Wordpress Popular Posts 항목'을 선택하면 다음과 같이 하루, 7일, 30일, 전체에 해당하는 인기글 목록을 확인할 수 있습니다.

■ 글목록 확인하기

**02** FAQ 항목에서는 설치에 필요한 질문과 답변에 대해 확인해 볼 수 있습니다.

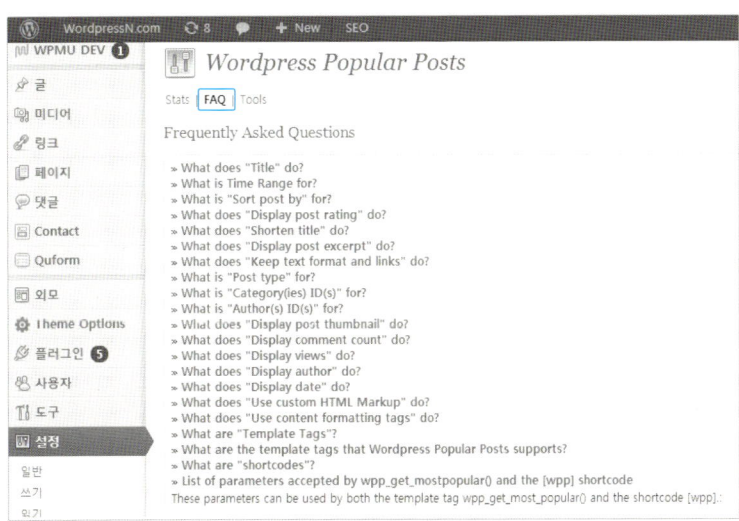

■ 도움말 항목

03 Tool 항목에서는 썸네일, 스타일시트, 데이터툴, 데이터 삭제 등의 기능을 설정할 수 있습니다.

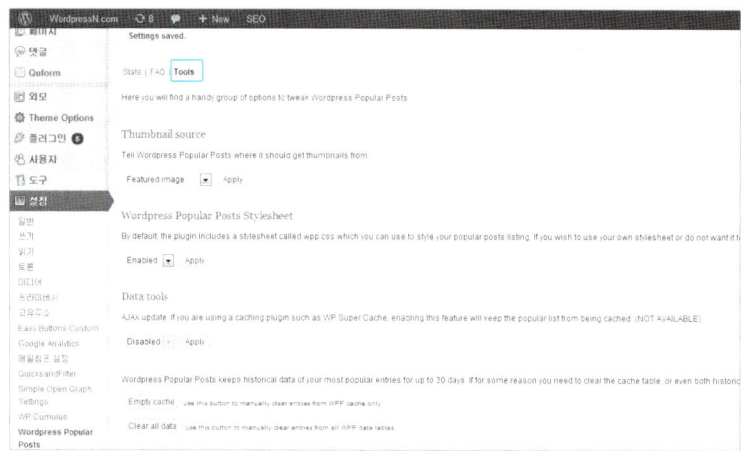

■ Tool 항목

04 메인 페이지에서 설정된 인기글 리스트를 확인할 수 있습니다.

■ 메인 페이지 적용 모습

# 페이스북 소셜 댓글 기능 설치하기

페이스북 소셜 댓글(Facebook Comments for WordPress) 플러그인은 기존의 댓글 시스템에 추가로 페이스북 아이디로 로그인하여 댓글을 입력할 수 있는 플러그인입니다.

# Facebook Comments for WordPress 플러그인 적용하기

01 '알림판 > 플러그인 > 플러그인추가 항목'을 선택하고 'Facebook Commnets for WordPress' 플러그인을 검색 후 설치합니다.

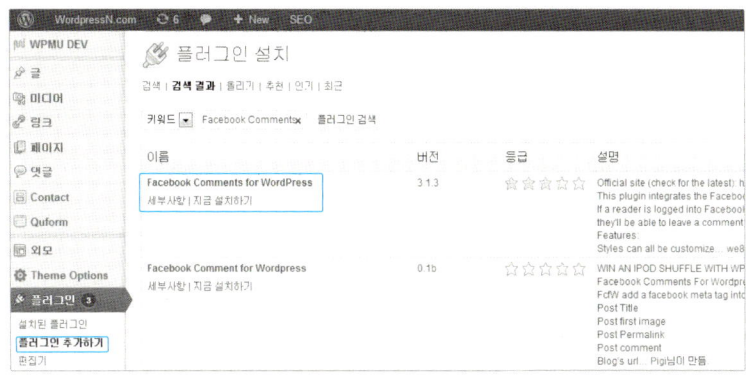

■ 플러그인 추가하기

## 페이스북 앱 등록하기

01 플러그인을 설정하기 위해서는 페이스북 앱이 등록되어 있어야 합니다. 등록된 앱이 있을 경우 'Facebook Application List'를 클릭한 후 Application ID 및 Application Secret를 받습니다. 만약 등록된 앱이 없을 경우 아래 'Create a facebook app'을 클릭해서 앱을 생성합니다.

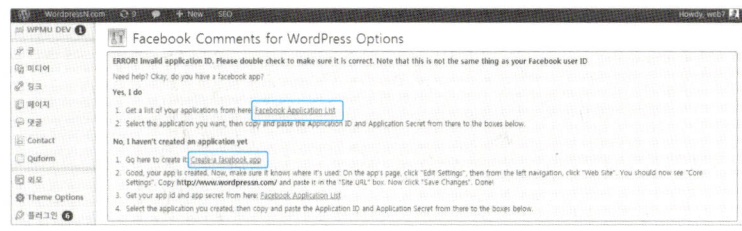

■ 설정하기1

02 '새 앱 만들기' 버튼을 클릭한 후 'App Name'에 앱 이름을 입력합니다.

■ 설정하기　　　　　　　　　　　　　　　■ 새 앱 만들기에서 앱 이름 입력

03 '새 앱 만들기' 창에서 '계속하기' 버튼을 클릭한 후 'Website with Facebook Login' 항목에 설치 URL을 입력합니다. 그리고 다음 그림의 App ID, App Secret을 기록해 두고, '변경 내용 저장' 버튼을 클릭하여 완료합니다.

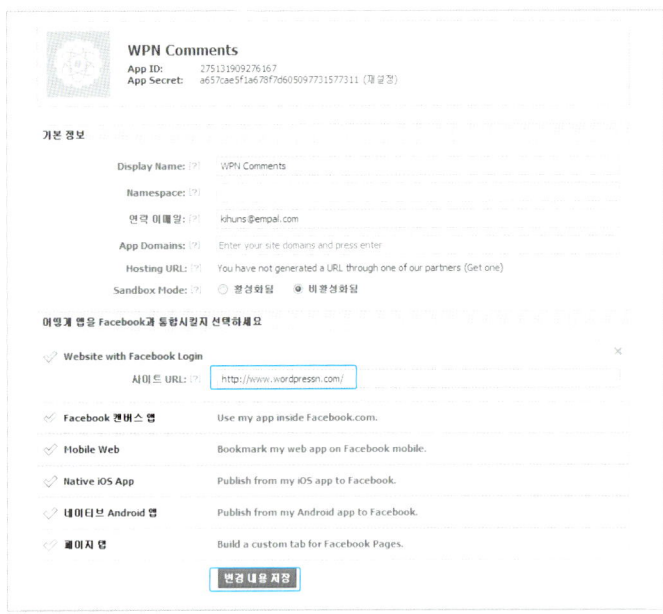

■ 새 앱 만들기(상단 App ID, Secret, App Domains 박스)

## Facebook Commnets for WordPress 설정하기

01 'Facebook Commnets for WordPress' 플러그인을 설치 후 '알림판 〉 설정 〉 Facebook Comments' 메뉴를 클릭합니다.

■ 설정하기 1

01 다음 그림과 같이 설정 항목이 나옵니다.

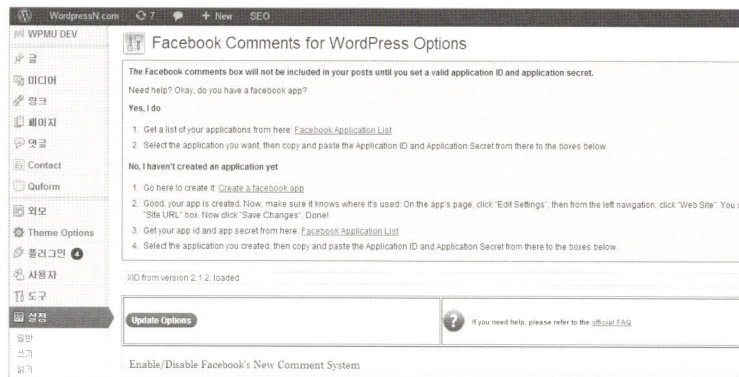

■ 설정하기 2

03 다음 그림과 같이 Application ID, Application Secret 컬럼에 기록해 두었던 ID와 Secret 값을 입력하고 필요한 옵션을 설정합니다.

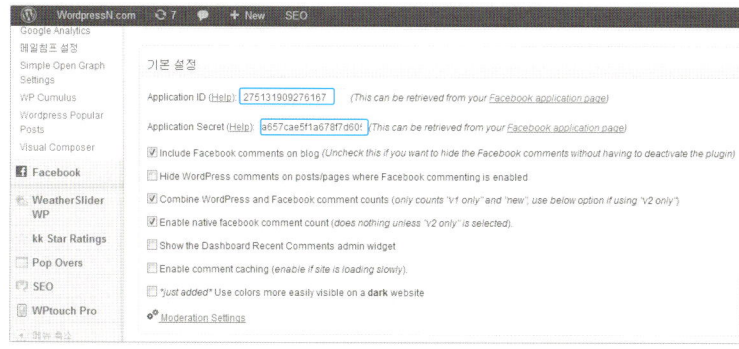

■ 설정하기 3

04 옵션 설정이 완료되면 포스트나 페이지에서 페이스북 소셜 댓글 플러그인이 나타나는 것을 볼 수 있습니다.

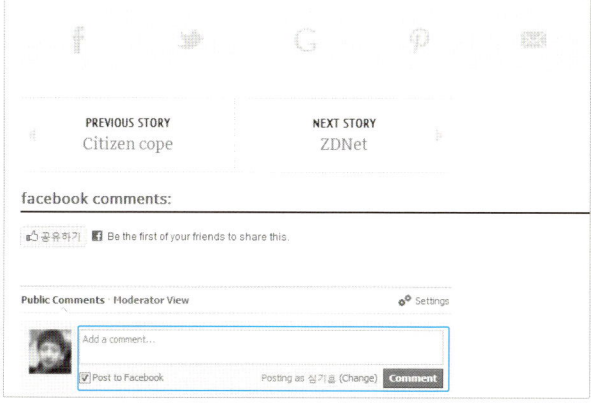

■ 포스트나 페이지에서 댓글 플러그인 확인하기

Chapter 03_ 중급자가 반드시 알아야할 22가지 기술   243

# 메일침프를 이용한 뉴스레터 만들고 관리하기

메일침프(Mail Chimp, http://www.mailchimp.com)는 손쉬운 뉴스레터를 관리하는 사이트로 2,000명 이하의 구독자 및 월 12,000건 이하의 뉴스레터를 보낼 경우 무료로 사용할 수 있습니다. 워드프레스 사이트와 손쉬운 연동이 가능하며 주로 개인 블로그 또는 홈페이지를 운영하는 사람들이 사용하고 있습니다.

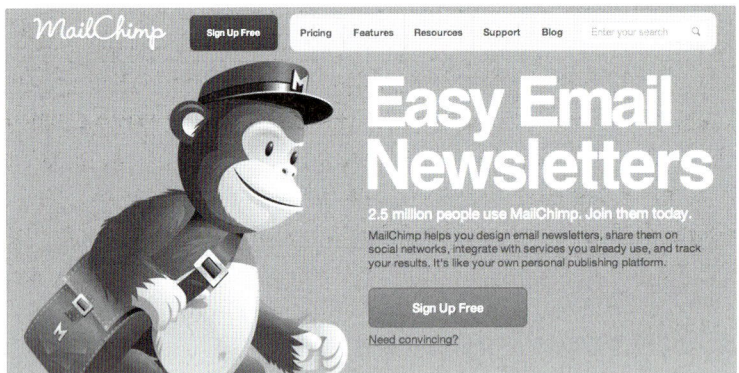

■ 뉴스레터 서비스를 제공하는 메일침프

## 플러그인 설치하기

메일침프 플러그인 설치 방법에 대해서 알아보겠습니다.

**01** '알림판 > 플러그인 > 플러그인 추가하기'에서 'mailchimp'를 검색합니다.

■ '메일침프' 플러그인 검색

**02** 플러그인 설치 후 플러그인을 활성화합니다.

■ 플러그인 활성화

03 플러그인이 활성화 되면 설정 메뉴에 '메일침프 설정'이라는 메뉴가 추가됩니다.

■ 설정 부분에 추가된 '메일침프 설정'

04 메일침프를 사용하기 위해서는 API Key가 필요합니다. API Key를 받기 위해 'get your API Key here'를 클릭합니다.

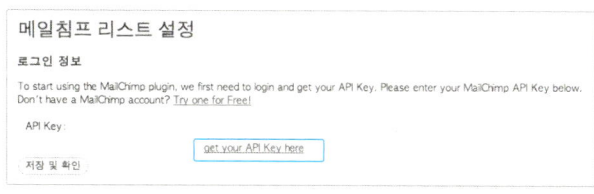

■ 메일침프 API Key 받기

05 메일침프 계정이 있다면 로그인을, 아직 계정을 갖고 있지 않다면 'Sign Up'을 클릭하여 회원 가입하고 회원 가입 시 등록한 이메일을 통해 계정 활성화를 위한 메일을 확인합니다. 'Activate your account' 버튼을 눌러 메일침프 계정을 활성화합니다.

■ 회원 가입 후 계정 활성화 요구 화면

06 계정 활성화 이후에는 보안 등급 업데이트를 위한 질문 및 답변 입력, 국제 스팸법 준수를 위한 각종 개인 정보를 입력하면 메일침프 가입이 완료됩니다.

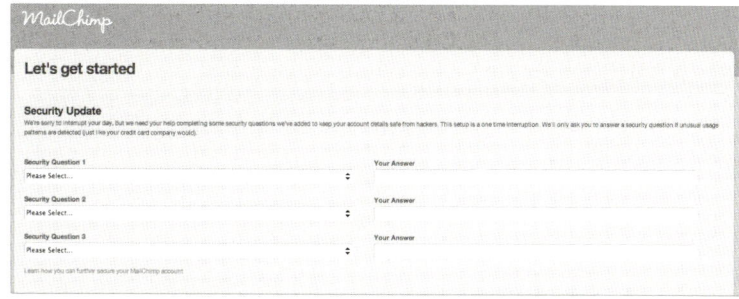

■ 계정 활성화 후 보안을 위한 보다 자세한 정보 입력

## 리스트 만들기

리스트는 관리자가 구독자들을 하나의 리스트로 묶어서 볼 수 있는 기능입니다. 사이트(여기서는 WordpressN.com)에 구독자 리스트를 만들어 보겠습니다.

01 리스트 이름(List Name)과 보내는 사람의 기본 이름(Default From Name), 보내는 사람의 기본 이메일(Default Reply-To Email), 기본 제목(Default Subject), 어디서 받는 사람의 이메일을 얻게 되었는지에 대한 설명(Remind People How They Got On Your List) 등에 대한 설정을 해야 합니다. WordpressN.com의 경우는 다음 그림과 같이 설정했고, 설정 후 'Save' 버튼을 눌러 저장합니다.

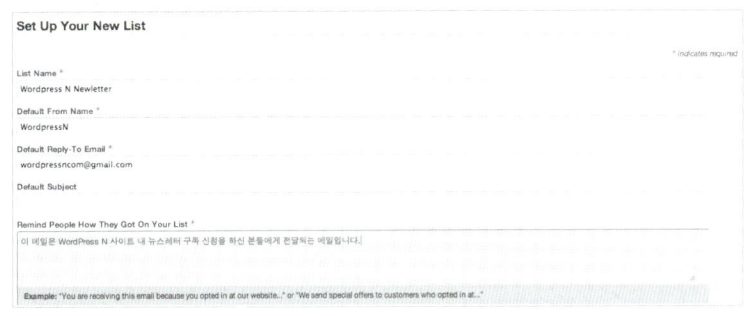
■ 새로운 뉴스레터 리스트 작성

02 아래와 같이 설정 저장이 성공했다는 메시지가 나타납니다.

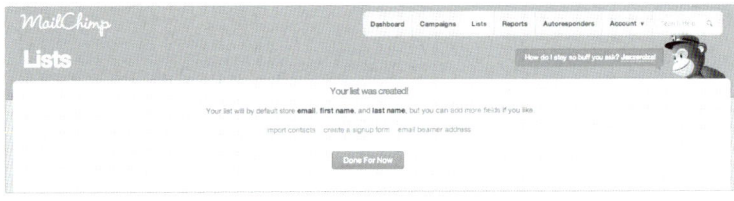
■ 리스트 생성 완료

기본적으로 사용자의 이메일과 First Name, Last Name을 받지만 한국에서는 First Name과 Last Name을 사용하지 않기 때문에 해당 부분을 삭제하도록 하겠습니다. 또한 추가적으로 웹사이트 URL 또는 블로그 URL도 받아보도록 하겠습니다.

## 새로운 항목 추가하기

01 기존에 만든 List 우측의 설정 아이콘( ⚙ )을 클릭한 후 'Forms & Fields' 부분의 'Forms'를 클릭합니다.

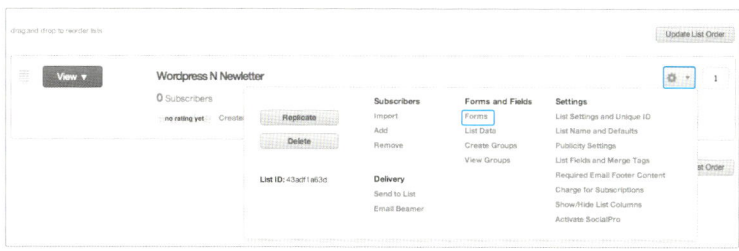

■ 새로운 항목 추가를 위해 폼 수정

02 'Build It' 탭에서 수정을 원하는 항목을 클릭한 후 우측의 'Field Setting' 부분을 수정합니다. Field Label의 'First Name'을 '이름'으로, Field Tag의 'FNAME'을 'NAME'으로 수정한 후 필수 항목으로 설정을 위한 'Required Field' 체크하고 'Save Field'를 클릭하여 저장합니다.

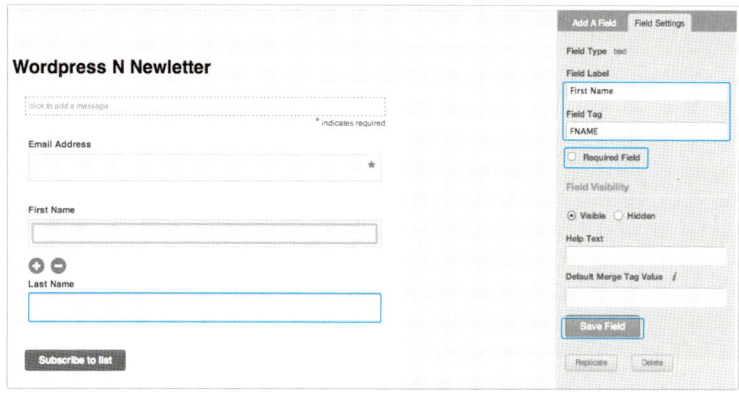

■ First Name을 이름으로 변경

03 추가로 Last Name을 웹사이트 URL로 수정 후 저장합니다. 기타 색상 및 번역 또한 이 부분에서 가능하며 사용자의 취향에 맞는 형태로 변경한 후 저장하면 설정이 완료됩니다. 모든 설정이 완료되었다면 상단 Account 메뉴의 하위메뉴인 'API Keys & Authorized Apps'를 클릭합니다. 'Add A Key'를 눌러 새로운 API Key를 발급 받습니다.

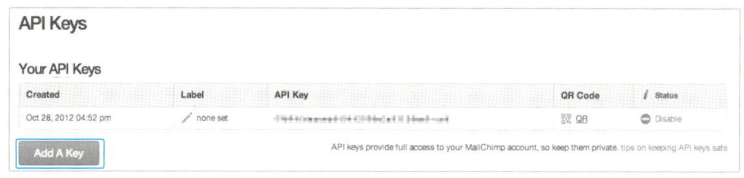

■ 새로운 API Key 발급

04 발급 받은 'API Key'를 복사해서 워드프레스로 돌아와 붙여 넣은 후 '저장 및 확인' 버튼을 클릭하여 저장합니다.

■ 발급 받은 API Key의 입력

05 성공적으로 저장된다면 아래와 같은 화면으로 변경됩니다. 리스트 목록에서 바로 전에 만든 리스트를 선택한 후 '리스트 업데이트'를 클릭하여 설정을 저장합니다.

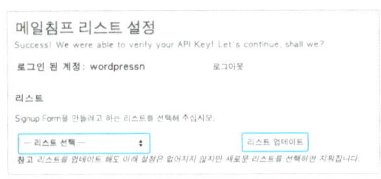

■ 생성한 리스트를 선택을 통한 리스트 업데이트

## 메일침프 위젯 사용하기

01 모든 설정이 완료 되었다면 '외모 > 위젯'으로 이동합니다. WordpressN.com 사이트 내의 Footer 부분에 'Mailchimp Widget'을 넣었습니다.

■ Footer 부분에 메일침프 위젯 설치

02 저장 후 제대로 적용이 되었는지 테스트합니다. 이제 메일침프 설치 및 뉴스레터 구독까지 모두 마무리가 되었습니다. 국내 블로그 및 웹사이트에서 사용하려면 언어 및 브랜딩 부분에서 부족한 점이 있긴 하지만 소규모 웹사이트를 운영하는 분들에게는 매우 유용한 플러그인입니다.

■ Footer 부분에 설치된 위젯 화면    ■ 뉴스레터 구독 완료

# 스팸 관리 플러그인

Akismet 스팸 관리 플러그인은 워드프레스를 설치할 때 기본으로 설치되어 있는 플러그인입니다. Akismet이 자동으로 댓글과 트랙백 스팸을 자동으로 검출하여 차단함으로써 워드프레스 사용자들이 스팸글을 삭제하는 시간을 절약해 줍니다. 이 플러그인 API key를 발급 받아 설정 할 수 있습니다. Akismet 플러그인은 개인 사용자를 위해 무료로 제공되고 있고, 비즈니스 사용자는 라이센스 비용을 지불하고 사용할 수 있습니다.

## 스팸 관리 플러그인 활성화하기

01 '알림판 > 플러그인 > 설치된 플러그인 > Akismet > 활성화' 를 선택하여 활성화시킵니다.

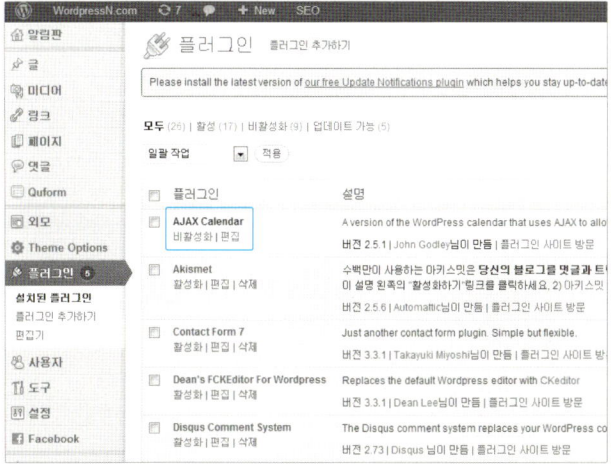

■ Akismet 플러그인 활성화

## API key 발급 받기

**01** 플러그인을 활성화한 후 Akismet 플러그인 사이트의 회원가입 페이지(https://akismet.com/signup)에서 Personal 서비스(무료) 항목을 선택합니다.

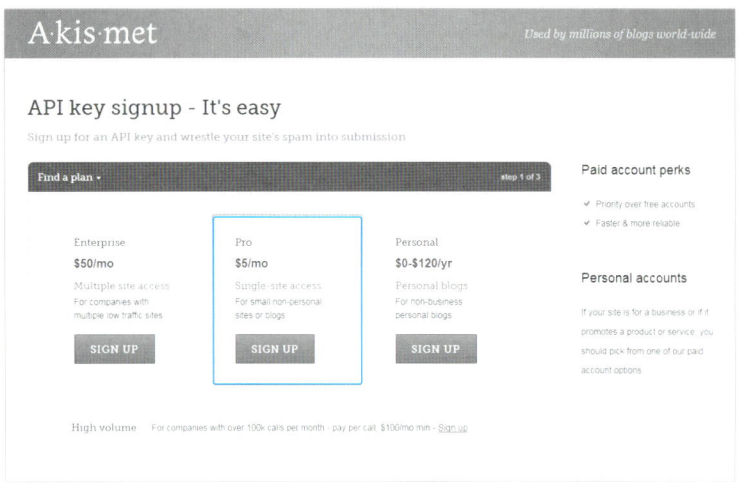

■ Akismet 회원 가입하기

**02** 금액을 $0로 설정하고 필요한 개인정보를 입력합니다.

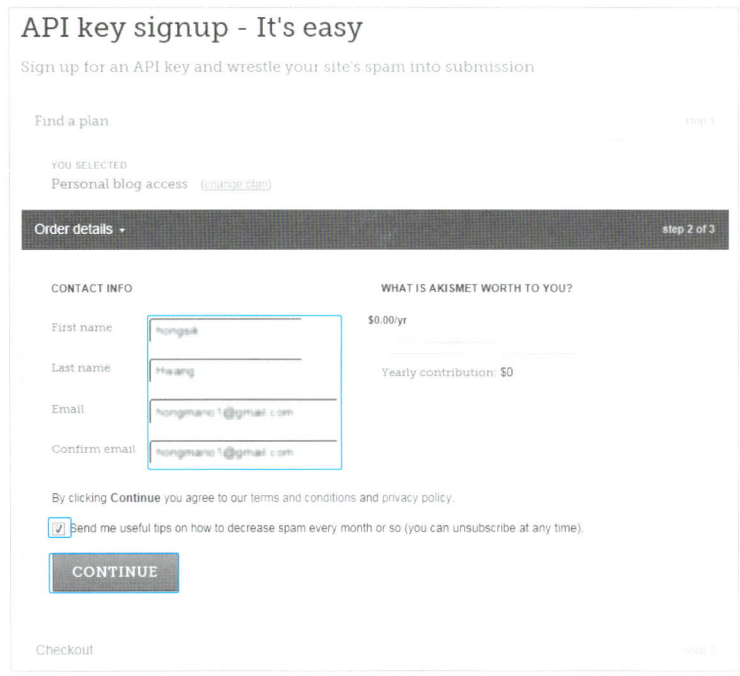

■ Akismet 개인 정보 등록

**03** API key 발급이 완료되면 이메일에서 key 값을 확인할 수 있습니다.

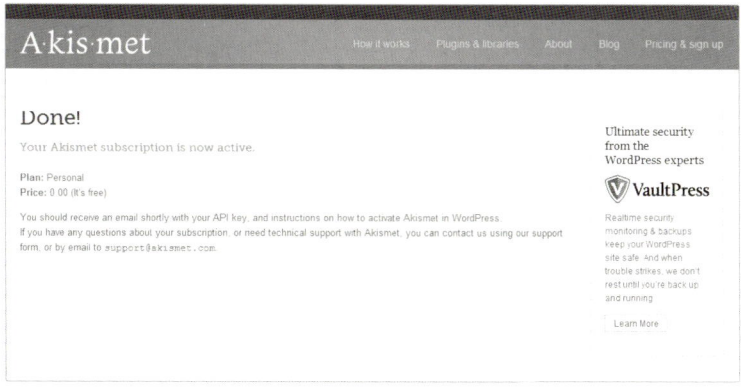

■ API key 발급 완료

**04** API Key 발급이 완료되면 등록된 메일 주소로 아래와 같이 Key 값과 함께 워드프레스에서 Key 값 설정 방법에 대한 내용이 메일로 안내됩니다.

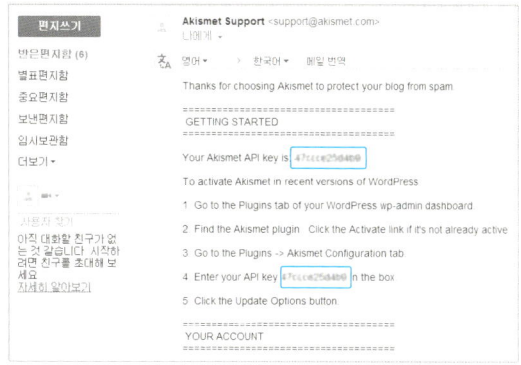

■ 이메일에서 Key 값 확인

## Akismet API key 입력 및 완료

**01** '알림판 〉 플러그인 〉 Akismet 설정'에서 API Key를 입력하고 완료합니다.

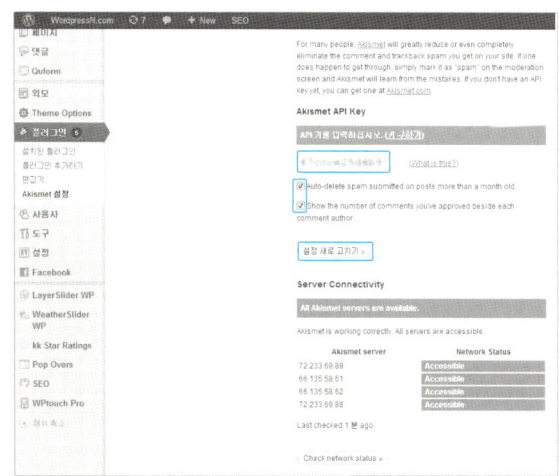

■ API key 입력 및 완료

Chapter 03_ 중급자가 반드시 알아야할 22가지 기술  251

# 포스트 페이지에 배경이미지, 배경색상 넣기

워드프레스에서 특별한 글(Post) 또는 특별한 페이지(Page)를 꾸미기 위해 배경 이미지 또는 배경 색상을 넣고 싶은 경우가 있습니다. 이 섹션에서는 'All in one Background' 플러그인을 활용하여 배경이미지 또는 배경색상을 변경하는 방법에 대해서 알아보겠습니다. 이 섹션에서 사용한 테마는 'Twenty Twelve' 입니다.

## 플러그인 설치하기

01 '알림판 > 플러그인 > 플러그인 추가하기' 메뉴를 클릭합니다. 플러그인 검색 창에 'All in one Background'를 입력하고 '플러그인 검색' 버튼을 클릭합니다.

■ 플러그인 추가하기 화면

02 검색된 플러그인 중 'All in one Background' 플러그인의 '지금 설치하기' 링크를 클릭합니다.

■ 검색된 플러그인 목록 화면

03 플러그인 설치가 완료되었습니다. '플러그인을 활성화' 링크를 클릭합니다.

■ 플러그인 설치 완료 화면

04 플러그인 페이지에서 '활성' 탭을 클릭하면 현재 활성화된 플러그인 목록이 보입니다. 'All in one Background' 플러그인이 활성화된 것을 확인할 수 있습니다.

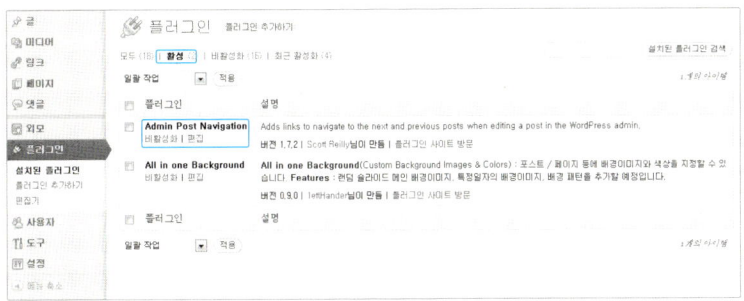

■ 활성화된 플러그인 목록

## 플러그인 사용하기

01 '글(Post) 〉 새 글(Add New)' 메뉴를 클릭합니다. 플러그인 활성화로 'All in one Background' 메타박스(Meta box)가 만들어진 것을 확인할 수 있습니다.

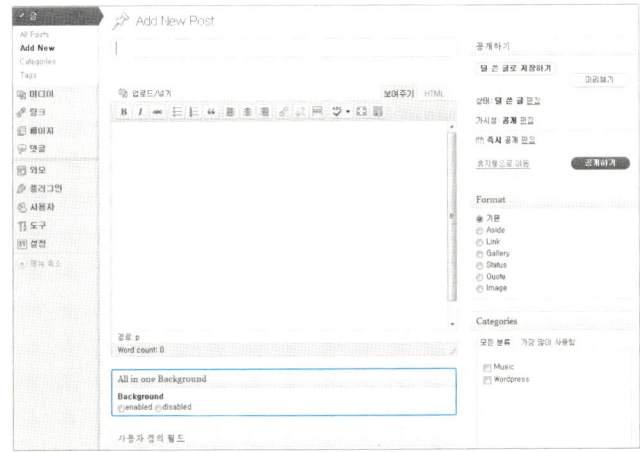

■ All in one Background 메타박스 화면

→_tip_

• 메타 박스(Meta Box)란?
'All in one Background 메타박스 화면'에서 사용자 정의 필드, 공개하기, Format, Categories와 같이 박스 모양을 메타 박스(Meta box)라고 합니다.

02 'All in one Background' 메타박스가 보이지 않는다면 브라우저 오른쪽 위에 화면옵션(Screen Options)을 클릭합니다.

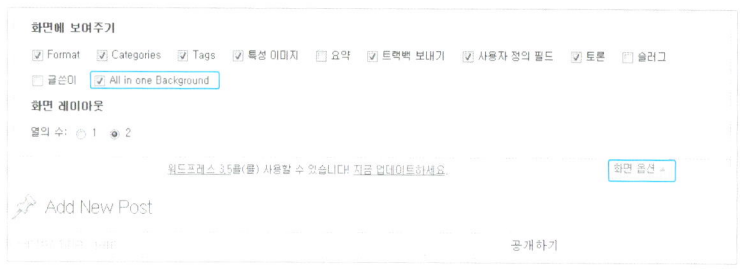

■ 화면옵션 화면

03 'Upload/Insert' 버튼을 클릭하여 배경에 사용할 이미지를 추가합니다.

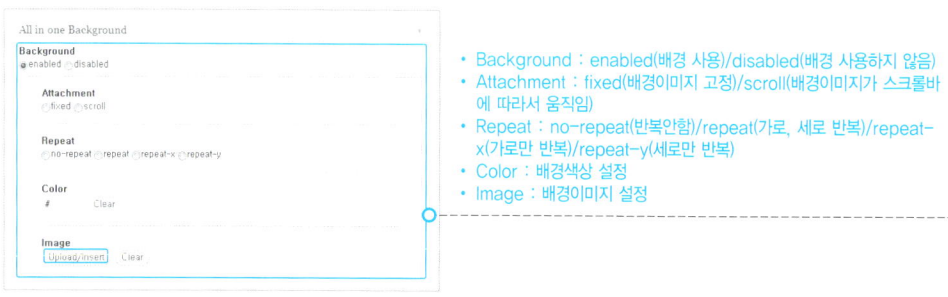

- Background : enabled(배경 사용)/disabled(배경 사용하지 않음)
- Attachment : fixed(배경이미지 고정)/scroll(배경이미지가 스크롤바에 따라서 움직임)
- Repeat : no-repeat(반복안함)/repeat(가로, 세로 반복)/repeat-x(가로만 반복)/repeat-y(세로만 반복)
- Color : 배경색상 설정
- Image : 배경이미지 설정

■ All in one Background 옵션 화면

04 팔레트를 이용해서 배경색상을 선택합니다.

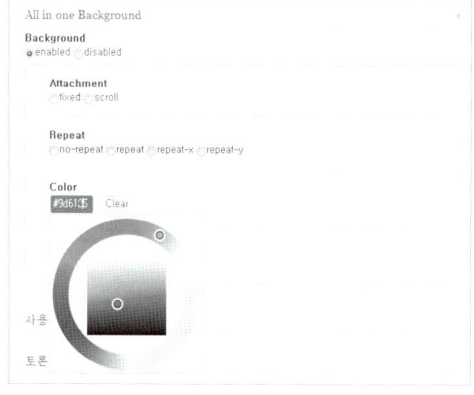

■ 팔레트 선택 화면

05 색상을 적용한 이후에 포스트를 열면 다음 그림과 같이 포스트에 배경색상이 적용된 것을 확인 할 수 있습니다.

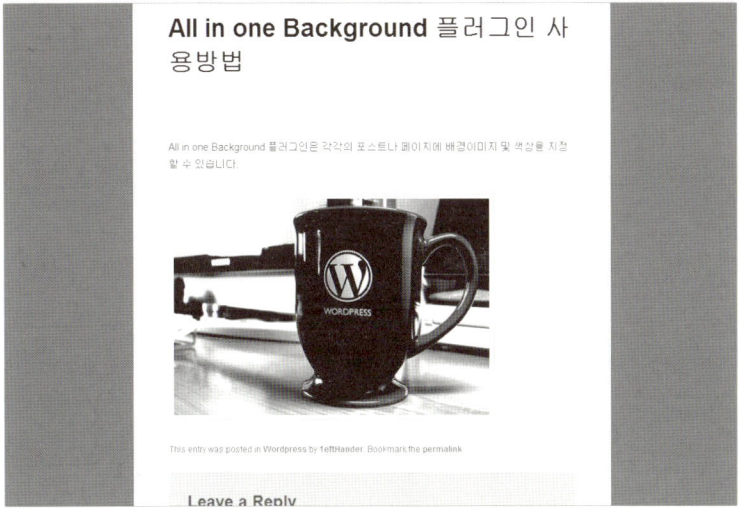
■ 배경색상 적용된 포스트 화면

06 만약 포스트나 페이지에 배경이미지를 넣고 싶다면 'Upload/Insert' 버튼을 클릭합니다. 미디어 업로드를 이용해서 이미지를 업로드 하거나 이미 업로드된 이미지를 확인하여 '본문 삽입' 버튼을 클릭합니다.

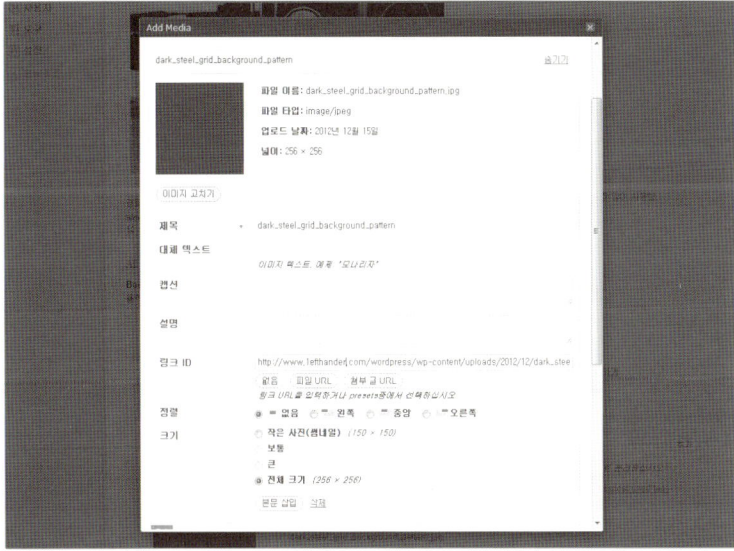
■ 미디어 업로드 화면

07 추가된 이미지는 해당 이미지의 URL, 썸네일, 파일명, 파일타입, 업로드 일자, 파일 사이즈를 표시합니다. 옵션으로 'Attachment : fixed, Repeat : repeat'를 선택합니다.

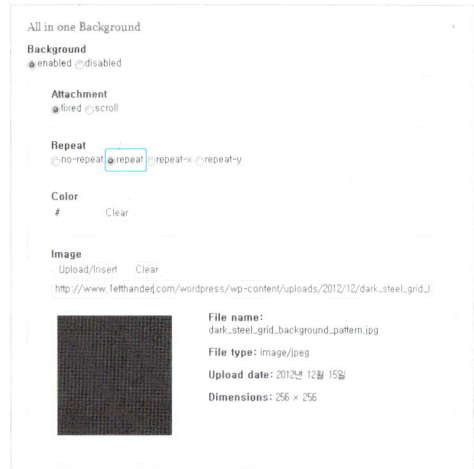

■ 배경 이미지에 사용할 이미지가 추가된 화면

08 배경이미지 적용 이후 포스트를 열면 포스트에 배경이미지가 적용된 것을 확인할 수 있습니다.

■ 배경이미지 적용된 포스트 화면

09 패턴 이미지뿐만 아니라 사이즈가 큰 이미지도 적용할 수 있습니다. 사이즈가 큰 이미지를 선택하고, 옵션으로 'Attachment : fixed, Repeat : no-repeat'를 선택합니다.

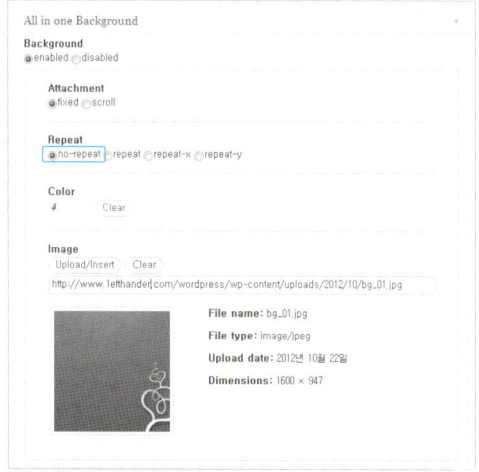

■ 큰 사이즈 배경 이미지 추가된 화면

10 예제에서는 모두 동일한 포스트에서 사용했지만, 실제 작업에서는 포스트 또는 페이지별로 배경 이미지, 배경 색상을 지정할 수 있습니다.

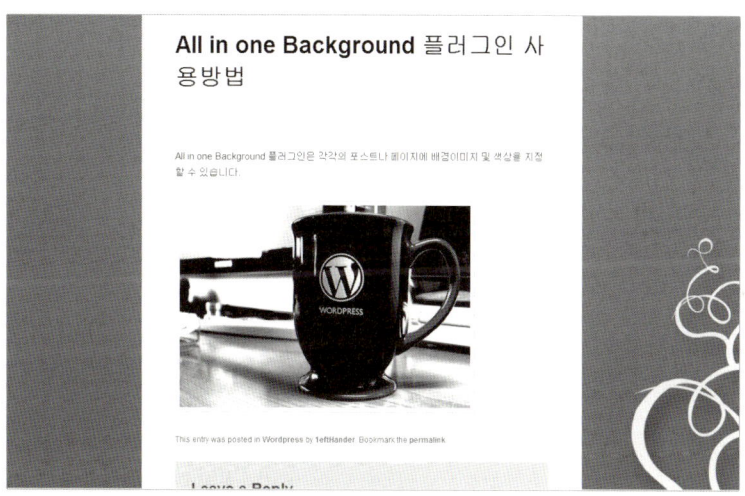

■ 큰 사이즈 배경 이미지 적용된 포스트 화면

## 포스트에 다음뷰 삽입하기

앞장의 포스트 배경넣기는 워드프레스 홈페이지 카페 운영자인 김지훈님이 개발한 플러그인이며, 이 섹션에서 보여줄 '포스트에 다음뷰 삽입하기'는 워드프레스 TF팀 멤버인 안종태님이 개발한 플러그인입니다.

지금부터 국내 블로그 사용자들에게 인기있는 다음뷰 플러그인을 워드프레스에 적용하는 방법에 대해서 알아보도록 하겠습니다.

먼저, 다음뷰 플러그인의 주요 특징은 다음과 같습니다.

- 플러그인은 반드시 DaumView에 가입해야 사용 가능한 플러그인입니다.
- 포스트 작성 시 다음뷰 전용 메타박스를 통해 원하는 채널과 제목을 설정한 후 포스트 송고
- 송고된 포스트에 대한 정보 조회 기능
- 송고 후 포스트의 상단 및 하단에 추천박스 출력
- 포스트, 페이지, 커스텀 포스트 타입의 편집 모드에서 모두 지원
- 다음뷰에서 제공하는 추천박스 4가지 타입 중 택일
- 추천박스와 같은 숏코드 기능 제공
- 다음뷰의 총 4가지 위젯 제공

My글위젯, 구독 위젯, 랭킹 위젯, 추천 LIVE(출처 : 안반장의 개발노트 http://qnibus.com)

### 플러그인 설치하기

**01** '알림판 > 플러그인 > 플러그인 추가하기 > 검색'에서 'daumview'를 검색하면 아래와 같이 해당 플러그인이 검색됩니다. '지금 설치하기'를 클릭하고 활성화해서 플러그인을 설치합니다.

■ 다음뷰 플러그인 설치

## 다음뷰 가입 및 설치하기

**01** 플러그인 설치가 완료 되었으면 '알림판 > 설정 > DaumView'를 클릭합니다.

■ 알림판에서 다음뷰 클릭

**02** 다음과 같은 다음뷰 설정화면이 나오는데 다음뷰를 가입되어 있어야 이 서비스를 이용할 수 있습니다. 다음뷰에 가입하지 않았으면 'DaumView 가입'을 클릭하여 가입합니다.

■ 다음뷰 설정화면(DaumView 가입 클릭)

**03** 다음뷰 가입(http://v.daum.net/user/join) 화면은 다음과 같습니다.

■ 다음뷰 가입화면

**04** 가입 시 '가입/송고방법'에서 다음과 같이 '외부블로그 가입하기' 버튼을 클릭해야 합니다.

■ 다음뷰 외부블로그로 가입하기

05 만약 기존에 다음뷰 가입자 중에서도 다음 블로그나 기타 블로그 서비스에 등록이 되어 있는 경우가 많은데, 워드프레스로 만드는 사이트로 다음뷰 서비스를 변경하려면 우선 서비스를 해지해야 적용이 가능합니다.

■ 다음뷰 외부블로그 가입하기 화면

06 '알림판 〉 설정 〉 DaumView'를 선택하여 이동하면 다음과 같이 설정 화면이 변경되어 있는 것을 확인할 수 있습니다.

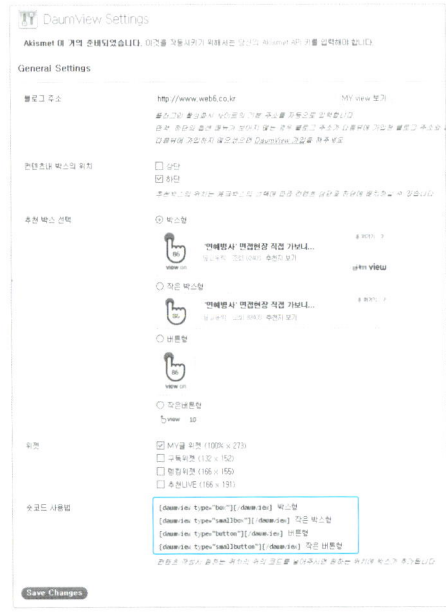

■ 다음뷰 가입 후 다음뷰 설정 화면

07 위 화면에서는 포스트의 상단 또는 하단을 선택할 수 있습니다. 만약 화면 상단이나 하단 박스를 선택하지 않은 상태에서 숏코드를 사용한다면 자신이 원하는 위치에 다음뷰를 삽입할 수 있습니다. '알림판 〉 새글 쓰기'에서 실제로 적용해 보겠습니다. 제목과 내용을 작성한 후 '공개하기' 버튼을 클릭해야 다음뷰를 적용할 수 있습니다. 제목은 '다음뷰테스트'라고 작성하고 내용은 간단하게 작성한 후 '공개하기' 버튼을 클

릭해야 합니다. '공개하기' 버튼을 클릭하기 전에는 다음 화면의 가장 아래의 'Send Daum View' 가 활성화가 되지 않기 때문입니다.

■ 글쓰기에서 공개하기와 Send DaumView 비활성화 상태

08 '공개하기' 버튼을 클릭하면 'Send DaumView' 가 활성화 됩니다.

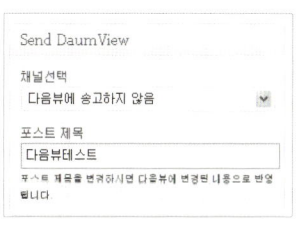

■ Send DaumView 활성화 상태

09 자신이 송고를 원하는 채널을 선택한 후 사이트 화면을 보면 다음뷰가 적용된 것을 확인할 수 있습니다.

■ 'Send DaumView' 의 채널선택　　■ 다음뷰 사이트 적용화면

Chapter 03    Lesson **03**

# 소스
# 수정하기

이 섹션에서는 워드프레스 사이트를 운영함에 있어서 가장 많이 이용되는 응용 분야에 대해서 설명하도록 하겠습니다. 필자가 운영하는 워드프레스 카페회원들이 가장 많이 질문하는 내용도 소스 수정 등 이 섹션의 내용이기도 합니다. 워드프레스 사이트를 구축하여 운영하고 있다면 반드시 알아야 할 부분이기도 합니다.

## 멀티사이트 만들기

멀티사이트는 자신의 워드프레스 사이트 주소 뒤 또는 앞에 다른 디렉터리를 만드는 것을 말합니다. 일반적으로 앞에 붙이는 것은 복잡하고 잘 사용하지 않습니다. 최근에 워드프레스 멀티사이트에 대해서는 국내에도 공개된 블로그나 웹에 자료가 많기 때문에 여기서는 간략하게 설명하도록 하겠습니다. 멀티사이트는 네이버블로그 주소(예 : blog.naver.com/topshock)와 유사합니다. 즉, 어느 회사에 직원들이 여러 명이라면 각 개인에게 아이디를 주는 것과 같은 것입니다.

이 섹션에서는 hongmario.com 개인블로그의 멀티사이트인 영문버전, 일본어버전, 중국어버전을 만들어 보도록 하겠습니다.

### wp-config.php 파일 수정하기

**01** 파일질라 프로그램을 이용해서 FTP에 접속합니다. 다음 그림과 같은 화면이 나오면 호스트에는 도메인을 입력하고, 사용자명에는 FTP ID, 비밀번호는 FTP 비밀번호를 입력한 후 '빠른 연결' 버튼을 클릭합니다.

다음과 같이 FTP에 접속한 후 리모트 사이트 영역의 'www' 폴더 아래 영역에서 'wp-config.php' 파일을 찾을 수 있습니다.

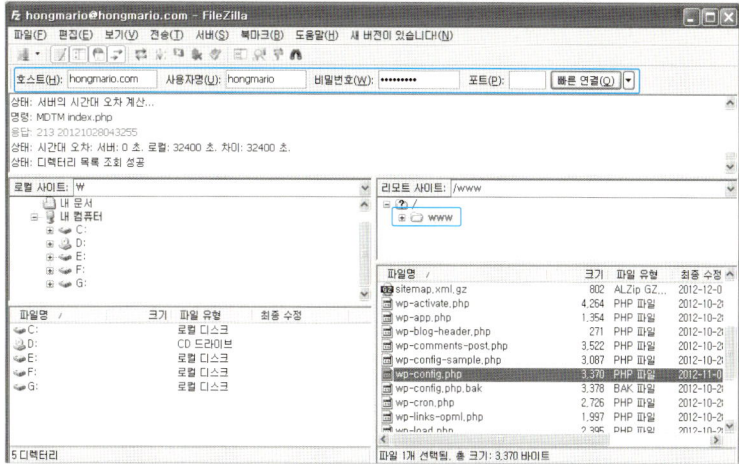

■ 파일질라 접속화면

02 파일을 선택한 후 마우스 우측버튼을 누른 후 '보기/편집' 메뉴를 선택합니다.

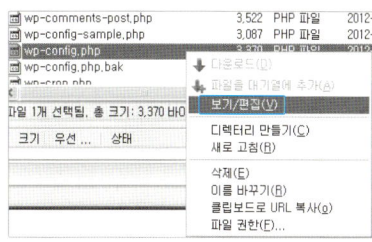

■ wp-config.php 접속 수정할 위치 찾기

03 다음과 같은 메모장이 펼쳐집니다. 메모장에서 Ctrl + F 키를 누른 후 'That's'를 검색하면 다음 그림과 같이 '/* That's all, stop editing! Happy blogging. */'가 보입니다.

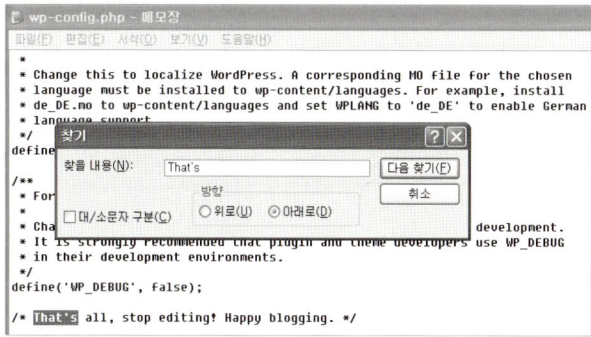

**04** 위 문장의 윗부분에 다음 내용을 입력합니다.

```
/* Multisite */
define( 'WP_ALLOW_MULTISITE' ,true );
```

■ 파일명 : 3장-264

■ wp-config.php 수정사항 저장하기

**05** 수정 완료 후 저장하면 파일질라에서 '이 파일을 서버로 다시 업로드 하시겠습니까?' 라는 경고 메시지 창이 나타납니다. 여기에서 '예'를 선택합니다.

## 알림판에서 네트워크 설정하기

**01** FTP에서 wp-config 설정을 완료한 후 알림판으로 돌아가서 왼쪽 메뉴 중 '도구'를 클릭하면 '네트워크 설치' 라는 새로운 메뉴가 생성됩니다. 만약 '네트워크 설치' 메뉴가 생성되지 않았다면, 앞 단계에서 설정이 잘못되었을 수 있으니 다시 한 번 체크해보시기 바랍니다.

■ 알림판에 네트워크설치 메뉴 생성 확인

02 '네트워크 설치 메뉴'를 선택하면 플러그인을 비활성화 하라는 메시지가 나타납니다. '플러그인 > 설치된 플러그인' 메뉴를 선택한 후 다음 그림과 같이 플러그인을 모두 선택한 후 상단 선택박스에서 '비활성화'를 적용시켜 줍니다.

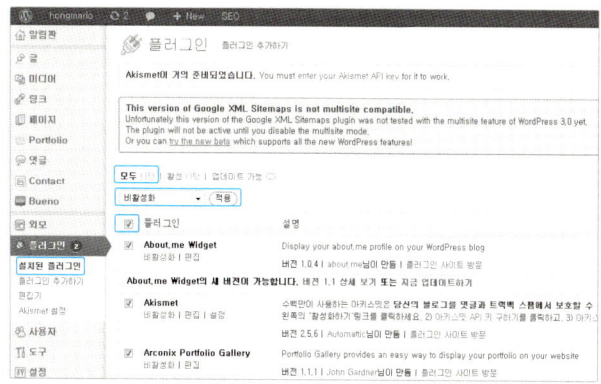

■ 설치된 플러그인 비활성화

03 '도구 > 네트워크 관리' 메뉴로 다시 오면 다음 그림과 같은 화면이 나타납니다. 가장 아래의 '설치' 버튼을 클릭합니다.

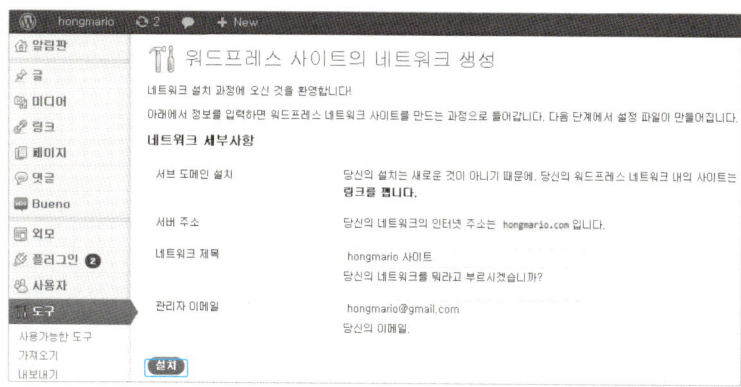

■ 네트워크 생성 설치 화면

04 '워드프레스 사이트의 네트워크 생성' 페이지가 나타납니다. 이 페이지의 내용은 'wp-content' 디렉터리에 'blogs.dir'이라는 폴더를 만들고 wp-config.php 파일과 .htaccess 파일에 아래 소스를 삽입하라는 의미입니다. 단, wp-config.php 파일과 .htaccess 파일을 백업하기를 권장하고 있으니 미리 다른 이름으로 저장해 두시는 것이 좋습니다.

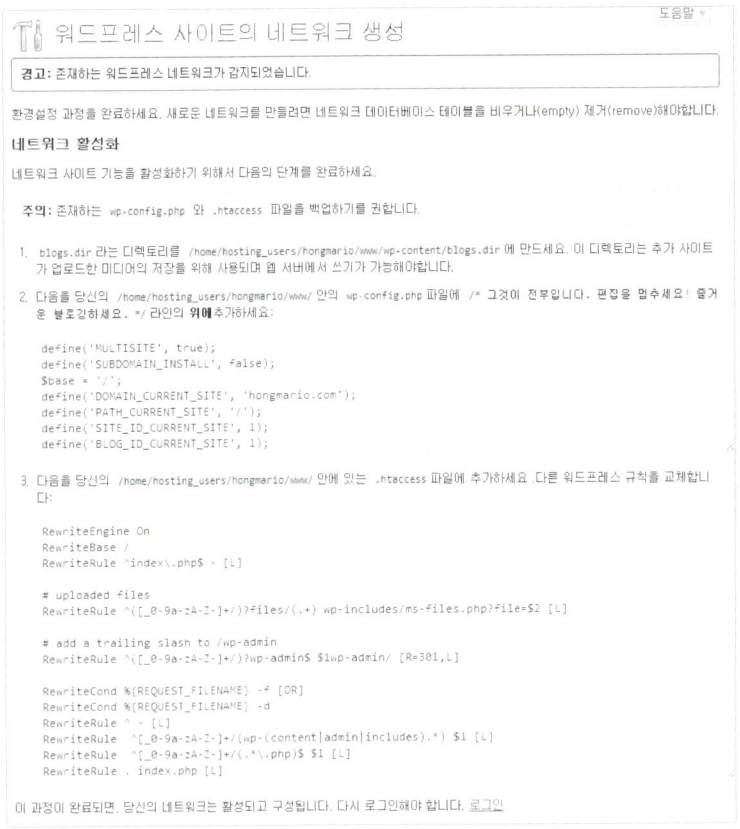

■ 워드프레스 네트워크 생성 절차 설명 화면

05 이제 실제로 적용하기 위해서 다시 FTP를 접속해서 서버에 'www' 하위 디렉터리에 있는 3개의 디렉터리 중에서 다음 그림과 같이 'wp-content' 디렉터리를 더블 클릭해서 하위 디렉터리들이 보이면, 'wp-content' 폴더에 마우스 우측버튼을 클릭해서 '디렉터리 만들기'를 선택합니다.

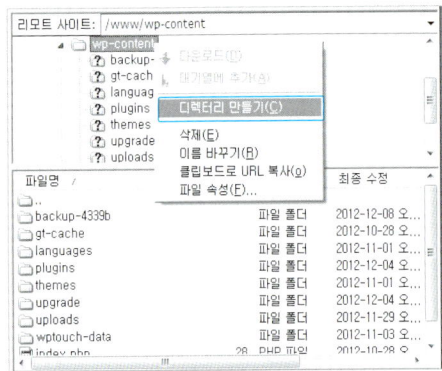

■ wp-config에서 새로운 디렉터리 만들기

06 다음 그림과 같이 입력창에 'www/wp-content/' 뒤에 'blogs.dir'를 입력한 후 '확인' 버튼을 클릭합니다.

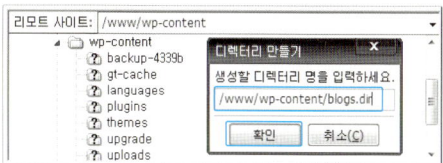

■ wp-content의 새로운 디렉터리에 blogs.dir 입력

07 이제 다음 그림과 같이 blogs.dir 디렉터리가 'wp-content' 하위 폴더에 만들어진 것을 알 수 있습니다.

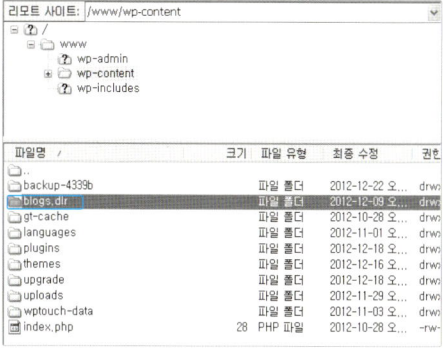

■ blogs.dir 디렉터리 생성 확인

08 네트워크 생성을 위한 첫 번째 단계가 끝났습니다. 이제 두 번째 단계인 'wp-config.php' 파일을 열어 해당 코드를 추가하도록 하겠습니다. 앞 과정의 multisite 설정 시와 동일하게 'www' 디렉터리 하위에 있는 'wp-config.php' 파일에 마우스 우측버튼을 클릭하여 '보기/편집' 메뉴를 선택하여 메모장 파일을 열어줍니다.

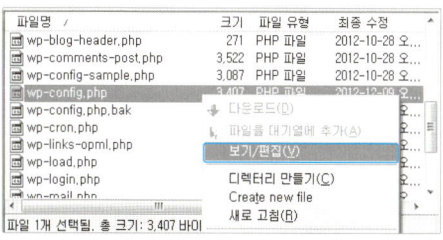

■ wp-config.php 파일 열기

09 다음과 같이 wp-config.php 파일 소스를 메모장에서 확인할 수 있습니다. multisite 경우와 마찬가지로 '/* That's all' 앞에 해당 내용을 삽입합니다.

■ 워드프레스 네트워크 설정 wp-config 삽입 위치 확인

10 다음은 삽입할 내용을 '복사 〉 붙여넣기'를 하기 위해 '알림판 〉 도구 〉 네트워크관리'에서 다음 내용을 복사합니다.

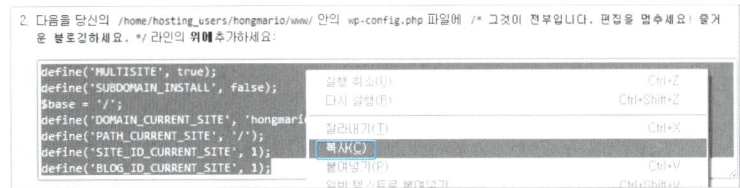

■ wp-config.php에 삽입할 내용 복사

11 복사한 내용을 '/* That's all' 앞에 붙여 넣으면 다음 그림과 같이 됩니다.

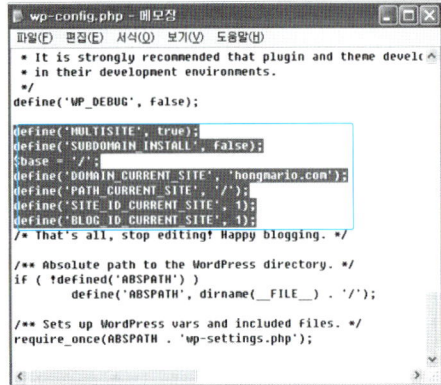

■ 워드프레스 wpconfig.php 내용 삽입 완료 화면

12 wp-config.php 설정이 완성되었습니다. 마지막 작업으로 '.htaccess' 파일 설정을 진행합니다. FTP에 접속한 후 'www' 하위 디렉터리 아래 파일 중 htaccess 파일을 선택해서 '보기/편집'을 클릭합니다.

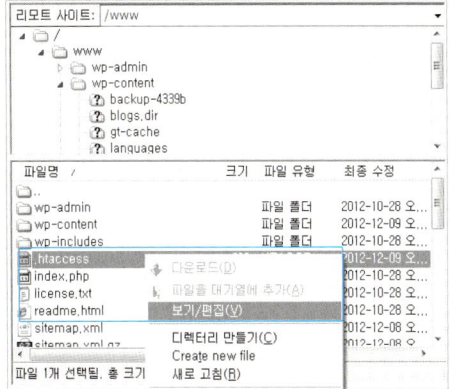

■ .htaccess 파일 열기

13 메모장에 '.htaccess' 파일이 열리면 '알림판 > 도구 > 네트워크관리'에서 마지막 세 번째 항목을 '복사 > 붙여넣기' 하여 다음 그림과 같이 'IfModule mod_rewrite.c'와 '/IfModule' 사이에 삽입합니다.

■ .htaccess에 네트워크 설정값 삽입

14 이제 모든 네트워크 설정이 끝났습니다. 알림판에 접속하면 로그인창이 나타나며 로그인을 완료하면 알림판이 아래와 같이 변경된 것을 볼 수 있습니다.

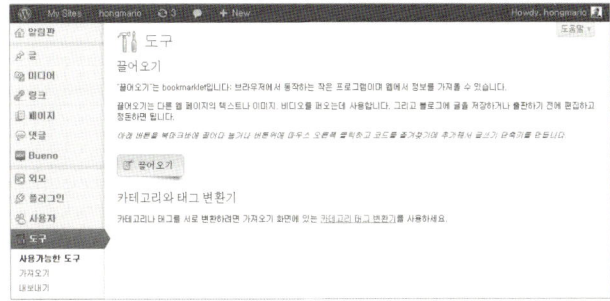

■ 네트워크 설정 후 변경된 알림판 화면

15 상단 메뉴 왼쪽에 'My sites'가 보이면 'My sites 〉 Network Admin 〉 Sites' 메뉴를 선택합니다.

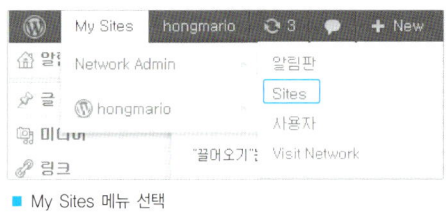

■ My Sites 메뉴 선택

16 새로운 사이트 추가화면이 다음과 같이 보입니다. 이제 추가할 서브 디렉터리명과, 사이트 제목, 관리자 이메일을 차례대로 입력합니다.

■ 사이트 추가 설정화면

17 이제 서브디렉터리를 영어버전, 중국어버전, 일본어버전 3가지로 만들어 보겠습니다. 위와 마찬가지 방법으로 다음 그림과 동일하게 입력하면 다음과 같이 서브디렉터리가 만들어져 멀티사이트가 만들어진 것을 볼 수 있습니다.

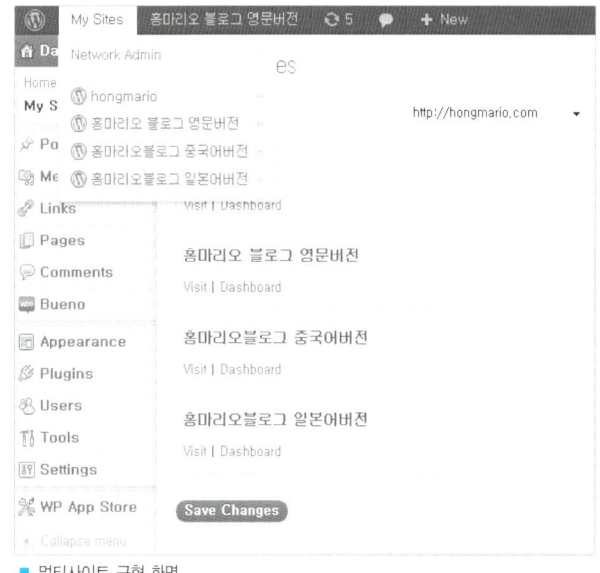

■ 멀티사이트 구현 화면

18 멀리사이트를 구성해 보도록 하겠습니다. 멀티사이트는 해당 서브디렉터리 마다 별도의 테마, 메뉴, 콘텐츠 등을 구성해 주어야 합니다. 샘플로 영문버전의 설정을 보도록 하겠습니다. 다음 그림처럼 기존사이트에 설치된 테마를 활성화 시켜주어야 합니다.

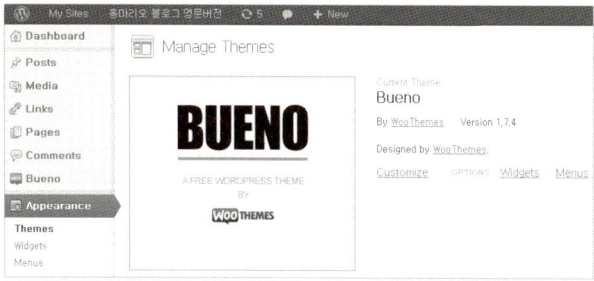

■ 멀티사이트 테마설정

19 마찬가지로 카테고리 설정과 메뉴설정도 다음 그림처럼 새롭게 설정해 주어야 합니다.

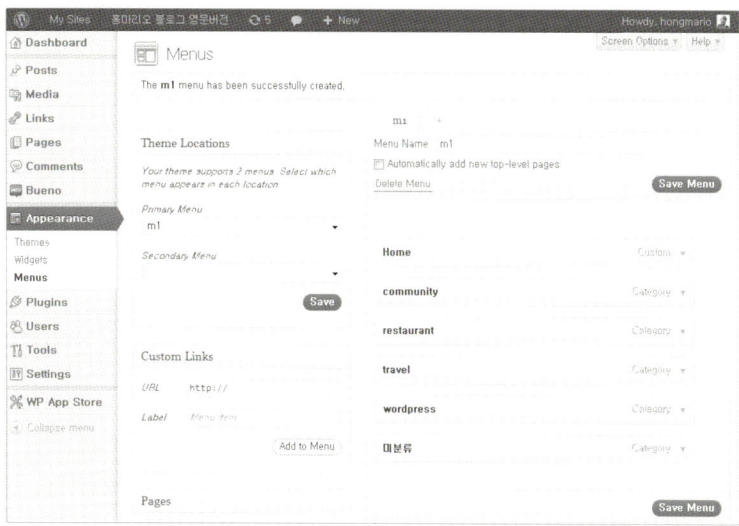

■ 멀티사이트 메뉴설정 화면

20 다음 그림과 같이 www.hongmario.com/eng(영문버전), hongmario.com/chn(중국어버전), hongmario.com/jpn(일본어버전) 등 새로운 사이트를 생성시킬 수 있습니다.

■ 멀티사이트 생성 예. 영어버전, 일본어버전, 중국어버전

## 팝업창 만들기

홈페이지를 운영하다보면 공지사항 등 안내 정보를 팝업 형태로 보여주어야 되는 경우가 있습니다. 이 섹션에서는 간단한 팝업 플러그인을 이용한 팝업창을 만드는 방법에 대해서 알아보도록 하겠습니다.

01 설치하려는 플러그인이 워드프레스 관리자 페이지의 플러그인 검색 기능으로 검색이 잘 되지 않는 경우가 있으므로 구글에서 'wordpress popup plugin' 이라는 검색어를 입력하여 검색합니다.

■ 구글 팝업 플러그인 검색

02 검색결과에서 'WordPressPopup' 플러그인이 검색 되었습니다. 이 플러그인을 선택하여 상세화면으로 이동합니다.

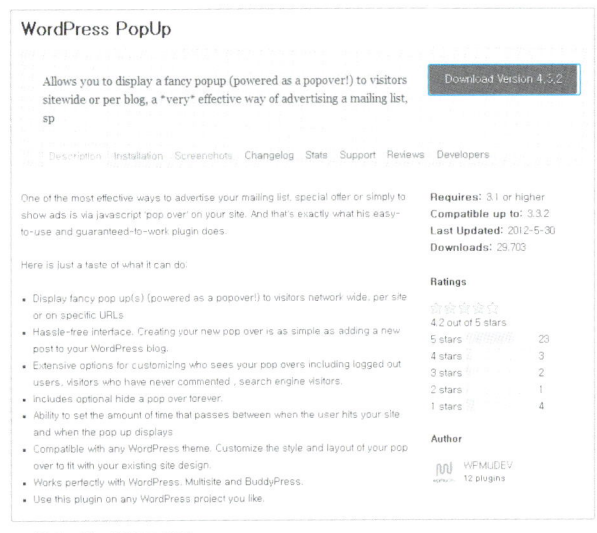

■ 플러그인 다운로드 받기

03 'Download Version 4.3.2'를 선택하여 다운로드 받은 후 워드프레스 홈페이지에 플러그인을 설치합니다.

■ 플러그인 설치

04 '알림판 〉 Pop Oover 〉 Pop Over'를 클릭하면 다음 그림과 같이 플러그인 초기 설정화면이 보입니다.

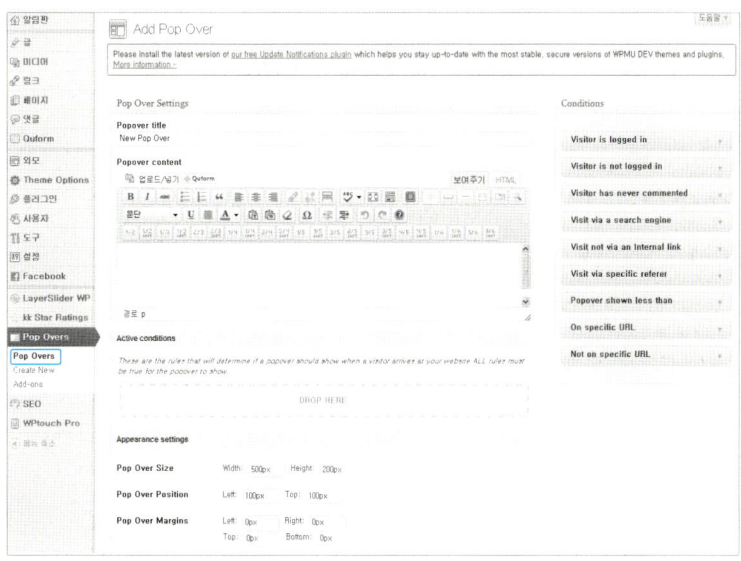

■ 플러그인 설정 화면

05 'Popover title' 과 'Popover content' 에 팝업의 제목과 내용을 입력합니다.

■ 팝업 제목과 내용 입력

06 우측 Conditions 항목(오른쪽 사이드바)에서 'Visiter is logged in'을 드래그하여 하단의 'Active Conditions'에 위치시킵니다.

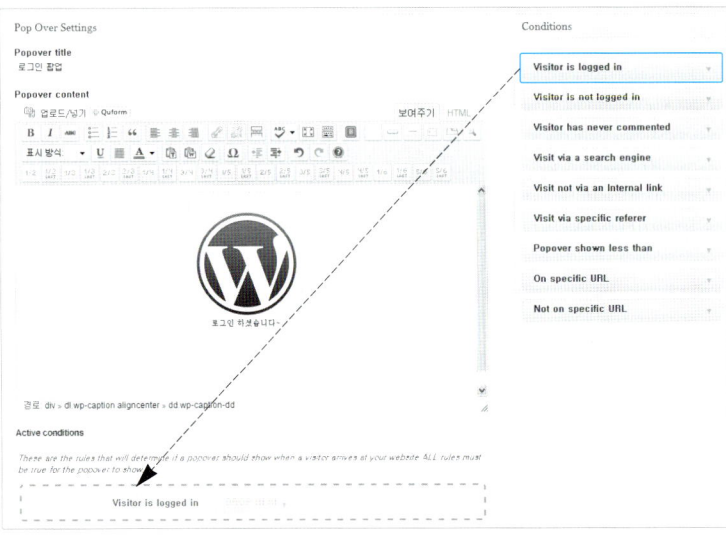

■ 팝업 조건 선택

**07** Active conditions에는 여러 가지 조건에 따라 팝업 설정을 할 수 있습니다.

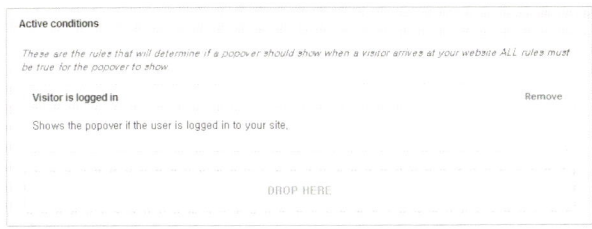
■ Active conditions

**08** 'Active conditions' 외에도 설정에서 팝업창 크기, 마진, 배경색, 폰트색 등을 지정할 수 있습니다. 다음과 같이 각각의 조건에 적절한 값을 입력하여 설정을 완료한 후 'Add and Activate' 버튼을 클릭하여 저장합니다.

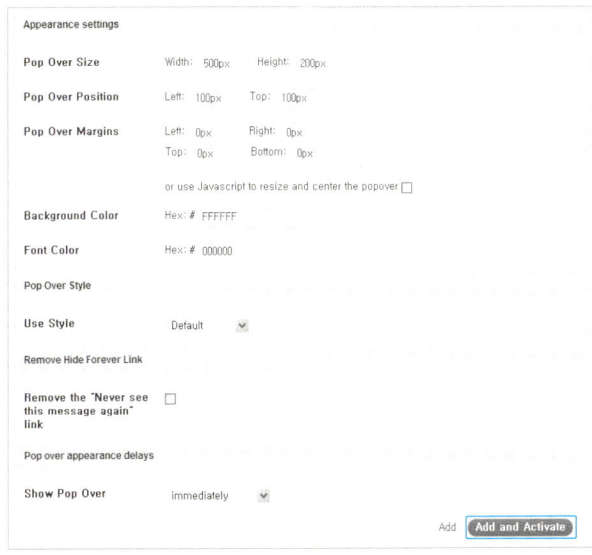
■ 플러그인 설정

**09** 워드프레스 홈페이지 로그인 시 팝업창이 나타납니다.

■ 팝업 화면

# 워드프레스 콘텐츠 & 데이터 백업하기

워드프레스는 홈페이지의 한 부류이고 서버에 데이터를 저장하기 때문에 운영 중 어떠한 사태가 벌어질지 알 수 없습니다. 그렇기 때문에 항상 보안 및 데이터를 철저하게 관리해야 합니다. 오랫 동안 공들여서 만든 콘텐츠가 얘기치 못한 문제로 한 순간에 삭제되거나 치명적 오류가 발생한다면 운영자에게는 큰 손실이 발생할 수 있기 때문입니다. 이런 불상사를 미연에 방지하기 위해서는 반드시 데이터의 백업이 필요합니다. 백업은 웹 호스팅을 옮길 시에도 필수적으로 사용됩니다. 워드프레스 백업에는 워드프레스에서 제공하는 데이터 백업, FTP를 이용한 소스파일 백업, 플러그인을 이용한 백업 등이 있습니다. 이 섹션에서는 3가지 백업 방법에 대해서 알아보겠습니다. 이 섹션에서 사용한 테마는 Bueno(by WooThemes)입니다.

## 워드프레스에서 제공하는 데이터 백업하기

▷ **내보내기 메뉴 선택하기**

01  워드프레스에서는 기본적으로 백업과 복원을 제공합니다. 콘텐츠(데이터)를 백업하기 위해서 '알림판 〉 도구(tools) 〉 내보내기(Export)' 메뉴를 클릭합니다.

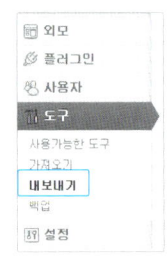

■ 도구 메뉴 화면

▷ **내보내기 대상 설정하기**

01  '내보내기' 메뉴를 선택하면 내보내기 전체 화면이 나타납니다.

■ 내보내기 전체 화면

02 백업할 대상(모든 콘텐츠, 글(Post), 페이지(Page))을 선택합니다. 기본적으로 모든 콘텐츠가 선택됩니다. '글' 라디오 버튼을 선택한 경우 추가 옵션으로 카테고리, 글쓴이, 생성된 일자(시작일자 ~ 종료일자), 상태(Published, Scheduled, Draft, Pending, Private)를 지정하여 백업할 수 있습니다.

■ 내보내기 대상 – 글 선택 화면

03 페이지를 선택한 경우 추가 옵션으로 글쓴이, 생성된 일자(시작일자 ~ 종료일자), 상태(Published, Scheduled, Draft, Pending, Private)를 지정하여 백업할 수 있습니다.

■ 내보내기 대상 – 페이지 선택 화면

▷ 내보내기 실행하기

01 백업 대상 및 옵션 선택이 완료되었으면 '내보내기 파일 다운로드' 버튼을 클릭합니다. XML 파일 형식 (hongmario.wordpress.xml)으로 콘텐츠 백업이 완성됩니다.

■ 백업 파일 화면

▷ 백업 확인하기

01 백업된 파일(honmario.wordpress.xml)을 브라우저에서 열어보면 구조화된 데이터를 확인할 수 있습니다.

■ 인터넷 익스플로어(IE)에서 열어 본 XML형식의 콘텐츠 화면

02 워드프레스의 '내보내기'를 이용한 백업파일은 '가져오기' 메뉴를 이용하여 콘텐츠를 복원할 수 있습니다. 복원하기는 다음 섹션에서 알아보겠습니다.

## FTP를 이용한 소스파일 백업하기

FTP 프로그램인 파일질라를 이용하여 소스파일을 백업해 보겠습니다.

01 백업 소스파일은 'www' 하위의 디렉터리들입니다. 오른쪽 리모트 사이트의 'www' 디렉터리를 오른쪽 로컬 사이트(내PC 디렉터리)의 백업 디렉터리(백업하고 싶은 내 컴퓨터의 폴더)로 드래그&드롭하여 복사합니다.

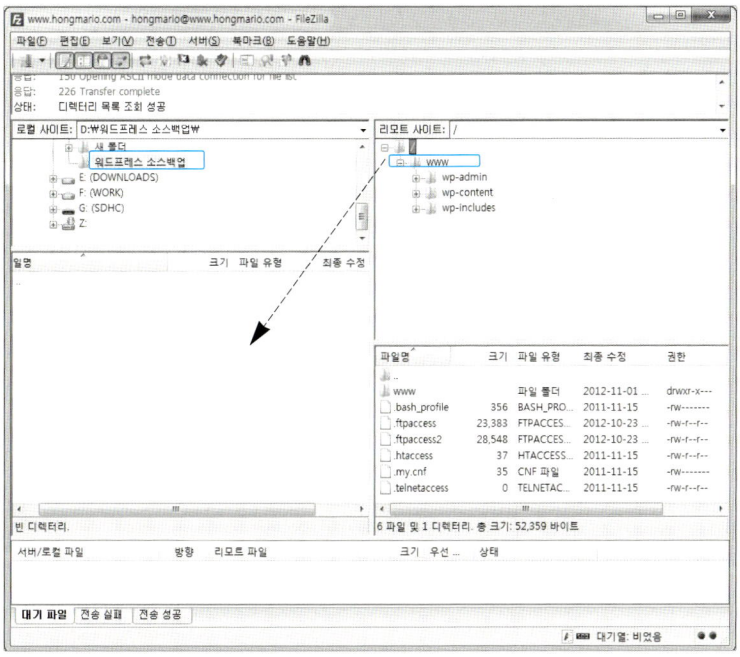

■ FTP 서버 접속 화면

→ _tip_

• 워드프레스 디렉터리 구성

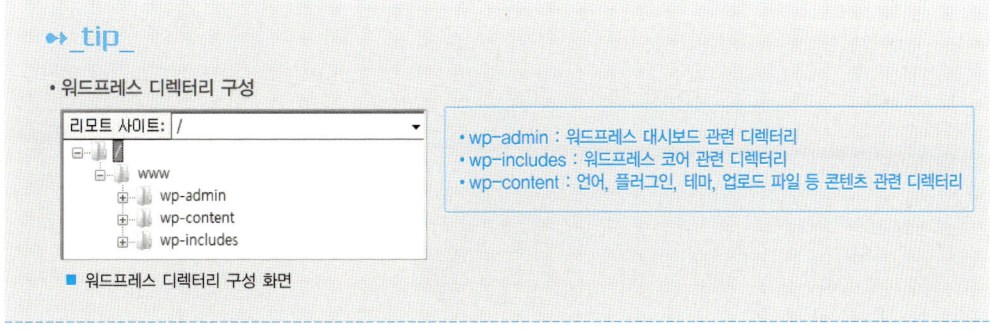

- wp-admin : 워드프레스 대시보드 관련 디렉터리
- wp-includes : 워드프레스 코어 관련 디렉터리
- wp-content : 언어, 플러그인, 테마, 업로드 파일 등 콘텐츠 관련 디렉터리

■ 워드프레스 디렉터리 구성 화면

02 'www' 디렉터리 내 모든 데이터(폴더와 데이터 포함)를 백업되며, 백업 목록 및 전송상태(실패/성공)를 확인할 수 있습니다.

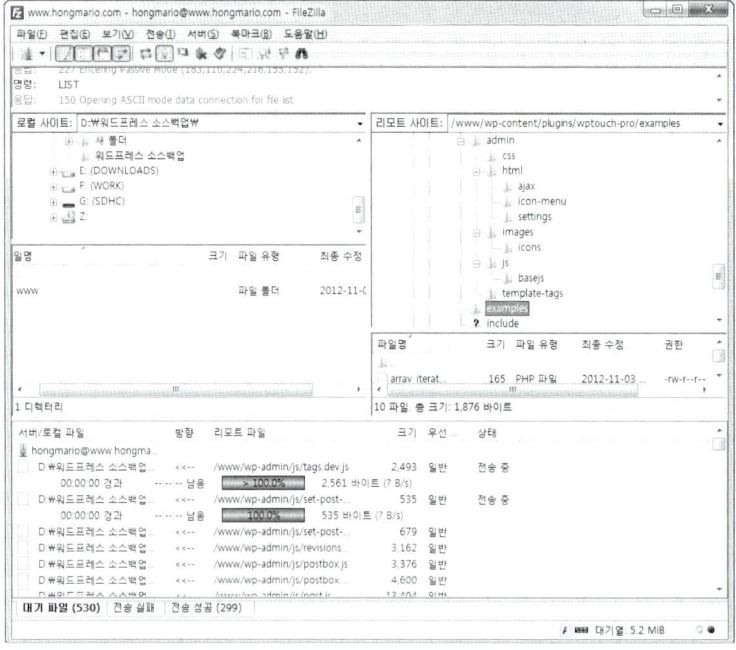

■ 소스파일 백업 진행 중 화면

## 플러그인을 이용한 백업하기

플러그인을 이용한 백업은 콘텐츠 백업 플러그인 중 많이 사용하는 'WP-DB-Backup' 플러그인을 이용해보겠습니다.

▷ **백업 메뉴 선택하기**

01 WP-DB-Backup 플러그인을 설치하고 활성화하면 '도구(Tools) > 백업(Backup)' 메뉴가 만들어집니다.

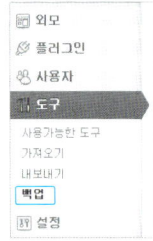

■ WP-DB-Backup 메뉴 화면

▷ **백업 설정하기**

01 백업 메뉴를 선택하면 백업 전체 화면이 나타납니다. 백업 설정은 테이블, 백업 옵션, 예약된 백업 3자리로 구성되어 있습니다.

■ 백업 전체 화면

02 테이블은 워드프레스 설치 시 생성되는 핵심 테이블(❶)과 테마나 플러그인 추가 활성화 시 생성되는 테이블(❷)로 구성됩니다. 핵심 테이블에서는 스팸 댓글이나 수정 중인 글에 대해서만 백업 제외 처리를 할 수 있습니다. 오른쪽의 추가된 테이블에 대해서는 백업 여부를 선택할 수 있으며, 선택 시 백업 대상이 됩니다.

■ 백WP-DB-Backup - 테이블 설정

03 백업 파일의 저장 위치를 지정할 수 있습니다.
- 서버에 저장 : 워드프레스가 설치된 웹 호스팅 디렉터리에 저장됩니다. FTP 접속 시 '/www/wp-content/backup-4339b/'에서 확인할 수 있습니다.
- 당신의 컴퓨터로 다운로드 : 파일로 다운로드 됩니다.
- 이메일 백업 : 지정된 이메일 주소에 백업파일이 첨부되어 이메일을 보냅니다.

■ WP-DB-Backup - 백업 옵션 설정

백업시간 표시, 예약 주기 선택, 핵심 테이블 외 추가 테이블 선택, 백업파일 받을 이메일 주소 설정을 지정할 수 있습니다.

■ WP-DB-Backup - 예약된 백업 설정

▷ **백업 실행하기**

01 백업 옵션에서 '당신의 컴퓨터로 다운로드'를 선택하고 '지금 백업하세요!' 버튼을 클릭하면 백업 진행사항을 확인할 수 있습니다.

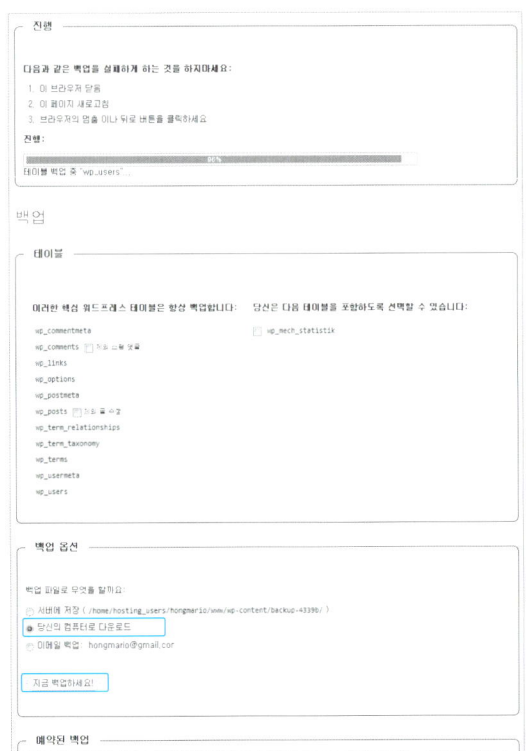

■ 백업 진행 화면

**02** gz 압축 파일 형식(hongmario_wp_20121119_702.sql.gz)으로 데이터 백업이 완성됩니다.

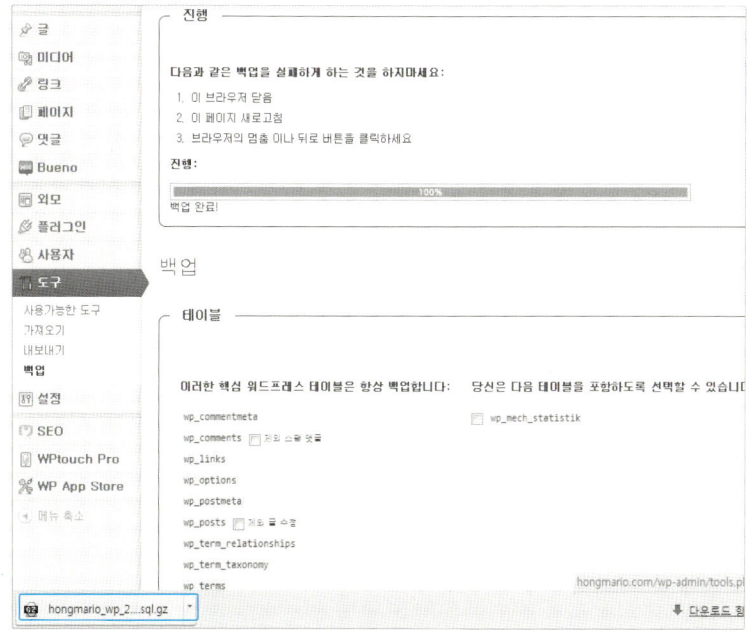

■ 데이터 백업 완료 화면

▷ **백업 확인하기**

**01** 압축된 백업파일(hongmario_wp_20121119_702.sql.gz)을 압축프로그램을 이용하여 압축을 해제합니다. 폴더(hongmario_wp_20121119_702.sql)가 만들어집니다.

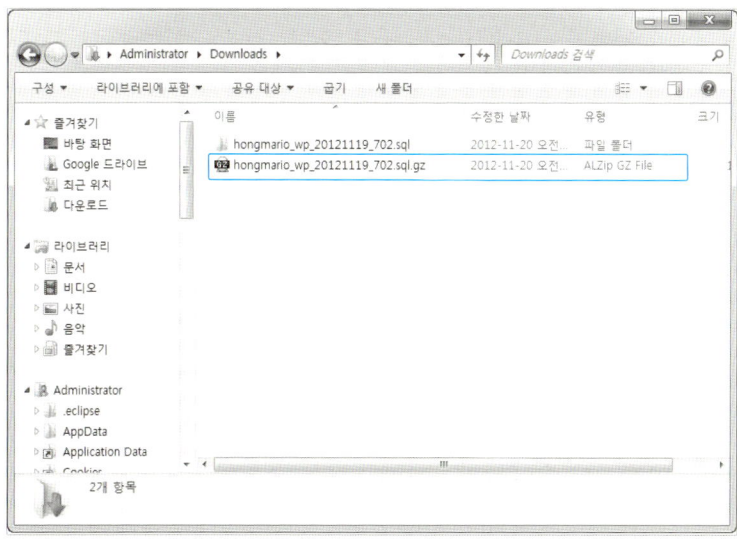

■ 백업파일 압축 해제 화면

02 hongmario_wp_20121119_702.sql 폴더를 더블클릭합니다. 폴더 안에는 sql 파일 형식의 hongmario_wp_20121119_702.sql 파일이 있습니다.

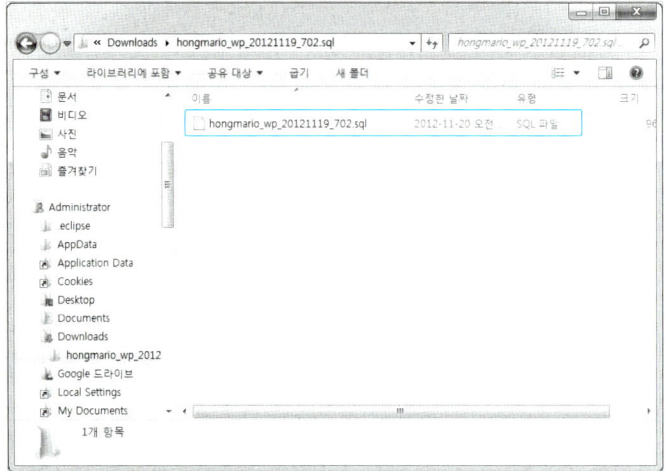

■ hongmario_wp_20121119_702.sql 폴더 화면

03 이 파일을 메모장으로 열면 워드프레스에서 백업된 데이터를 확인할 수 있습니다.

■ hongmario_wp_20121119_702.sql 파일 화면

'WP-DB-Backup' 플러그인을 이용한 백업파일의 복원 방법은 다음 섹션에서 알아보겠습니다.

| 플러그인 명 | 좋아요 | 아쉬워요 |
| --- | --- | --- |
| Online Backup for WordPress | 콘텐츠, 소스파일 백업, 예약 백업 | - |
| Simple Backup | 콘텐츠, 소스파일 백업 | 예약 백업 안됨 |
| WP-DB-Backup | 콘텐츠 백업, 예약 백업 | 소스파일 백업 안됨 |

# 콘텐츠 & 데이터 복원하기

지금까지 3가지 데이터 백업 방법에 대해서 알아보았습니다. 데이터 복원은 얘기치 못 한 상황이 발생하여 데이터가 삭제 또는 데이터를 과거 특정 시점으로 옮기거나 다른 워드프레스 웹사이트로 옮길 시에 사용합니다.

워드프레스 콘텐츠 및 데이터 복원은 내보내기로 받은 파일 가져오기로 복원, FTP를 이용한 소스파일 복원, 플러그인으로 백업한 파일을 DB(데이터베이스)에서 복원 등 3가지 방법이 있습니다. 이 3가지 방법에 대해서 알아보겠습니다. 여기서 사용한 테마는 Bueno(by WooThemes)입니다.

## 내보내기로 받은 파일 가져오기로 복원하기

▷ 가져오기 메뉴 선택하기

01 워드프레스에서는 기본적으로 백업과 복원을 제공합니다. 콘텐츠(데이터)를 복원하기 위해서 '알림판 〉 도구(tools) 〉 가져오기(Import)' 메뉴를 클릭합니다.

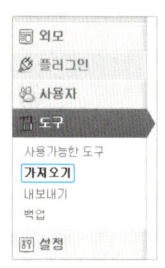

■ 도구 메뉴 화면

'가져오기' 메뉴를 선택하면 여러 가지 방법으로 데이터를 가져올 수 있습니다. 여러 가지 방법 중 워드프레스 내보내기 파일로부터 글, 페이지, 댓글 등을 가져오기 할 수 있는 'WordPress' 링크를 클릭합니다.

■ 가져오기 전체 화면

02 WordPress 가져오기 플러그인이 설치되어 있지 않다면 플러그인 설치 화면이 나타납니다. '지금 설치하기' 버튼을 클릭하여 플러그인을 설치합니다.

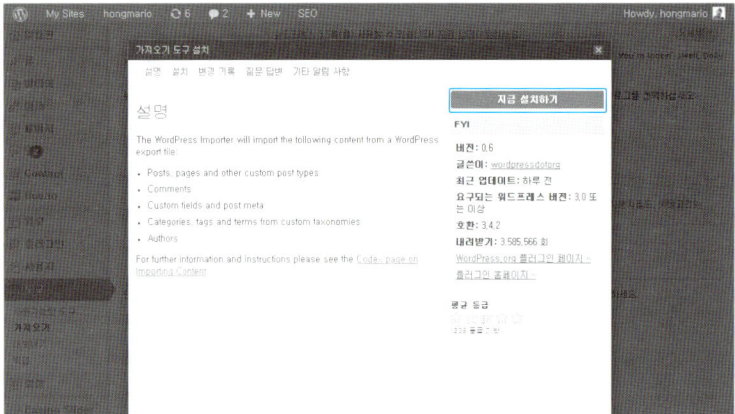

■ WordPress 플러그인 설치 화면

03 'WordPress Importer' 플러그인 설치가 완료되었습니다.

■ 플러그인 설치 완료 화면

▷ **가져오기 대상 설정하기**

01 '가져오기' 메뉴를 클릭하고, WordPress 링크를 클릭하면 파일을 업로드할 수 있도록 가져오기 화면으로 변경됩니다.

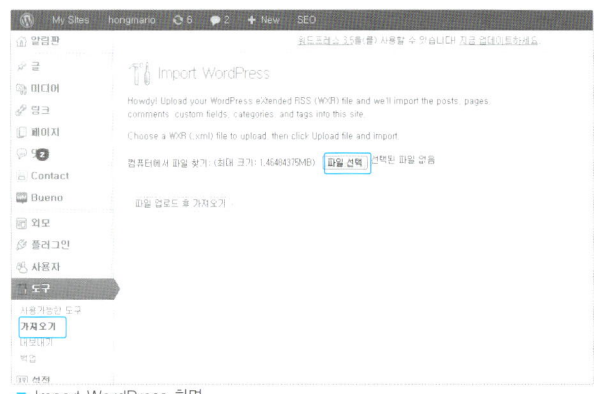

■ Import WordPress 화면

02 '파일 선택' 버튼을 클릭하여 내려 받았던 백업 파일을 선택하고 '열기' 버튼을 클릭합니다.

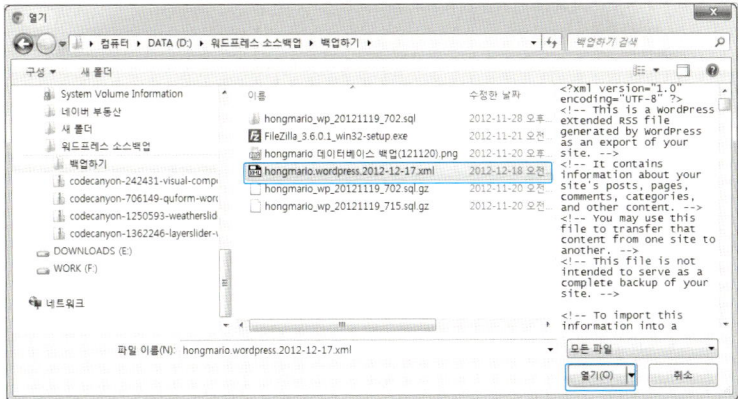

■ 백업파일 선택 화면

03 파일이 선택되었으면 '파일 업로드 후 가져오기' 버튼을 클릭합니다.

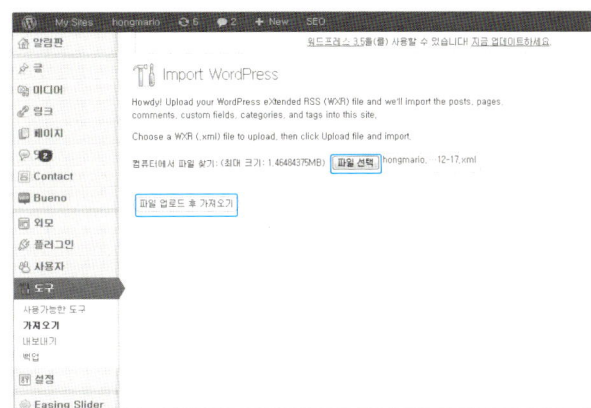

■ 워드프레스 백업파일 선택 화면

▷ 가져오기 대상 실행하기

01 파일을 가져오기 전에 'Import author 글, 페이지를 쓴 글쓴이 정보'를 그대로 사용할 것인지 변경할 것인지 설정한 후 'Submit' 버튼을 클릭합니다.

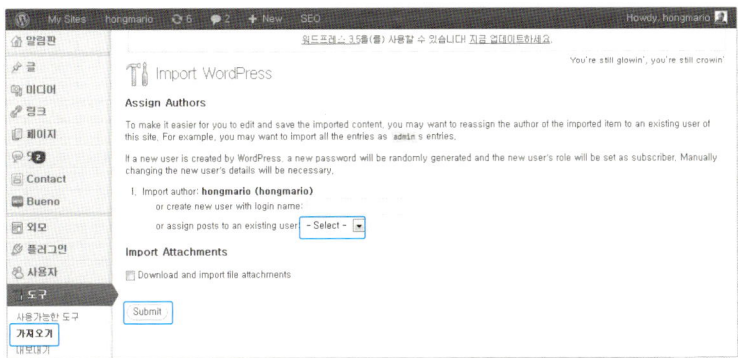

■ 가져오기 전 확인 화면

Chapter 03_ 중급자가 반드시 알아야할 22가지 기술 □ 287

02 가져오기가 제대로 되었는지 확인할 수 있도록 정보를 알려주며, 가져오기가 완료됩니다.

■ 가져오기 내용 확인 및 완료 화면

## FTP를 이용한 소스파일 복원하기

파일질라를 이용하여 백업된 소스파일을 복원해보겠습니다.

01 파일질라로 서버를 접속합니다. 로컬 사이트(내 PC 디렉터리)에 백업된 'www' 디렉터리를 오른쪽 리모트 사이트의 최상위 경로인 '/' 하위로 업로드 합니다.

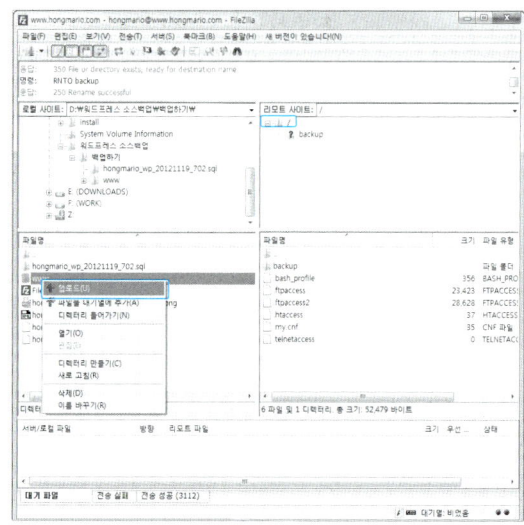

■ 소스파일 업로드 화면

## 플러그인으로 백업한 파일을 데이터베이스에서 복원하기

WP-DB-Backup 플러그인으로 백업된 파일을 복원하려면 MySQL 데이터베이스에서 복원해야합니다. MySQL을 이용하기 위해서는 웹호스팅 사이트에서 phpMyAdmin(웹어드민)을 이용해서 로그인합니다. 웹호스팅 업체마다 phpMyAdmin 메뉴나 명칭이 다르기 때문에 확인이 필요합니다.

01 phpMyAdmin 로그인 페이지에서 사용자명, 암호를 입력한 후 '실행' 버튼을 클릭합니다. 사용자명은 대부분 웹호스팅 업체 가입 아이디이며, 암호는 가입 시 등록한 비밀번호입니다.

■ phpMyAdmin 로그인 화면(카페24 웹호스팅 기준)

02 로그인이 완료되면 왼쪽에 데이터베이스 목록과 오른쪽 데이터베이스를 사용하는 메뉴와 정보를 볼 수 있습니다. 왼쪽 메뉴에서 데이터베이스를 선택합니다. 여기서는 필자가 만든 'hongmario' 데이터베이스를 선택하겠습니다.

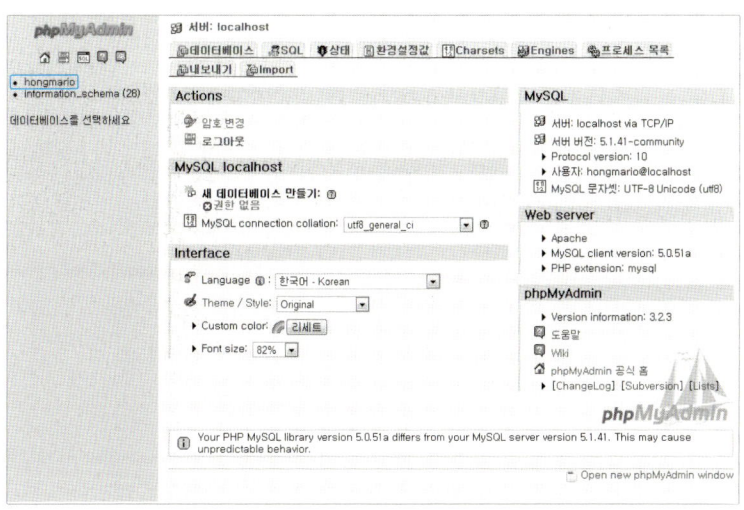

■ phpMyAdmin 메인 화면

03 'hongmario' 데이터베이스로 들어왔습니다. 실제 워드프레스 관련 테이블과 데이터는 이 데이터베이스에 저장됩니다. 백업된 파일을 복원하기 위해서 아래 화면에서 오른쪽 'Import' 메뉴를 클릭합니다.

■ hongmario 데이터베이스 관리 화면

04 File to Import의 '파일 선택' 버튼을 클릭한 후 '열기' 창이 나타나면 백업했던 'hongmario_wp_20121111_702.sql' 파일을 선택합니다.

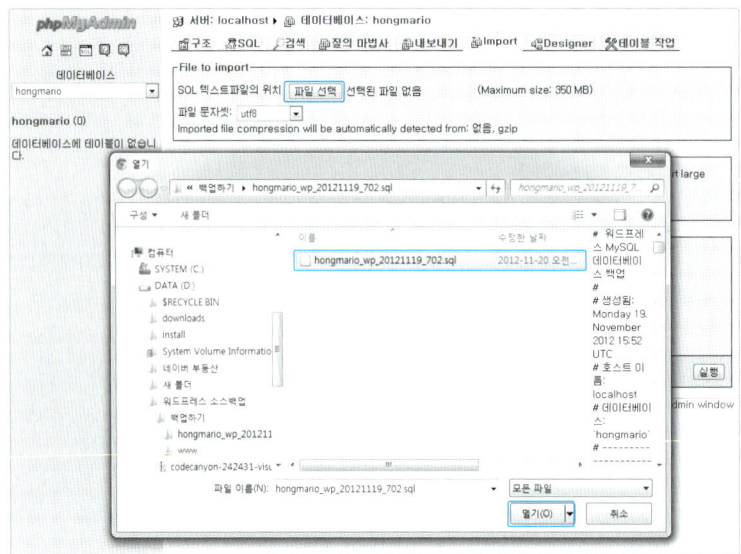
■ Import 하기 위해서 백업파일 선택 화면

05 선택된 파일을 확인하고 '실행' 버튼을 클릭합니다.

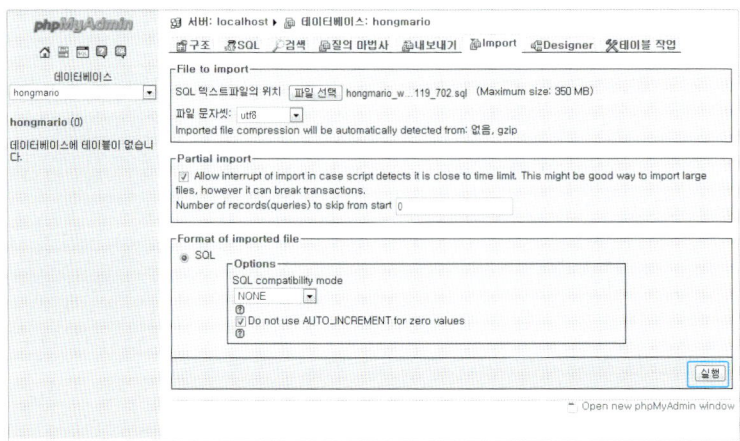
■ import하기 위해서 백업파일 선택 화면

06 정상적으로 실행되었다는 메시지가 아래와 같이 나타나면 정상적으로 복원이 완료된 것입니다.

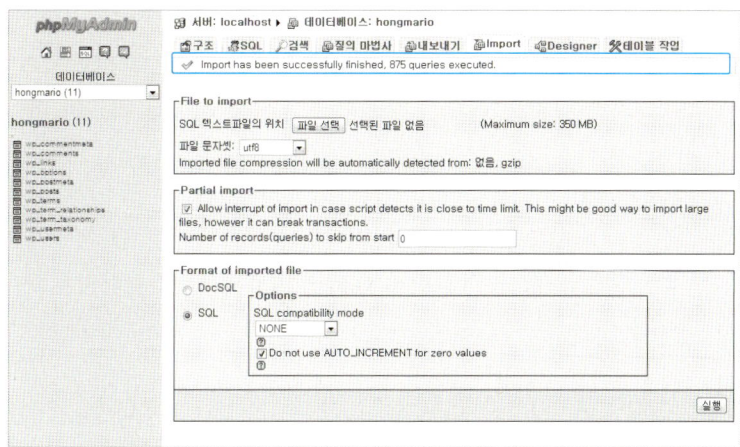

■ Import 완료 화면

07 'hongmario' 데이터베이스에서 보이지 않았던 워드프레스 테이블들이 생겼습니다. 'wp_posts(포스트들이 저장된 테이블)' 테이블을 클릭하면 복원된 포스트들을 확인할 수 있습니다.

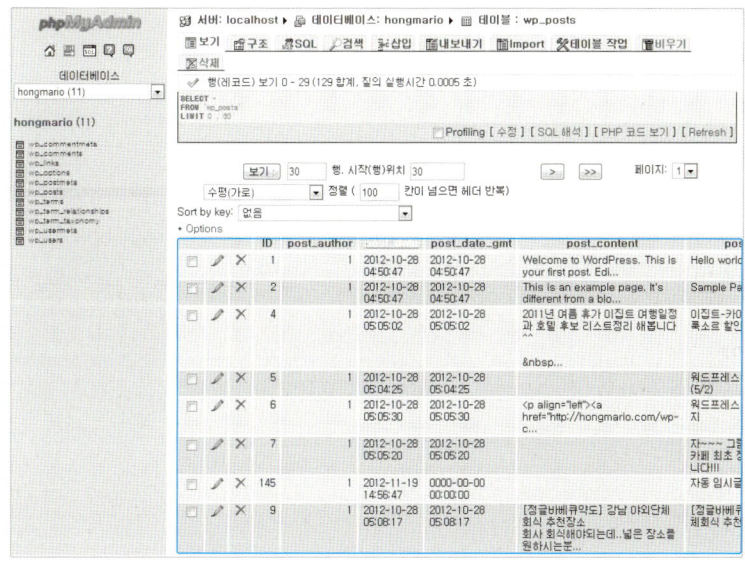

■ 복원된 포스트 확인 화면

## 댓글 HTML 태그 안내문 삭제하기

일반적으로 댓글 입력부분 아래에 댓글을 입력하는 경우에는 HTML 태그를 사용할 수 있다는 안내문이 표기됩니다. 하지만 영문 안내문이기 때문에 영어에 해박한 지식이 없거나 워드프레스 초보 사용자들 중에는 이 내용을 오류라고 생각할 수 있고, 또한 이 내용은 서핑에 방해 요소가 될 수 있습니다.

이 섹션에서는 HTML 태그 안내문을 찾는 방법과 삭제하는 방법에 대해서 알아보겠습니다. 이 섹션에서 사용한 테마는 'Twenty Twelve' 입니다.

다음 그림과 같이 댓글을 작성할 때 HTML 태그를 사용할 수 있다는 안내문이 나옵니다. 일반적으로 태그를 사용하지 않기 때문에 이 안내문을 삭제해보겠습니다.

■ 댓글 아래 부분 HTML 태그 사용 안내문 화면

구글크롬 배라자 도구(HTML, CSS 정보)는 다음 두 가지 방법으로 진행할 수 있습니다.

❶ 마우스 오른쪽 버튼을 클릭한 후 '요소 검사' 메뉴를 선택하여 찾아가는 방법
❷ F12 키를 눌러서 태그를 찾아가는 방법

❶번 방법은 원하는 태그 정보를 찾아가는데 불편할 뿐만 아니라 HTML에 대해서 잘 모르는 사용자라면 보기가 어렵습니다. ❷번 방법은 다음 그림과 같이 보고 싶은 부분에 마우스

커서를 위치(표시를 위해 문장을 선택)시킨 후 오른쪽 버튼을 클릭하고 '요소 검사' 메뉴를 선택하여 진행할 수 있습니다.

여기서 ❷번 방법을 이용하여 요소검사를 진행해보겠습니다.

01 구글크롬 개발자 도구 단축키는 F12 입니다. Chrome 브라우저를 사용하면 좀 더 편리합니다.

■ Chrome 브라우저 요소 검사 선택 화면

02 '요소 검사'를 선택하면 브라우저 아래에 HTML, CSS 정보(Elements Tab)를 확인할 수 있습니다. 또한, 자신이 원하는 부분의 태그를 바로 확인할 수 있습니다.

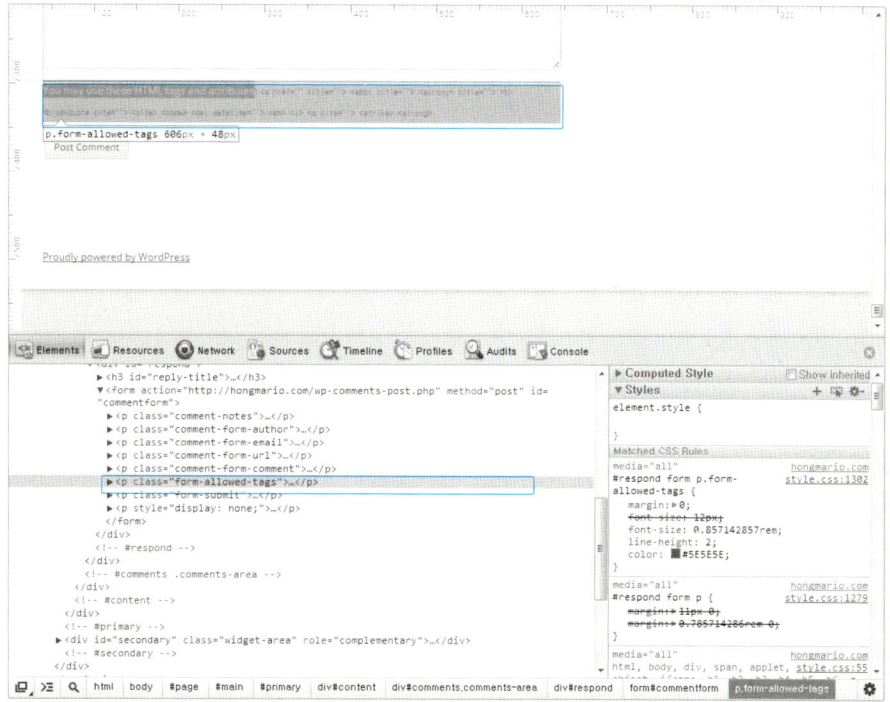

■ 선택한 태그의 HTML, CSS 정보 화면

Chapter 03_ 중급자가 반드시 알아야할 22가지 기술   293

**03** 선택된 태그에서 사용한 CSS 정보도 보여줍니다.

■ 선택한 태그의 HTML, CSS 정보 화면

**04** 위의 구글 요소검사 결과를 보면 삭제할 댓글 태그는 〈p〉태그로 묶여있으며 '.form-allowed-tags' CSS를 사용하고 있음을 알 수 있습니다. 이제, CSS display 속성을 이용하여 보이지 않게 만들겠습니다. 단, 테마에 따라서 HTML, CSS 정보가 다를 수 있습니다.

■ 삭제할 댓글의 HTML 태그 정보 화면    ■ 파일명 : 3장-294

**05** 오른쪽 'Computed Style' 패널에서 '#respond form p.form-allowed-tags' CSS를 찾고, 'color : #5E5E5E' 속성에 마우스를 클릭하면 아래 화면의 네모박스 부분과 같이 color 속성 아래에 속성을 추가할 수 있도록 Edit가 생깁니다. display 속성을 입력하고 [Tab] 또는 [Enter] 키를 누르면 display 속성의 값을 입력할 수 있도록 Edit가 생깁니다. 여기에서 'none' 값을 입력합니다.

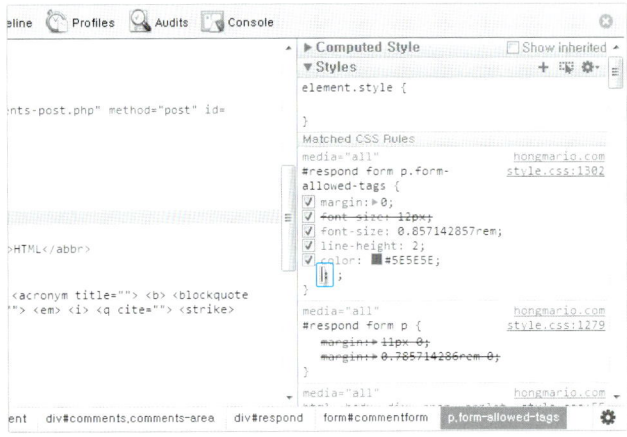

■ CSS 속성 추가 화면

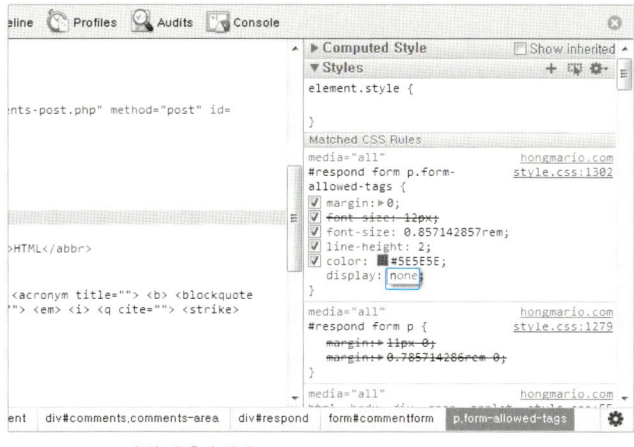

■ CSS display 속성 값 추가 화면

**06** 속성을 입력하면 댓글 HTML 사용 안내문이 사라진 것을 확인할 수 있습니다. 단, 테마에 따라서 HTML, CSS 정보가 다를 수 있습니다.

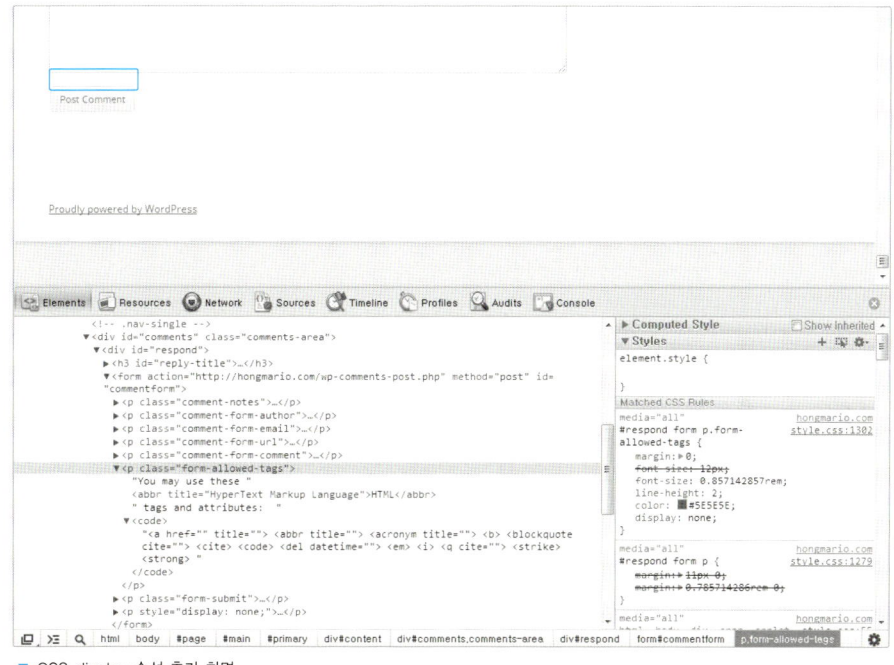

■ CSS display 속성 추가 화면

속성을 추가하여 댓글 HTML 사용 안내문이 사라졌다고 완성된 것은 아닙니다. 구글 크롬 개발자 도구에서는 HTML, CSS 정보를 확인하고, HTML 태그나 CSS 속성을 추가하여 변경된 정보를 확인할 수 있지만 원본 소스를 변경하지 않았기 때문에 새로 고침하면 HTML 사용 안내문이 다시 나타납니다.

소스를 수정하는 방법을 알아보겠습니다.

01 다음과 같이 'style.css:1302' 링크에 마우스를 위치시키면 display 속성을 어떤 CSS파일(/wp-content/themes/twentytwelve/style.css), 위치(1302Line)에 적용해야 할지를 확인할 수 있습니다. 'style.css:1302' 링크를 클릭합니다.

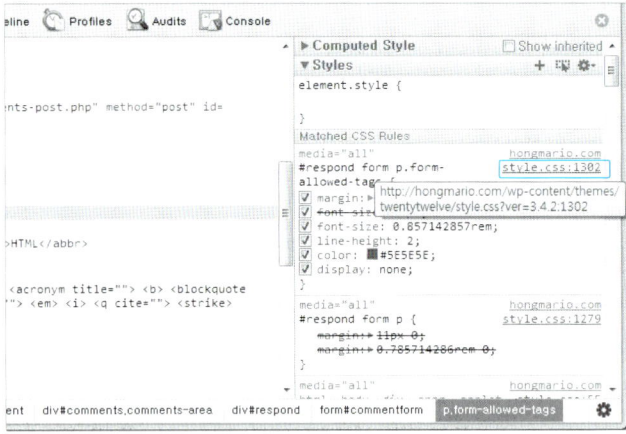

■ 적용할 CSS 파일 링크 정보 화면

02 Sources Tab으로 이동되고, '#respond form p.form-allowed-tags'이 선택되면 복사(Ctrl+C)합니다.

■ CSS 파일 내용 화면

03 '알림판 〉 외모(Appearance) 〉 편집기(Editor)' 메뉴를 클릭합니다. 기본적으로 활성화된 테마의 style.css가 열립니다.

■ 외모(Appearance) 〉 편집기(Editor) 화면

04 Ctrl + F 키를 누르면 찾기 Chrome 브라우저 오른쪽 위에 입력창이 생깁니다. 바로 전에 복사해둔 '#respond form p.form-allowed-tags'를 붙여넣기(Ctrl + V)하고 Enter 키를 누르면 해당 위치로 찾아집니다.

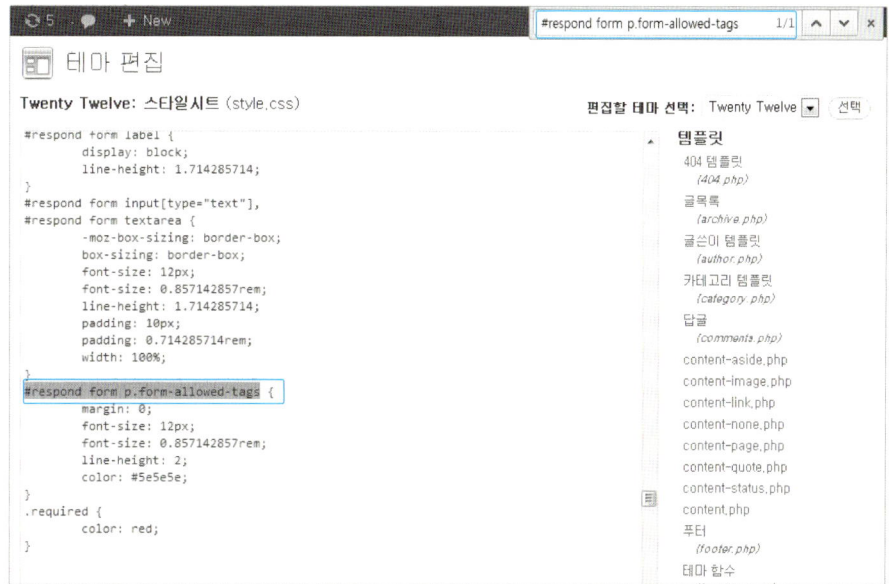

■ CSS 찾기 화면

05 'display: none;' CSS 속성을 추가하고, '파일 업데이트' 버튼을 누릅니다. 포스트나 페이지에서 HTML 사용 안내문이 삭제되었는지 확인해보기 바랍니다.

■ display 적용 화면

## 댓글창 숨기기

워드프레스를 사용하다가 글(Post) / 페이지(Page)에서 댓글을 숨기고 싶은 경우가 있습니다. 이 섹션에서는 댓글 입력 화면을 숨기는 '각각의 글 / 페이지에서 옵션 처리'와 '토론 설정에서 옵션 처리' 등 2가지 방법에 대해서 알아보겠습니다. 이 섹션에서 사용한 테마는 'Bueno(by WooThemes)' 입니다.

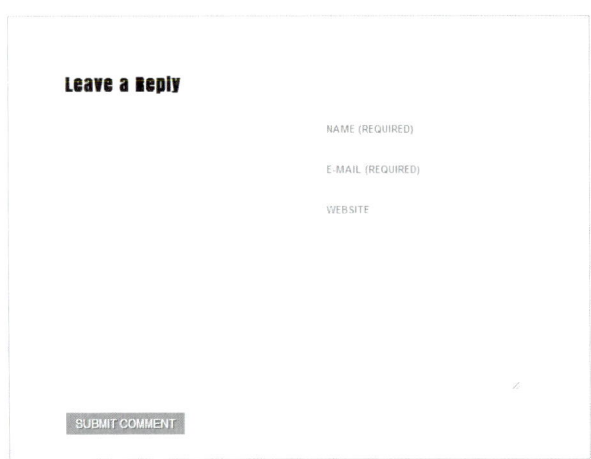

■ 댓글 입력 화면

## 각각의 글/페이지에서 옵션 처리하기

### ▷ 글 편집 선택하기

01 '글 > All Posts' 메뉴에서 작성된 글의 '편집'을 클릭합니다. 글 편집 화면이 나타납니다.

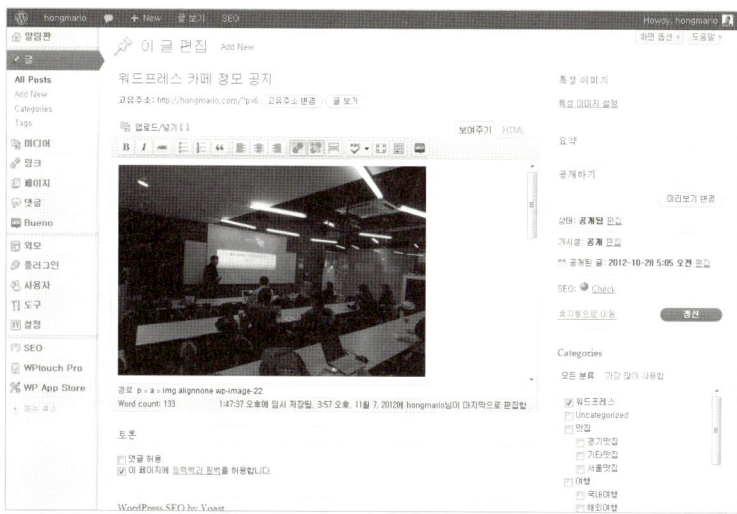

■ 글 편집 화면

### ▷ 토론 메타박스에서 댓글 선택 해제하기

01 토론(Discussion)에서 댓글 허용(Allow comments)의 메타 박스를 클릭하여 선택 상태를 해제합니다.

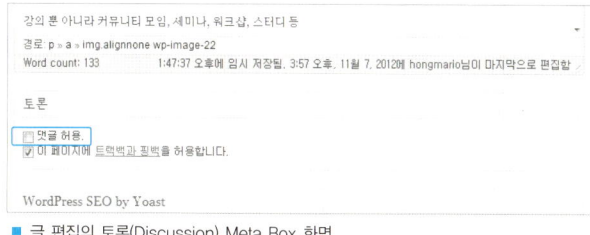

■ 글 편집의 토론(Discussion) Meta Box 화면

02 워드프레스에서 글/페이지 작성 시 또는 알림판(Dashboard), 위젯(widgets)에서 볼 수 있습니다.

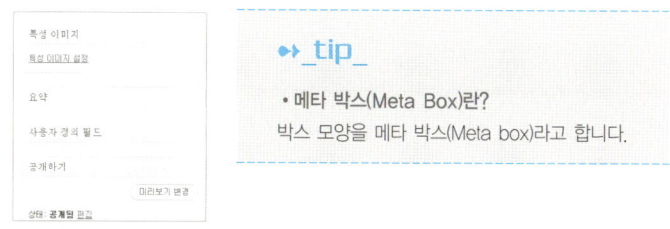

■ 메타 박스 화면

**→_tip_**
- 메타 박스(Meta Box)란?
박스 모양을 메타 박스(Meta box)라고 합니다.

▷ 토론 메타박스 활성화시키기

01 토론 메타 박스가 보이지 않는다면 브라우저 오른쪽 위에 화면옵션(Screen Options)을 클릭합니다.

■ 화면옵션 버튼 위치 화면

02 옵션 목록들이 나타나면 목록 중 '토론' 메타 박스을 클릭하여 선택(체크)합니다.

■ 화면옵션 화면

▷ 댓글 입력 삭제 확인하기

글 편집에서 토론 메타 박스 옵션 설정으로 댓글 입력을 보이지 않게 만들었습니다. 테마에 따라서 댓글이 달렸다는 메시지를 보여주거나 그 메시지 또한 없는 경우도 있습니다.

■ 삭제된 댓글 화면

## 토론 설정에서 옵션 처리하기

글 또는 페이지를 작성하거나 수정 시 토론 메타 박스에서 체크 해제하는 작업이 번거롭다면 옵션 처리하는 방법을 이용하면 효율적입니다.

▷ 토론 메뉴 선택하기

01 '알림판 〉 설정(Settings) 〉 토론(Discussion)' 메뉴를 클릭합니다.

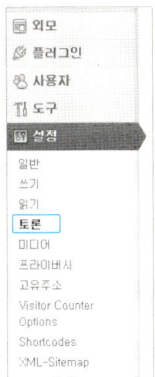

■ 설정 메뉴 화면

▷ 토론 옵션 설정하기

01 토론 메뉴를 선택하면 토론 설정(Discussion Settings) 전체 화면이 나타납니다. 토론 설정 화면의 기본 글 설정 항목 중 'Allow people to post commands on new articles' 옵션의 선택 상태를 해제합니다.

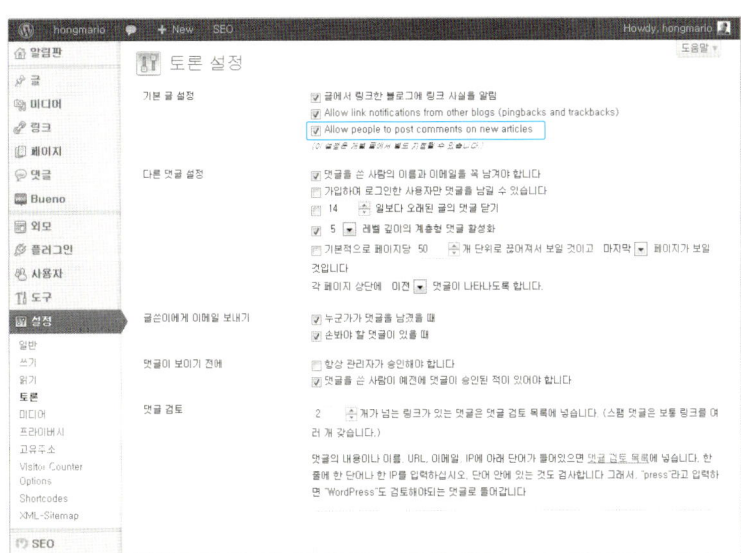

■ 토론 설정 전체 화면

Chapter 03_ 중급자가 반드시 알아야할 22가지 기술  301

▷ 새 글 토론 메타박스에서 댓글 옵션 해제 확인하기

01 글/페이지의 새 글(Add New) 작성 시 토론 메타 박스의 '댓글 허용' 옵션이 기본적으로 선택 해제됩니다. 그렇기 때문에 댓글 입력이 필요한 경우에만 체크하면 됩니다.

■ 새 글 작성 화면


# 사용자 정의 필드 사용

워드프레스에서 글을 작성하기 위해 편집모드로 들어가면 에디터 아래에 '사용자 정의 필드(Custom Fields)'라는 메타박스가 있습니다. 사용자 정의 필드 사용 방법을 모르거나, 어떻게 응용해야 할 지 모르는 경우가 많습니다.

이 섹션에서는 사용자 정의 필드가 무엇이며, 어떻게 사용하고, 응용할 수 있는지 알아보겠습니다. 이 섹션에서 사용한 테마는 'Bueno(by WooThemes)'입니다.

### 사용자 정의 필드란?

사용자가 필요에 의해서 직접 데이터를 정의하는 부분입니다.

■ 글 편집 화면

포스트에 반복적인 형식의 데이터가 있거나 특별한 정보를 부여할 때 사용합니다. 이 외에도 눈에는 보이지 않지만 사용자 정의 필드를 이용하는 플러그인도 많습니다.

■ 사용자 정의 필드 메타박스 화면

## 사용자 정의 필드 활용하기

맛집에 대한 포스트를 작성하면 맛집 정보를 입력하게 됩니다. 일반 웹사이트에서도 상호, 전화번호, 위치, 평가 등 어떤 정보에 대한 기본 형식이 있고 내용만 다릅니다. 워드프레스에서 반복되는 정보를 사용자 정의 필드로 활용할 수 있습니다.

■ 맛집 정보 포스트 화면

맛집 정보를 다음 그림과 같이 표시한다면 조금 더 눈에 띄고 깔끔하게 보여줄 수 있습니다.

■ 맛집 정보 테이블 화면

▷ **사용자 정의 필드 내용 입력하기**

01 글 편집기에서 사용자 정의 필드에 각각 내용을 넣습니다.

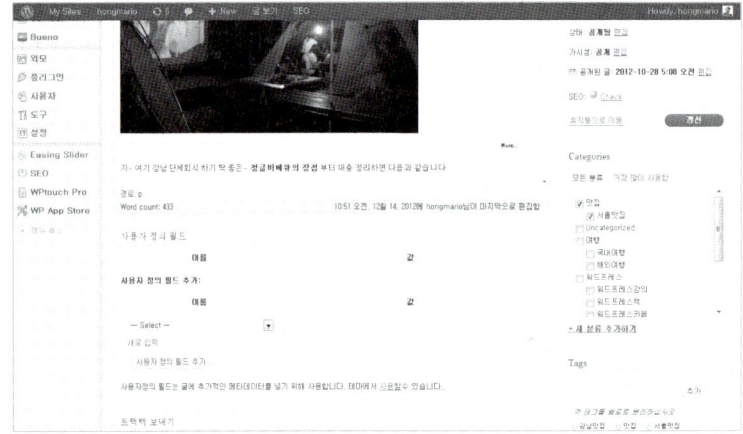

■ 글 편집기 화면

02 사용자 정의 필드를 사용하려면 이름, 값(업체명 : 정글바베큐, 맛집 평가(10) : 9.5) 등이 있어야 합니다. 현재 업체 정보 값을 넣지 않았기에 콤보박스에 관련 정보가 없습니다.

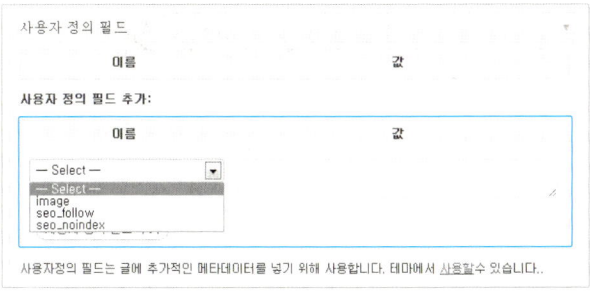

■ 사용자 정의 필드 메타박스 화면

03 콤보박스에 원하는 이름이 없다면 '새로 입력' 링크를 클릭합니다.

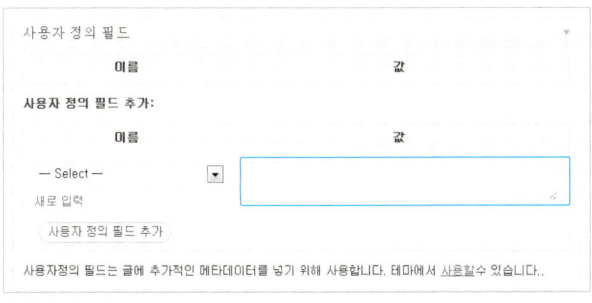

■ 이름 새로 넣기 화면

04 콤보박스가 편집항목으로 변경됩니다.

■ 이름 항목 편집모드 화면

**05** 이름, 값을 입력하고 '사용자 정의 필드 추가' 버튼을 클릭한 후 포스트를 저장합니다.

■ 이름, 값에 정보 입력 화면

**06** 사용자 정의 필드 콤보박스에 추가된 업체명을 확인합니다.

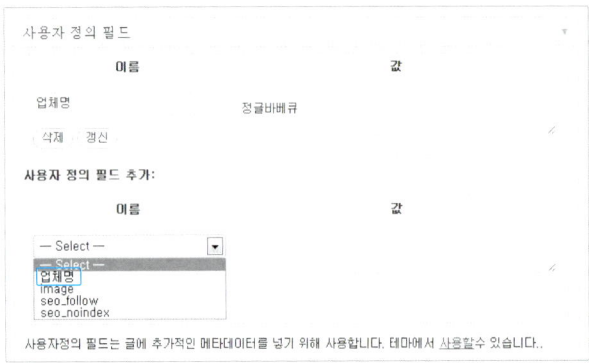

■ 콤보박스 업체명 확인

**07** 위 순서로 연락처, 주소, 홈페이지, 맛집평가(10)를 모두 입력하면 다음과 같습니다.

■ 사용자 정의 필드에 업체 정보 추가된 화면

▷ 테마 소스 수정하기

이제 포스트에 사용자 정의 필드 내용을 보여주기 위해서 포스트 관련 소스파일을 수정합니다.

01 '외모 > 편집기' 메뉴를 클릭합니다.

■ 테마 편집기 화면

02 오른쪽 템플릿 목록에서 single.php 파일을 선택합니다.

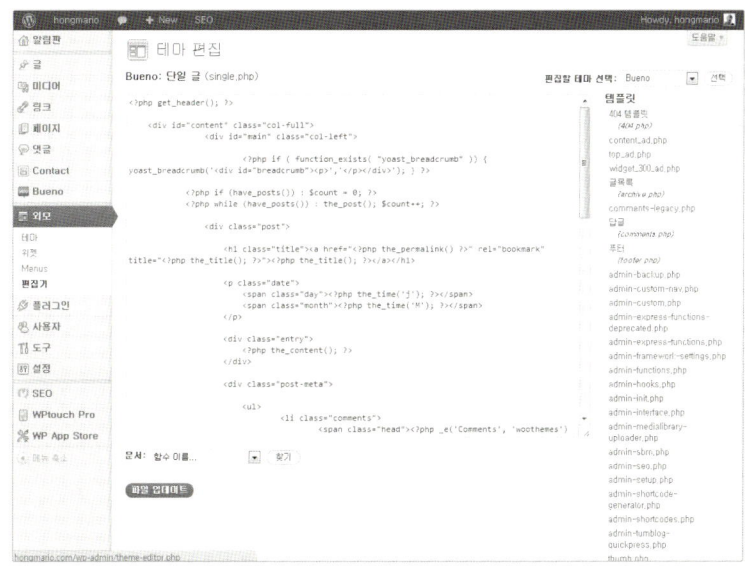

■ single.php 화면

03 single.php는 포스트에 해당하는 소스파일입니다. 사용자 정의 필드에 입력한 정보를 출력하면 〈?php the_meta();?〉 single.php 파일 내에 입력하면 됩니다.

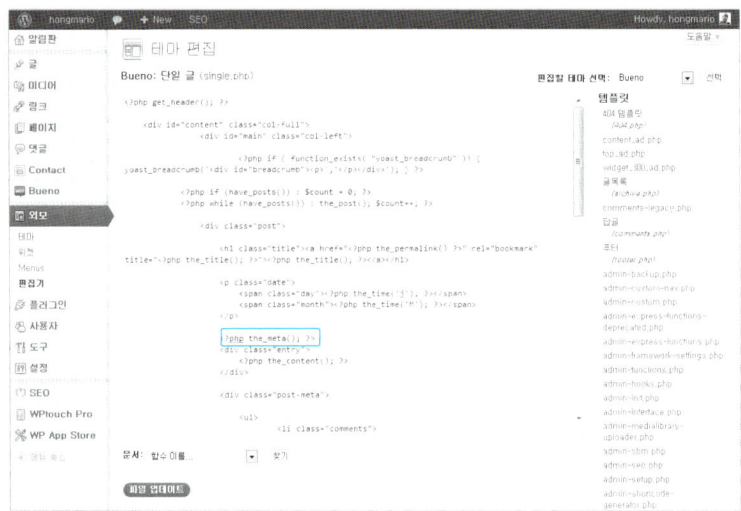

■ single.php 파일 내 '〈?php the_meta(); ?〉' 추가 화면

⊷_tip_

사용자 정의 필드 관련 자세한 사항은 워드프레스 코덱스(http://codex.wordpress.org/Custom_Fields)를 참고하세요.

04 사용자 정의 필드 출력을 확인합니다.

■ 사용자 정의 필드가 출력된 포스트 화면

▷ **CSS 소스 수정하여 적용하기**

CSS 소스를 수정하여 예쁘게 바꿔보겠습니다.

■ style.css 화면

01 style.css 파일의 소스 내 '.post-meta', '.post-meta li', '.post-meta li span' 3곳을 다음 소스로 변경한 후 '파일 업데이트' 버튼을 클릭합니다.

```
.post-meta    { margin: 30px 0 30px 0; color: #9F9F9F; border-top: 1px solid #c4c4c4; border-bottom: 1px solid #c4c4c4; }
.post-meta li    { padding: 10px 0 7px 10px; border: 1px solid #E7E7E7; }
.post-meta li span    { font-weight: bold; color: #F3686D;}
```

■ 파일명 : 3장-309

▷ **사용자 정의 필드 출력 확인하기**

이제 single.php, style.css 두 소스파일 수정이 완료되었고 사용자 정의 필드 적용된 것을 사이트에서 확인하면 다음과 같이 포스트에 CSS가 적용되어 있는 것을 알 수 있습니다. 이 외에도 포스트별 배경이미지, 배경색상 넣는 부분도 사용자 정의 필드를 이용해서 만들 수 있습니다. 사용자 정의 필드는 플러그인을 이용하는 부분에서도 많이 사용됩니다.

■ CSS 적용된 사용자 정의 필드 출력 포스트 화면

## 검색엔진에 최적화시키기

검색엔진최적화(SEO)는 자신의 홈페이지나 웹사이트의 콘텐츠를 검색엔진 결과의 상위에 노출시키기 위한 방법입니다. 워드프레스는 기본적으로 검색엔진에 친화적인 플랫폼이고 다양한 SEO 플러그인을 제공함으로써 검색엔진최적화를 손쉽게 구현할 수 있습니다. 또한 SEO의 중요한 요소 중 한 가지는 사이트나 블로그 게시물의 URL을 최적화하는 것입니다. 워드프레스에서는 게시물 URL을 최적화 할 수 있는 Permalink (고유주소) 최적화 기능을 기본으로 제공하고 있습니다.

### 알림판에서 Permalink(고유주소) 설정하기

01 '알림판 〉 설정 〉 고유주소' 메뉴를 선택한 후 사용하고자 하는 일반 설정 항목을 선택하거나, 사용자 정의 구조를 선택하여 입력한 후 '변경 사항 저장' 버튼을 클릭하면 완료됩니다.

■ 고유링크 설정

▷ **사용자 정의 구조**

사용자 정의 구조를 선택할 경우 필드값으로 URL을 입력하면 안 됩니다. 또한 하나의 특정 페이지에만 적용될 수 있도록 필드값은 항상 '%postname%' 또는 '%category%' 형식으로 입력해야 합니다. 워드프레스는 Permalink(고유주소) 최적화를 위해 다음과 같은 태그를 제공합니다.

'%year% / %monthnum% / %day% / %postname% / %author% / %hour% / %minute% / %category% / %post_id%'

▷ **옵션 설정하기**

카테고리와 태그 URL에 대해서 사용자 정의 구조를 다음과 같이 입력할 수 있습니다. 예를 들어 카테고리 기반으로 'wordpressnsite'를 사용한다면 카테고리 링크는 'http://www.wordpressn.com/wordpressnsite/uncategorized/'가 될 것입니다. 다음의 칸을 비워두면 기본값이 사용됩니다.

■ 사용자 지정 옵션 설정

▷ **포스트, 페이지에서 Permalink(고유주소) 설정하기**

워드프레스는 포스트나 페이지에서 Permalink(고유주소)를 편집할 수 있는 기능을 제공합니다. 이를 통해 좀 더 세분화된 키워드를 사용하여 Permalink(고유주소)를 설정할 수 있습니다.

01 포스트를 열고, 고유주소 URL 옆에 '편집' 항목을 클릭하면 Permalink (고유주소)를 편집할 수 있습니다.

■ 포스트에서 Permalink (고유주소) 설정하기


## 워드프레스로 사이트 리뉴얼 쉽게하는 노하우

홈페이지 유지보수 비용을 줄이기 위해서 또는 웹표준화 정책에 맞추기 위해서 기존 홈페이지를 워드프레스로 변경하는 경우가 많습니다. 이럴 경우, 어떻게 하면 가장 효율적으로 홈페이지를 워드프레스로 깔끔하게 리뉴얼 할 수 있을까요?

마침, 필자 와이프가 운영하고 있는 한국이벤트학회 홈페이지 리뉴얼건이 있어 이를 토대로 기존 사이트를 어떻게 리뉴얼하는지 살펴보도록 하겠습니다.

우선 기존 홈페이지 화면을 보도록 하겠습니다.

■ 한국이벤트컨벤션학회 홈페이지_리뉴얼 전 상태

위 그림에서 보는 바와 같이 리뉴얼 하고자 하는 홈페이지는 일반적인 형태를 가진 홈페이지입니다. 우선 홈페이지를 리뉴얼하는 경우 의뢰자(클라이언트)의 의견을 가장 잘 수렴해서 반영해야 합니다.

일반적으로 홈페이지를 리뉴얼할 때는 다음과 같은 순서로 진행하면 됩니다.

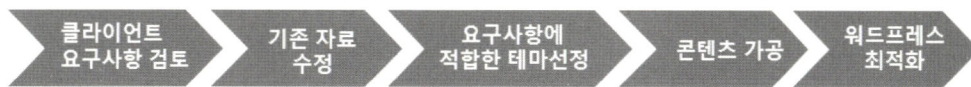

홈페이지 리뉴얼 과정을 단계별로 살펴보도록 하겠습니다.

### 클라이언트 요구사항 및 자료 전달

가장 먼저 클라이언트 요구사항이 무엇인지 구체적으로 종합정리합니다. 이번 한국이벤트컨벤션학회 홈페이지 리뉴얼건의 요구사항은 다음과 같습니다.

- 로그인/회원가입 필요 없음
- 논문자료 PDF파일 업로드 107건
- 기존 콘텐츠 및 기존 메뉴구조 그대로 이동
- 댓글영역 삭제
- 홈페이지 쉽게 관리 가능
- 각종 링크사이트 링크

리뉴얼하기 위해서는 기존 홈페이지의 웹호스팅 정보와 FTP정보 그리고 도메인 업체 정보가 필요합니다.

홈페이지 리뉴얼하는 경우 가장 먼저 테스트서버에 홈페이지를 구축하고 테스트 완료 후 도메인을 연결해서 사이트를 공개하는 일련의 절차를 거치는 것이 일반적입니다. 테스트 과정을 거치는 이유는 공사 중인 홈페이지를 일반인에게 공개할 수 없기 때문입니다.

예를 들면, 한국이벤트산업학회의 기존 홈페이지 주소는 www.asec.or.kr입니다. 하지만, 워드프레스로 홈페이지를 구축하고자 할 때는 구축을 서버디렉터리(예:www.asec.or.kr/test) 또는 다른 서버에서 구축한 후 작업이 완성되면 홈페이지 주소를 옮기는 방식입니다.

### 요구사항에 맞는 테마 선정하기

혹자들은 워드프레스 테마선정 하는 것이 가장 어렵다고 합니다. 이번에 리뉴얼하기로 한 학회 사이트는 정보를 전달하는 것이 홈페이지의 주목적이고 논문자료 등을 누구나 다 이용할 수 있게 오픈하는 기능과 학회소식을 전하는 것이 핵심 포인트이기 때문에 테마 중 뉴스테마나 정보를 많이 실을 수 있는 테마를 위주로 검색 하였습니다.

검색 결과 다음 그림에 있는 Gadgetine 테마(http://goo.gl/Kms8m)라는 매거진 테마로 최종 선택했습니다.

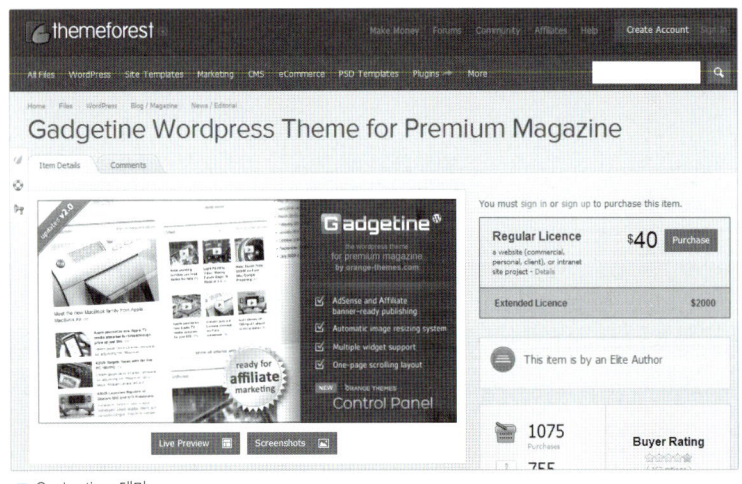

■ Gadgetine 테마

워드프레스 테마선택 시 주의사항은 인터넷 익스플로어에서 사이트가 정상적으로 보이는지 테스트해야 합니다. 현재 이 테마는 익스플로어 8.0 이상을 지원하고 있습니다. 사이트를 주로 이용하는 고객들이 대학원 석박사 등 고학력군이기 때문에 무난하다고 판단하고 최종적으로 이 테마로 선정을 해서 테마를 구입합니다.

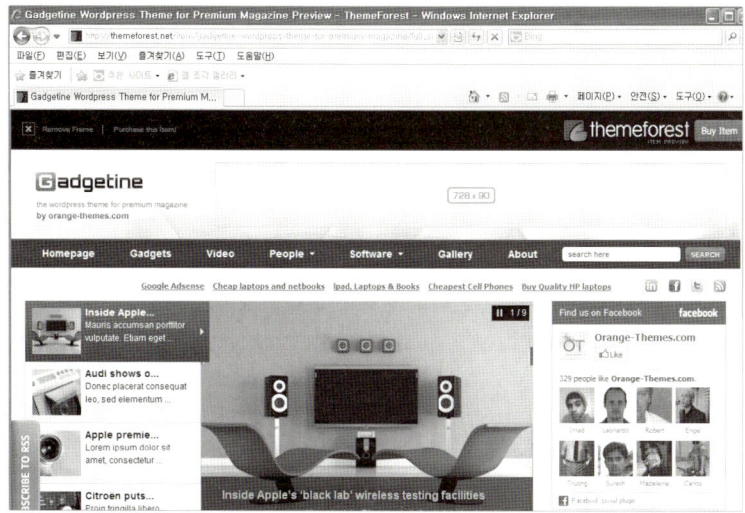
■ Gadgetine 테마 익스플로어 테스트

'테마구입 > 테마설치'를 완성했다면 메뉴 구조도를 작성해 보도록 하겠습니다. 워드프레스로 사이트를 리뉴얼하거나 신규 사이트 구축 시 중요한 부분은 메뉴 중 페이지로 진행할 사항과 글(포스트)로 진행해야 될 카테고리를 적절하게 나누는 것입니다.

일반적으로 회사소개 같이 자주 변경되지 않는 메뉴는 워드프레스에서는 페이지로 진행해야 하기 때문에 아래와 같이 '투고안내', '편집위원회', '학회소개' 등의 메뉴는 페이지로 설정을 합니다.

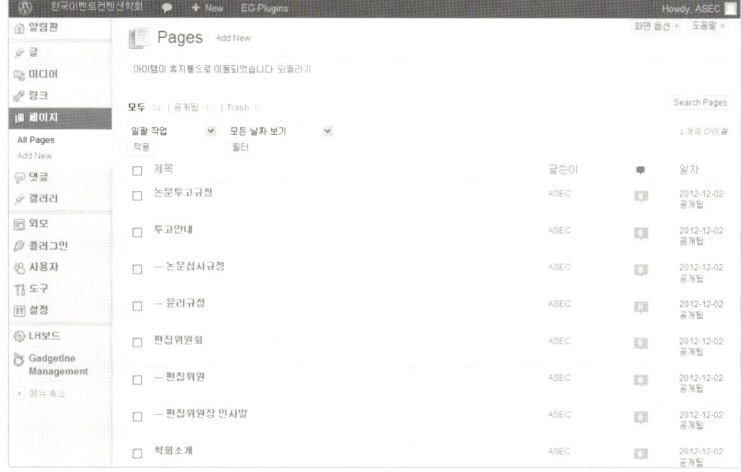
■ 한국이벤트컨벤션학회 알림판에서 페이지구성

그리고 자주 업데이트되는 메뉴는 '알림판 > 글 > 카테고리' 메뉴에서 다음 그림과 같이 설정합니다.

■ 포스트 카테고리 구성

## 콘텐츠 가공하기

테마 설치와 메뉴 구조 작성이 완성되었으면 콘텐츠를 정리해서 업로드 작업을 진행해야 합니다. 먼저 기존에 운영중인 사이트의 콘텐츠는 모두 동일하게 복사해서 붙여넣기하면 됩니다. 간혹, 정리가 잘 되어 있지 않는 자료들도 있습니다. 이벤트학회 홈페이지에서는 논문자료들의 파일명 구분이 모호하게 되어 있어서 이번 리뉴얼을 계기로 정리를 진행했습니다.

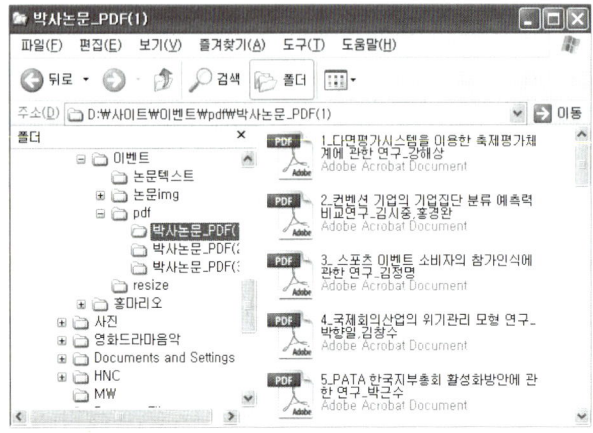

■ 첨부파일명을 구분하게 쉽게 게시판번호, 제목, 게재자 순으로 정리

일반적으로 기존 자료를 옮길 때에는 프로그램을 이용해서 마이그레이션을 하면 가장 좋지만, 일반인이 프로그램을 이용하기에는 어려움이 있기 때문에 동일하게 옮길 자료가 많지 않다면 수동으로 옮겨야 하는 불편함이 있습니다.

■ 발간논문 자료 메모장에 순서대로 백업하는 화면

논문자료는 위 그림처럼 백업과 파일 정리를 끝냈습니다. 하지만 워드프레스에서 파일 업로드 방법에 대한 고민이 생깁니다.

현재 국내에서 개발된 워드프레스용 게시판인 LH보드(http://www.lhboard.com/)와 MH보드(http://ssamture.net/mh-board)는 파일업로드 지원이 되지 않습니다. 그렇기 때문에 워드프레스 플러그인을 이용하는 방법을 선택할 수 있습니다. 워드프레스 파일업로드 플러그인들은 몇 가지 있지만, 가장 쉽게 적용할 수 있는 것은 'EG-Attachments' 플러그인입니다.

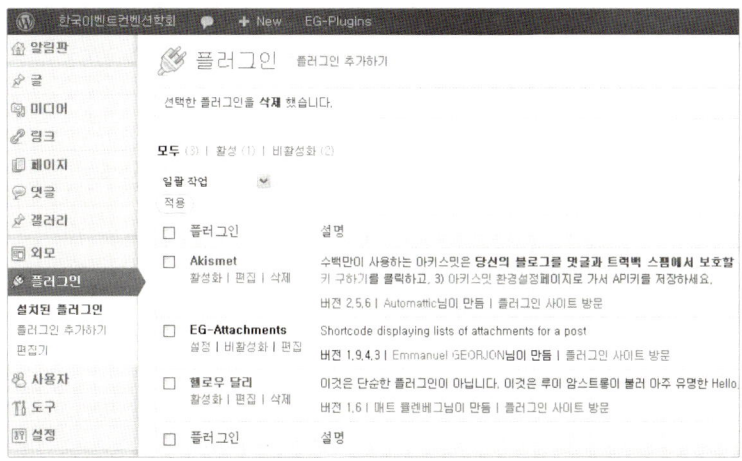

■ EG-Attachments 플러그인 설치

EG-Attachments 플러그인은 기본설정에서 자신이 필요한 부분만 체크하면 누구나 쉽게 이용할 수 있습니다. 플러그인을 설치한 후 파일업로드 테스트 과정을 거쳐 문제점이 없다면 계속 진행하면 됩니다. 이제 기존자료 정리와 사용할 이미지편집, 로그, 파비콘 변경 등이 해결되면 콘텐츠 작업은 완성됩니다.

## 커스터마이징

워드프레스 리뉴얼의 마지막단계는 커스터마이징입니다. 기본 사항들만 변경하면 누구나 다 할 수 있지만, 중요한 점은 사용자들이 사이트를 방문했을 때 가장 깔끔하고 편리하게 서핑할 수 있게 만들 것인가, 어떻게 어떤 기술을 적용할 것인가 등입니다.

01 가장 먼저 로고를 PNG로 변경한 후 나눔고딕으로 폰트를 변경하겠습니다. 나눔고딕은 '사이드바 한글 폰트 바꾸기'를 참고하여 한글 폰트 설정을 한 후, '알림판 〉 외모 〉 편집기' 메뉴에서 style.css 파일을 선택하여 'body{ }' 태그 내에 원하는 한글 폰트를 입력하면 됩니다.

■ 한글폰트 바꾸기

02 두 번째는 사이드바 설정입니다. 여기서는 댓글이 필요 없기 때문에 최신글과 패밀리사이트 그리고 링크 사이트 3개의 섹션만 삽입하도록 하겠습니다. 최신글은 위젯에서 드래그만으로도 설정할 수 있으며, 링크 사이트는 '알림판 〉 링크' 메뉴를 선택한 후 설정할 수 있습니다.

■ 링크 리스트 작성하기

03 Quick Links에 배너를 넣는 것은 간단한 html 소스 코드만을 이용해서 다음 그림처럼 손쉽게 만들 수 있습니다.

■ Quick links 내용 만들기

04 사이드바가 완성되었습니다. 실제 사이트를 열어보면 다음 그림과 같이 적용이 된 것을 확인할 수 있습니다.

■ 사이드바

05 마지막으로 푸터 영역을 수정하겠습니다. 일반적으로 워드프레스는 위젯으로 설정하기도 하지만, 대부분의 한국 사이트들의 트렌드는 심플하게 정리하는 스타일이기 때문에 다음과 같이 '알림판 〉 외모 〉 편집기' 메뉴에서 footer.php 파일을 선택 한 후 소스 코드를 변경해주면 완성됩니다.

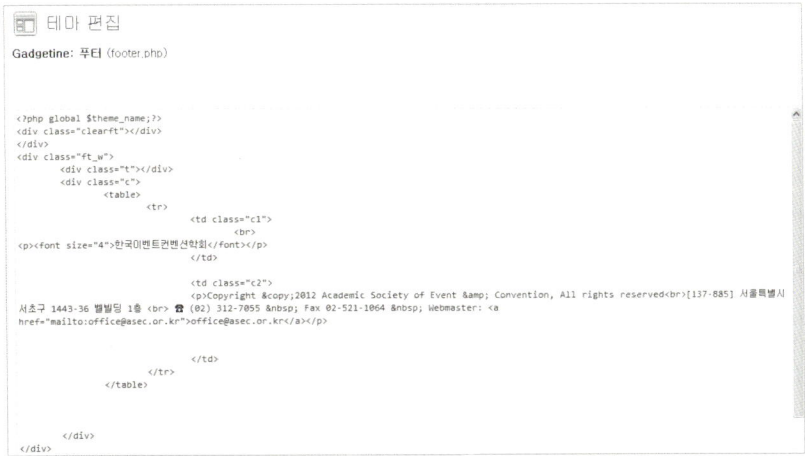

■ 푸터영역 변경 후

06 이제 모든 커스터마이징이 끝났습니다. 사이트를 전체적으로 테스트한 후 특별한 문제점이 없으면 클라이언트에서 완료 승인 처리하면 마지막으로 도메인 이전과 네임서버 변경을 실시하는 작업만 남았습니다.

## 도메인 이전 및 네임서버 변경하기

01 이제 도메인을 등록한 회사에서 네임서버 정보를 변경해주어야 합니다. 만약 동일한 웹호스팅을 사용한다면 별도로 변경할 필요가 없습니다.

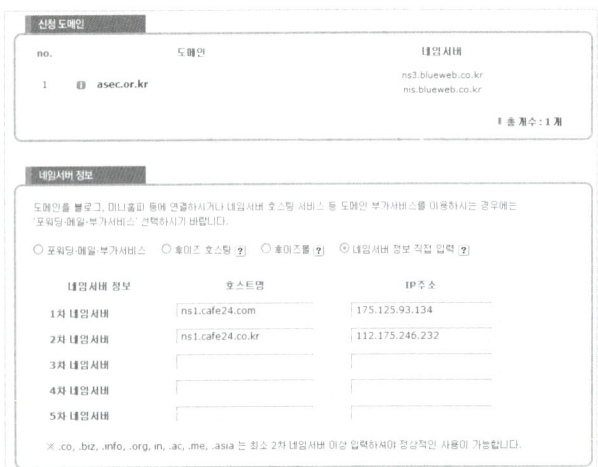

■ 도메인 등록회사 접속 후 네임서버 변경

02 마지막으로 웹호스팅 업체에서도 도메인 연결 설정을 변경해 줍니다.

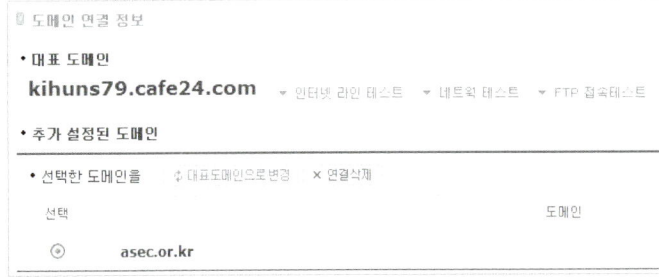

■ 대표 도메인 설정 변경

**03** 설정을 변경하고 약 24~48 시간이 소요되면 사이트 적용이 완료됩니다.

■ 워드프레스로 리뉴얼이 완료된 한국이벤트컨벤션학회 홈페이지(www.asec.or.kr)

# 한국형 워드프레스 게시판 & 쇼핑몰 활용

워드프레스 카페를 운영하는 카페 회원들 대상으로 '개발되기 원하는 플러그인은 무엇인가?'에 관한 설문조사 결과 대부분 쇼핑몰과 한국형게시판 플러그인을 원하고 있었습니다. 다음 그림은 한국에서 개발되었으면 하는 플러그인 관련 설문조사를 페이스북 워드프레스 홈페이지 그룹(www.facebook.com/groups/wphome/)에서 진행한 결과입니다.

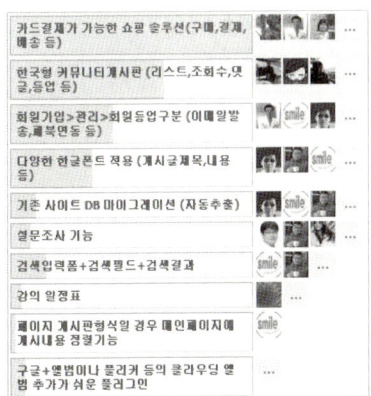

■ 한국에서 개발되었으면 하는 플러그인 설문조사 결과

위 결과를 보면 1위가 쇼핑몰결제, 2위가 한국형 커뮤니티 게시판이라는 결과가 나왔습니다. 먼저 쇼핑몰부터 살펴보면 '워드프레스로 홈페이지·블로그 만들기(앤써북 출간)' 도서의 1장 50page에서 언급한 내용의 일부를 인용하겠습니다. 사이트에서 이미 쇼핑몰이 국내 에이전시에 의해 개발은 되었지만, 현재는 대기업 구축솔루션으로 일반인들이 이용하기에는 고가이기 때문에 대중화된 쇼핑몰 플러그인 또는 테마가 시급히 개발되어야 합니다. 그리고 한국형 커뮤니티게시판은 현재 엘에이치플랫폼랩의 LH보드(http://www.lhboard.com)와 쌈쳐넷의 MH보드(http://ssamture.net/mh-board)가 공개버전으로 공개되어 있습니다.

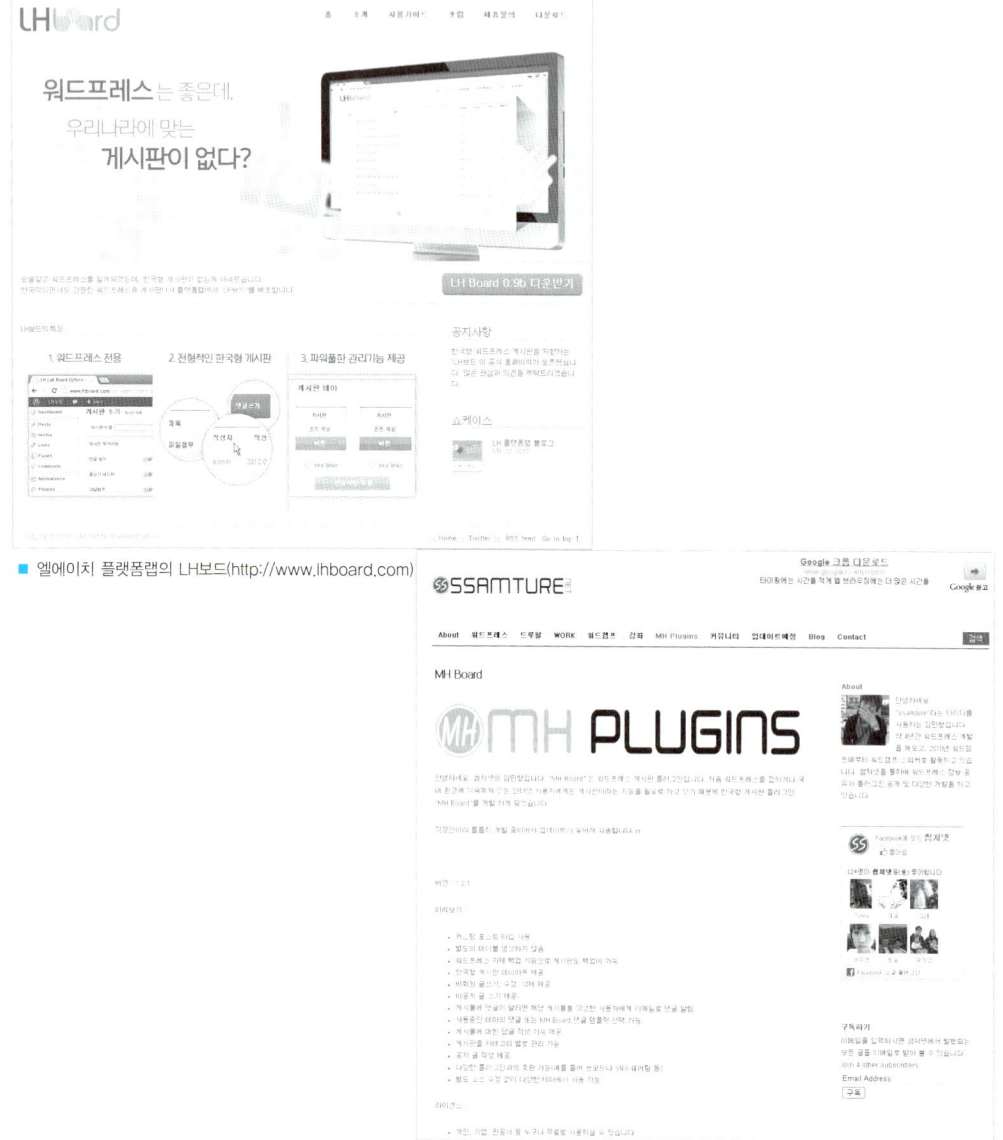

■ 엘에이치 플랫폼랩의 LH보드(http://www.lhboard.com)

■ 쌈쳐넷의 MH보드(http://ssamture.net/mh-board)

두 게시판 모두 각기 장·단점이 있기 때문에 한국형게시판이 필요하다면 비교한 후 자신의 운영 목적에 적합한 보드를 선택하면 됩니다.

일반적으로 워드프레스 게시판은 bbpress를 많이 사용합니다. 하지만, bbpress는 영어 기반으로 서비스되고 있고 게시판 사이즈나 기타 등등 옵션이 아주 단순한 형태로 되어 있습니다. 그렇기 때문에 게시판은 반드시 테이블 형식으로 만들어야 될 필요가 없다면 워드프레스에서 기본적으로 제공하는 Post(글)를 그대로 이용하는것도 한가지 방법입니다.

가령, 앞장에서 홈페이지 리뉴얼 샘플로 언급한 한국이벤트컨벤션학회 홈페이지를 보면 다음 그림과 같이 블로그형 게시판을 구현했습니다.

■ 한국이벤트컨벤션학회 공지사항

즉, 반드시 게시물 제목, 조회수, 날짜 등이 표현되는 것이 아니라면 'Read More' 기능을 이용해서 블로그형 게시판으로 구성할 수 있습니다. 이럴 경우 글쓰기 편집기에서 아래와 같이 설정을 해주면 됩니다.

■ 글 작성 시 More Tag

'알림판 > 새글' 메뉴에서 글쓰기 편집기가 위 그림처럼 보이면 글 내용 중 끊어줄 부분을 선택한 후 위 그림에서 사각형으로 표시된 'More tag'를 클릭합니다. 다음 그림과 같이 'More tag'가 포함된 부분에 라인이 만들어집니다. 앞의 그림처럼 공지사항에 'Read More' 버튼이 생기면서 블로그형 게시판을 만들 수 있습니다.

■ More tag가 글쓰기 편집기에서 적용된 모습

현재 워드프레스 쇼핑몰 플러그인과 한국형게시판은 저희 TF팀에서 개발중이지만 대부분 직장인들이라 시간이 다소 걸리고 있습니다. 앞으로 워드프레스 개발자, 디자이너 분들이 많이 배출되어 워드프레스 한국 유저들을 위한 플러그인과 테마들이 많이 개발되기를 바랍니다.

## cafe24 스팸문구 해결

국내 워드프레스 사용자들의 상당수가 이용하고 있는 cafe24의 웹호스팅 서비스에서 종종 테마 옵션에서 'Save All Changes' 버튼을 눌렀을 때 설정한 옵션 내용이 저장 되지 않고 '스팸입니다.' 라는 경고 메시지가 나오는 경우가 있습니다. 이런 문제를 해결하는 방법을 알아보도록 하겠습니다.

■ 테마 옵션 화면　　　　　　　　　　　　■ cafe24 스팸문구

01 카페 24 홈페이지(http://www.cafe24.com)에 접속한 뒤 로그인 하면 왼쪽에 '나의서비스관리' 메뉴가 있습니다.

■ 로그인 메뉴

02 왼쪽 메뉴의 '백업/보안/스팸필터 > 게시판 스팸필터관리' 메뉴를 선택합니다.

■ 나의 서비스관리 화면

03 '게시판 스팸필터 사용여부' 항목에서 '사용함'을 '사용 안함'으로 변경하시고 '적용' 버튼을 클릭합니다.

■ 게시판 스팸필터 설정

**04** 새로고침 이후 'Save All Changes' 버튼을 클릭하여 테마 옵션을 저장합니다.

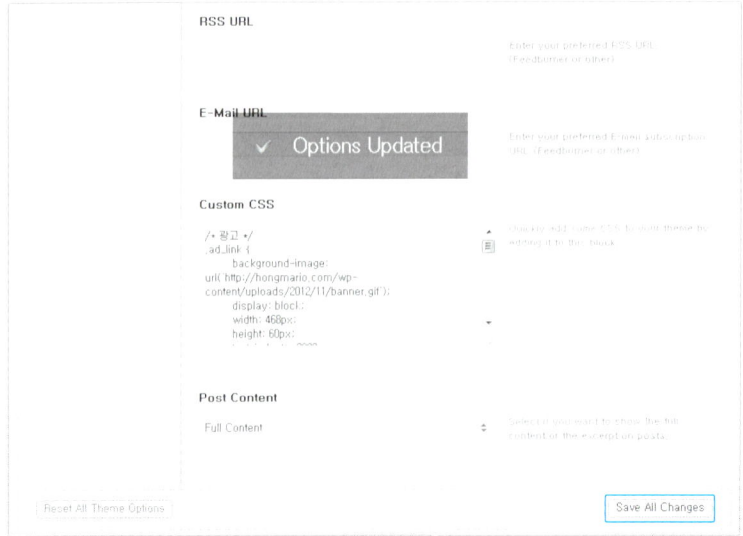

■ 테마 저장

**[카페24 호스팅 상품 3개월 무료 이용 쿠폰 사용법]**

**01** 카페24 호스팅센터(cafe24. com)에 회원가입 후 '64bit 광아우토반 full SSD' 호스팅 상품의 [신청하기] 버튼을 클릭합니다.

**02** 해당 서비스 아이디를 등록합니다.

**03** 기간 설정은 '3개월'을 선택하고 서버 환경설정은 'PHP 5.3/MySQL 5.xUTF-8'을 선택해야 '프로그램 자동설치 선택'이 가능합니다.

**04** 결제수단에서 '쿠폰'을 선택 후 쿠폰번호를 입력하면 결제가 완료됩니다. 신청이 완료되면 30분 내 접속이 가능합니다.

[쿠폰 이용 안내]

'Cafe24 64bit 광아우토반 FullSSD' 3개월 무료 이용 쿠폰의 사용 방법은 다음과 같습니다. 쿠폰 사용 방법 및 쿠폰 발행과 관련된 문의는 앤써북 고객센터 메일 (duzonlife@empal.com)로 '카페24 쿠폰 문의' 메일 제목으로 문의 사항과 함께 성함 및 연락처를 보내주시면 최대한 빠른 시간에 답변 드리겠습니다.

---

**cafe24™** 64bit 광아우토반 FullSSD

7BM4-65HN-
NERQ-D6WL

[쿠폰 사용방법]
1 http://www.cafe24.com 회원 가입 후 로그인→ 64bit 광아우토반 FullSSD 절약형 [신청하기] 클릭 → [3개월] 선택
→ 쿠폰번호 입력 → [결제하기] 클릭
2 쿠폰 유효기간: 2013년 03월 01일~ 2014년 02월 28일
3 쿠폰은 유효기간 내 신규 신청 시에만 사용 가능하며, 중복 사용은 하실 수 없습니다.
4 쿠폰관련 문의사항 : 카페24 호스팅센터 1588-3284

---

[안내]
쿠폰 유효기간이 아래와
같이 연장되었습니다.

2013년 03월 01일~
2015년 04월 20일